處世術 定石

처세술의 정석
처세술을 익혀야 카리스마가 생긴다.

인간 경영 · 성취 · 승리법

처세술

十八史略

십팔사략

엮음 김영진
원저 증선지

법문 북스

인간의 역사는 언제나 쉬지 않고 계속되는 도전과 경쟁들로 점철되어 왔다. 또한 무능한 사람들은 도태될 수밖에 없었다는 사실을 인간의 오랜 역사가 증명해 주고 있다. 수렵을 삶의 수단으로 삼았던 원시사회에서도 인간들은 남보다 더 날카로운 화살촉과 강한 몸을 가지고 있어야 탈 없이 생존할 수 있었다.

그렇다면 그 때보다 훨씬 더 많은 인간들 속에서 살아가고 있는 현대인들에게 있어서 자기를 지킬 수 있는 무기는 무엇일까?

대개의 사람들은 "그것은 성실하게 살면서 노력하는 것"이라고 말한다. 하지만 그것은 이제 더 이상 맞는 답이 될 수 없다. 한정된 우리들의 땅에는 이미 성실하게 노력하는 인간들이 넘쳐나고 있기 때문이다. 따라서 우리는 좀 더 새로운 무기를 필요로 하게 된다.

중국은 참으로 놀라운 나라이다. 국토가 넓고 인구가 많기 때문에 놀랍다는 것이 아니다. 그들의 역사의 어느 한 부분만을 들춰보아도 인류의 역사를 축약시켜 놓은 듯한 온갖 종류의 사건과 인물들과 문화가 존재하기 때문에 놀랍다고 말하는 것이나. 중국은 이천 년 이상이나 전국시대를 유지했으며 그 같은 역사의 소용돌이 속에서 무수한 영웅 호걸들과 재사들이 빛을 발하다가 사라져 갔다. 때문에 많은 학자들이 중국의 역사를 인류 역사의 한 전범으로 삼고 있다.

이 책에는 중국 원 나라의 증선지가 편찬한 <십팔사략>에 그려진 중국 역사 속의 인물들을 오늘의 시점에서 재조명한 내용이 담겨져 있다. 이 책의 내용들 중에는 중국 현자들의 경세 철학이 있는가 하면 중원의 천지를 뒤흔든 영웅들의 사자후도 있다.

그런데 놀라운 일은 먼 옛날에 있었던 그런 일들이 현대 사회에서 살아가는 우리들에게 그대로 적용되고 있다는 것이다. 아울러 난세에서 살아남아 승리자가 될 수 있었던 방법을 가르쳐 주고 있다.

따라서 다른 산에서 난 나쁜 돌을 자기의 구슬을 가는 데 쓸 수 있는 것처럼, 이 책이 경쟁 시대에서 살아가는 당신의 새로운 무기로 사용되기를 진심으로 바란다.

차 례

1. 사관(史官)의 강렬한 기개

예로부터 중국인들은 역사를 기록하는 데 있어서 비상한 집념을 발휘해 왔다. 그 결과, 오늘날까지 존재하는 세계 최대의 방대한 기록을 남기게 되었다. 가장 두드러지고 중요한 역사 기록은 <이십사사(二十四史)>라고도 하고 <이십오사(二十五史)>라고도 하는 중국의 정사(正史)이다.

역대 왕조를 거의 망라하여 기록된 이 정사는, 세계에 자랑할 만한 중국인의 기념비적인 역사서이다.

이 기록을 담당한 사람들은 바로 「사관」이라고 불리운 역사가들이었다. 「사관」이란, 「관(官)」이라는 글자가 말해 주듯이 조정의 녹(祿)을 먹는 관리였다. 그들은 황제(皇帝)의 측근에 있으면서 사실(事實)을 기록하는 일을 담당했다.

이와 같은 의미에서 사관은 권력에 둘러싸인 사람들이었다고 말할 수 있다. 사관의 직책은 어디까지나 사실을 있는 그래도 기록하는 일을 하는 것이었다. 따라서 기록하는 사실이 권력자(權力者)들의 생각과는 다른 경우도 있었지만, 직책상 과감하게 기록해야 했다. 그럴 때마다 권력자와 사관 사이에 날카로운 긴장 상태가 생겨나고는 했다.

이와 같은 긴장 상태는 권력의 질(質)이 나쁠수록 심해졌으며,

그것이 막바지에 이르게 되면 불과 한 줄의 글을 사실대로 기록하기 위해 생명을 걸기도 했다.

그것이 역사를 기록하는 사관의 운명이며 또한 사명이었다.

중국의 방대한 역사 기록은 이와 같이 목숨을 건 유명・무명의 사관들에 의해서 만들어졌다는 점을 잊어서는 안 된다.

이런 이야기도 있다.

기원전 548년, 제(齊)나라의 최저(崔杼)라는 중신(重臣)이 임금인 장공(莊公)을 죽인 일이 있었다. 그 후에 최저는 새로운 임금을 옹립하여 국정의 실권을 쥐었다.

장공은 최저의 처와 밀통하고 있었는데, 최저가 그 현장을 덮쳐 장공을 시해(弑害)한 것이었다. 따라서 최저로서는 장공을 시해할 이유가 있었던 셈이다. 그러나 아무리 잘못된 임금일지라도 왕을 죽인다는 것은 악역무도(惡逆無道)한 일이며, 신하된 도리에 어긋나는 행동이었다. 그럼에도 불구하고 최저는 조정에 남아 새로운 실권자가 되었던 것이다.

이 사건을 안 제나라의 대사(大史:史官)는,

「최저, 그 임금을 시살하다(崔杼其君弑殺)」

라고 기록했다.

대사로서는 직책상 당연한 일을 했을 뿐이었다. 그러나 최저의 입장에서는 무척 기분이 나빴다. 그런 사실이 기록에 남겨진다면 최저는 악역무도한 인간으로 후세에까지 오명을 남기게 된다. 화가 난 최저는 대사를 죽였다.

그러나 대사의 동생이 죽은 형의 직책을 인계받아 같은 기록을 남겼다. 최저는 그 아우도 죽였다. 그러자 셋째동생이 다시 같은 기록을 고집했다. 그 때 가서야 최저도 기록을 말살 하겠다는 생각을 거둘 수밖에 없었다.

대사의 집안에서는 2명의 목숨을 희생하면서 이 한 줄의 기록을 남겨, 기록자로서의 책임을 다하는 데 성공했던 것이다.

이 이야기는 <좌씨전(左氏傳)>이라는 중국의 역사책에 소개된 한 일화인데, 다음의 이야기도 역시 감동적이다.

「남사(南史) 씨는 대사가 죽었다는 소문을 듣자 죽간(竹簡)을 들고 조정으로 갔다. 그러나 이미 기록했다는 말을 듣고 곧 돌아왔다」

남사 씨는 당시의 대사 집안과는 별도의 계통에 속하는 사관(史官)이었다. 죽간을 들고 조정으로 갔다는 것은, 당시에는 종이가 없었으므로 대나무를 쪼개서 다듬어 거기에 글을 썼기 때문에 종이 대용품으로 쓰는 죽간을 들고 사실을 기록하기 위해 조정으로 달려갔다는 말이다.

사관과 그 아우가 사실을 기록하다 차례로 죽음을 당했다는 말을 들은 남사 씨는 죽음을 각오하고 자신이 그것을 기록하기 위하여 죽간을 들고 조정으로 달려갔던 것이다.

이처럼 중국의 역사 기록을 담당하고 있던 사람들의 가슴속에서는 사실의 기록자라는 사명감이 불타고 있었다. 그들은 올바른 기록을 남기기 위해서는 언제나 목숨도 아낌없이 버린다는 강렬한 기개를 지닌 사람들이었다.

사관에 얽힌 다음의 이야기는 똑같이 임금을 죽인 경우이지만, 최저의 경우와는 그 냉용이 약간 다르다.

역시 춘추시대에 일어난 일로 진(晋)나라에 영공(靈公)이라는 암군(暗君)이 있었다. 백성들에게 무거운 부역을 과하고, 왕국 벽을 화려하게 장식하는가 하면, 망루(望樓)에 올라 아래에 있는 길을 지나가는 통행인을 향하여 탄옥(彈玉)을 던지고, 깜짝 놀란 통행인이 도망치는 모습을 보고 재미있어하는 등 왕으로서는 있을 수 없는 행동을 하는 적이 많았다.

이런 영공을 보좌하며 국정을 담당하고 있던 사람으로 조순(趙盾)이라는 재상이 있었다. 조순이 영공에게 자주 그러지 말라고 간언했지만 그는 듣지 않았다. 뿐만 아니라 영공은 이런 조순을 무척 싫어하여 죽일 생각까지 하고 있었다.

어느 날 영공은 날쌘 장수를 불러 조순을 죽이고 오라고 명령했다. 장수는 새벽에 조순의 집으로 몰래 들어가 침실로 접근했다. 그랬더니 문은 열려 있고 방 안에는 이미 출사(出仕)준비를 끝낸 조순이 단정히 앉아 가수(假睡)를 취하고 있었다.

장수는 그런 조순을 보자 그 자리에서 조용히 물러나 깊은 한숨을 쉬었다.

"공경하는 마음을 잊지 않는 사람이야말로 백성들의 흠모를 받는다. 저런 인물을 죽인다는 것은 도(道)에 어긋나는 짓이다. 그렇다고 해서 왕의 명령을 거역하는 것도 도리에 맞지 않는다. 어느 한쪽을 선택하여 오명을 남기는 것보 다는 내가 죽는 것이 옳다." 라고 말하고 장수는 자살했다.

그러나 영공은 조순을 죽이겠다는 생각을 없애지 않았다. 이번에는 무장한 병사를 숨겨 놓고 조순을 연회에 초대했다. 그런 다음에 복병을 쓰지 않고 사나운 개를 부추겨 조순을 물어죽이도록 했다.

그러자 조순은,

"나를 죽이는 것은 좋지만 인간에게 시키지 않고 개를 사용하는 것은 너무 비정합니다. 아무리 사나운 개라고 할지라도 개가 사람을 죽일 수는 없는 법입니다."

라고 외치고는 복병에게 칼을 휘둘러 저항하며 밖으로 도망쳐 나와 그 길로 나라 밖으로 망명해 버렸다. 영공에게 더 이상 미련을 두지 않고 체념한 것이다.

그 사건이 있은 직후 조순의 일족인 조천(趙穿)이 군대를 일으켜 영공을 살해했다. 조순은 다른 나라로 망명하는 길이었는데 국경을 채 넘기 전에 그 사실을 통보받고 급히 되돌아왔다.

그러나 대사(大史)인 동고(董孤)는,

「조순, 그의 임금을 시해하다」

라고 기록하여 조정에 공시했다.

"이건 사실과 다르다."

조순이 강력하게 항의했지만 동고는 취소하려고 하지 않았다. 취소하지 않은 이유는 이런 것이었다.

"그대는 수석대신이면서 망명을 시도했었습니다. 그러나 망명하지 않고 국경으로 가는 도중에 되돌아왔습니다. 따라서 수석대신의 신분은 아직 남아 있는 셈이므로 돌아왔으면 반역자를 처단해야 합니다. 그런데도 그대는 그렇게 하지 않았습니다. 결국은 임금을 죽인 책임자는 당신이 되는 것입니다."

그 말을 들은 조순은,

"아 급히 돌아와 조정을 수습해야 한다는 깊은 사려(思慮)가 오히려 슬픔의 원인이 되리라고는 생각하지도 못했구나."

라고 말하며 깊이 탄식했다.

이 조순과 동고의 대화에서 두 가지 중요한 점을 지적할 수 있다.

첫째는 정치가로서의 책임의 엄격성이다. 누가 보더라도 나쁜 쪽은 영공이며, 조순에게는 아무런 잘못이 없다. 그러나 수석대신(재상)의 자리에 있는 사람이라면 직접 일에 가담하지는 않았더라도 그 책임을 면할 수는 없다. 국정(國政) 전반에 걸친 모든 책임이 재상에게 있기 때문이다.

둘째는 기록의 엄격성이다. 동고는 옳은 것은 어디까지나 옳은 것이고 잘못된 것은 어디까지나 잘못된 것이라는 원칙을 철저하게 지킨 것이다.

뒤에 공자(孔子)는 이 이야기를 듣고 다음과 같이 평했다.

"동고는 훌륭한 사관이었다. 법을 왜곡하지 않고 직필(直筆)했다. 조순은 훌륭한 대신이었다. 법을 위해 오명을 감수했다. 그러나 조순은 애석하게 되었다. 당시에 조순이 국경만 넘었더라면 오명은 쓰지 않았을 테니까."

그 후 조순은 자기 대신 재상으로 일할 사람을 추천하고는 은퇴했다. 미련없이 사가(史家)의 단죄에 복종한 것이다.

제(齊)나라 대사와 동고가 지니고 있던 사명감은 그 후 모든 사관들에게 맥을 이어주면서 계승되었다. 그 전형적인 예가 한(漢)나라의 태사령(太史令) 사마천(司馬遷)이다. 그는 궁형(宮形:생식기가 절단되는 형벌)의 굴욕을 이겨내고 불후의 명저인 《사기(史記)》를 완성시켰다. 이런 그를 지탱시킨 것은 바로 사관(史官)으로서의 사명감이었으며, 기록자로서의 집념이었다.

이와 같은 사관의 전통은 그 후에도 생생하게 계속되고 있다.

당(唐)나라 왕조의 2대 황제 태종(太宗:서기 626~649년) 때의 일이다. 저수량(楮修良)이라는 인물이 간의대부(諫議大夫:임금께 간언을 담당하는 관직)가 되어 기거주(起居注)의 장관을 겸했다.

「기거주」란 황제의 측근에 있으면서 그 언행(言行)을 기록하는 관리로, 수(隋)나라와 당(唐)나라 때부터 정식으로 설치되었다. 말하자면 고대의 사관(史官)에 해당하는 직책이었다.

저수량이 기거주 장관으로 임명된 뒤 태종이 저수량에게 이렇게 말했다.

"그대가 기거주 장관 일을 겸하고 있는데 어떤 사실을 기록하고 있는지 나에게 그것을 보여 줄 수 없겠는가? 조금도 걱정하지 말고 보여 주게. 내 자신의 장점과 단점을 알고 앞으로의 언행에 교훈으로 삼고 싶어서일 뿐이니까."

그러자 저수량은 이렇게 대답했다.

"지금의 기거주는 고대의 좌사(左史)와 우사(右史)에 해당되며, 군주의 언행을 기록하는 것이 제 직무입니다. 군주의 언행은 좋은 것이든 나쁜 것이든 모두 기록합니다. 따라서 법도에 어긋나는 언행이 없으시길 바랍니다. 그리고, 제왕이 자신의 언행을 기록한 것을 직접 보셨다는 얘기는 옛날부터 들어 본 적이 없습니다. 대단히 죄송하오나 분부대로 보여 드릴 수는 없습니다."

「좌사·우사」란 옛날에 천자(天子) 측근에 있으면서 그의 언행을 기록한 사관을 말한다. 「예기(禮記)」에 「천자가 움직이면 즉시 좌사가 이를 기록하고, 말하면 즉시 우사가 이를 기록한다」라고 쓰여져 있다.

따라서 기거주가 황제의 검열을 받아 그 뜻에 영합하여 사실을 왜곡하거나 황제의 비위에 맞는 말만을 기록해 나간다면, 그것은 역사의 조작이며 기록으로서의 의미가 없어진다. 그리고 기록자로서의 직책을 완수했다고 말할 수도 없다. 저수량은 그러한 뜻을 태종에게 말한 것이다.

그러나 태종은 단념하지 않았다.

"만일 내가 좋지 않은 행동을 했을 때에도 그것을 반드시 기록해 두는가?"

태종의 물음에 저수량은 이렇게 대답했다.

"도(道)를 지키는 것은 자신의 직책을 완수하는 것이라는 말이 있습니다. 제 직책은 기록을 하는 것입니다. 따라서 폐하께서 하시는 일은 좋은 일이건 나쁜 일이건 모두 기록에 남기는 것이 제 직책입니다."

그렇게 고집한 저수량에게서도 전통적인 사관의 기상(氣像)을 엿볼 수 있다.

기거주의 기록은 그 당시의 역사에 대한 기록이다. 이와 같은 기록은 권력자에게 있어서 크게 신경이 쓰여지는 것이었다. 왜냐 하면 기거주의 기록은 훗날 정사(正史)를 편찬할 때 가장 중점적인 자료로서 이용되며, 거기에 담긴 사실은 그대로 후세의 평가에 크게 영향을 미치기 때문이다. 따라서 좋지 않은 부분은 가능한 한 삭제하고, 좋은 부분만 남기고 싶은 것이 권력자들의 욕심이기도 하다.

최저와 같은 재상도 당연히 그렇게 생각했을 것이며, 태종과 같은 명군(名君)도 역시 같은 생각이었을 것이다. 그러나 사관은 권력자의 생각을 초월하여 사실을 사실대로 기록해야 한다. 그것이 바로 사관의 전통이며, 사관의 기개였다.

그렇게 기록되는 기거주의 기록은 황제들의 폭주를 기록하는 역할을 하기도 했다. 황제들은 늘 기거주를 의식하여 자신의 언동을 신중히 하지 않을 수 없었다. 어떤 군주도 후세 사람들로부터 폭군이라는 말을 듣고 싶지는 않았기 때문이다. 그리하여 황제들은 그 같은 사실을 의식함으로써 스스로의 언동을 억제했을 것이다.

다음과 같은 이야기도 있다.

송(宋)나라의 초대 황제인 태조(太祖:재위 서기 960~976년) 때의 일이었다. 태조는 창업 황제로서는 보기 드물게 모나지 않은 온후한 인품을 가지고 있었지만 성급하고 화를 잘 내는 성격의 주인공이었다.

어느 날 태조는 왕궁 정원에서 새잡이를 하면서 흥을 돋우고 있었다. 그 때 한 중신이 달려와 급히 결재를 해 주어야 할 안건이 있으니 알현을 허락해 달라고 말했다.

황제는 화급한 일이라는 결재 문서를 훑어보았다. 그러나 그 문서는 화급을 요하는 것이 아니라 전혀 서두를 필요가 없는 보통의 결재 사항이었다.

태조는 목소리를 높여 화를 냈다.

"이것이 화급을 요하는 용건이란 말인가? 적당히 처리하라!"

그러나 중신은 지지 않고,

"황공하오나 새를 잡는 일보다는 급한 일이옵니다."

라고 말하며 항의했다.

순간석으로 화가 벌컥 지민 태조는 근저에 있던 도끼자루를 늘어 중신의 얼굴을 힘껏 때렸다. 공교롭게도 중신의 앞니가 두 개 부러져 땅 위에 떨어졌다.

그러자 중신은 말없이 땅바닥에 엎드려 떨어진 이를 주워서는 주머니에 넣었다.

그러자 태조는 당황했다.

"그것을 증거로 나의 행동을 간소할 작정인가?"

"폐하를 간소할 생각은 없습니다. 그러나 이 사실만은 사관에게 알려 분명하게 기록해 두도록 할 작정입니다."

태조는 사관에게 기록케 한다는 말을 듣자 정신이 번쩍 들었던 모양이다. 그런 일이 기록된다면 후세인들로부터 비웃음을 받게 될 것이며, 어쩌면 폭군이라고까지 불리우며 비난을 받을 가능성도 있었다.

즉시 표정을 부드럽게 바꾼 태조는 그 중신에게 정중히 사과했으며 막대한 상해보상금을 내밀며 억지로 받게 했다.

이 같은 이야기는 미소를 짓게 만드는 내용이지만, 이런 사소한 이야기에서도 우리는 사관의 기록이 황제의 폭주를 기록하는 기능을 다했다는 것을 알 수가 있다.

이처럼 권력자의 방종을 견제하는 기능이 보장된 것은 한 줄의 기록 때문에 목숨을 걸고 그 기록의 진실을 지키고자 하는 사관들의 높은 기개 때문이었다.

이와 같이 기록이라는 것은 권력자나 힘 있는 사람의 강요에 의해서 왜곡되지 않고, 있는 그대로 올바르게 기록된다면, 그 권력자나 힘 있는 사람의 횡포와 독주를 견제하는 역할을 할 수 있다.

인류의 정치적 역사는 한 개인의 우상화나 영웅화를 위해서 많

은 부분이 왜곡되거나 미화되어 왔고, 현재에도 그렇게 기록되고
있는 것을 우리는 알고 있다.

그러나 진실하고 올바른 기록은 정치의 영역에서만 필요한 것은
결코 아니다.

기업이나 직장에서도 마찬가지이다. 직장의 기록이 윗사람의 노
여움을 두려워하여, 또는 무능하다는 힐책을 모면하기 위해 왜곡되
고 미화된다면 그 직장이나 기업은 발전하지 못할 것이다.

2. 학자들의 처세술

중국의 곽말약(郭沫若)이 죽은 지도 이미 여러 해가 된다. 이 사람은 학자, 문학자로서 폭넓은 활약을 했을 뿐만 아니라 정치와 세계에서도 화려한 발자취를 남겼다.

그러나 이 곽말약의 처신에 대해서는 많은 사람들이 의문을 품고 있다. 그는 문화 대혁명(文化大革命)이 일어나자 재빨리 그것을 예찬했고, 4인방(四人幇)이 권력을 잡자 이번에는 또 그들에게 동조하는 신속한 변신을 보였기 때문이다.

확실히 곽말약은 만년에 그렇게까지 해야 하는가 하고 생각될 정도로 정세의 변화에 신속하게 대응하는 방법으로 처신했다.

그러나 이런 그의 행동도 당사자로서는 전혀 모순을 느끼지 않은 행동이었는지도 모른다. 곽말약의 처신 방법은 중국의 학자나 문화인에게서는 오래 전부터 흔히 볼 수 있는 하나의 전형(典刑)일 뿐 새삼스러운 것이 아니기 때문이다.

중국의 학자나 문화인들은 옛날부터 정치와 밀접한 관계를 맺으면서 살아왔다. 역사적으로 그들은 언제나 정치의 와중에 있었고, 정치에 직접 참여하지 못하는 사람들일지라도 정치에 대한 깊은 관심을 가지고 있었다.

중국인들은 징지직 인간이라고 말할 수 있을 정도로 정치에 관심이 많은 사람들이다. 특히, 학자나 문화인들 중에는 두드러지게 정치 문제로 인해 피가 끓는 것처럼 보이는 사람들이 많았다. 이런 의미에서 그들은 원로 정치가 이상으로 정치적인 사람들이라고 말할 수 있다. 역설적으로 말하자면 정치를 거부하고 은자(隱者)의 길을 선택한 사람들까지도 정치를 거부했다는 의미에서 정치적인 사람들이라고 말할 수 있는 것이다.

이와 같이 중국의 학자나 예술가들의 정치 지향성은 다른 나라의 학자나 예술가들과 비교해 볼 때 근본적으로 다르다고 볼 수 있다.

따라서 곽말약에 대한 평가는 아직 아무도 할 수 없을 것이다. 또한 그의 변신술은 중국 역사에서 볼 때 결코 새삼스러운 것은 아니다.

중국의 역사를 더듬어보면 곽말약을 훨씬 능가하는 변절자들이 얼마든지 있다. 그들 중에서 대표적인 한(漢)나라의 고조(高祖) 유방에게 봉사한 숙손통(叔孫通)이라는 유학자(儒學者)이다.

숙손통이 살았던 시대는 진(秦)나라가 한(漢)나라로 옮겨가는 격동기였다. 그는 어려운 격동의 변혁기에 여러 군주들을 섬기며 격류(激流) 속을 헤엄쳐 다녔다.

사마천의 《사기(史記)》에는 그러한 편력의 행적이 비교적 자세히 기록되어 있다.

「숙손통은 설(薛)나라 사람이다. 진나라 때 문학(文學)으로 발탁되어 박사에 임명되었다」

「문학」이란, 오늘날 우리가 말하는 문학이라는 뜻이 아니라 학문(學問)이라는 뜻을 가지고 있다.

학자로서 진나라에 발탁된 숙손통은 시황제(始皇帝)와 2세 황제 2대에 걸쳐 진나라에서 일했다. 그러나 이 시기에 숙손통이 특별히 활동했다는 기록은 없다.

진나라가 쇠퇴하자 각지에서 반란이 일어났다. 정세가 진나라에 불리해지자 숙손통은 2세 황제를 버리고 고국인 설로 가서 항량(項梁) 밑에서 일을 했다. 그 무렵 항량은 조카 항우(項羽)와 함께 군대를 일으켜 설을 근거지로 하여 기회를 노리고 있었다.

얼마 후 항량이 전쟁에서 죽자, 숙손통은 반란군의 맹주로 추대받고 있던 회왕(懷王)에게로 자리를 옮겼고, 회왕이 세력을 잃자 이번에는 실력면에서 제1인자인 항우에게로 자리를 옮겨갔다. 그리고 마지막으로는 유방에게로 가서 죽을 때까지 벼슬을 했다.

진시황에게서 시작하여 한(漢)나라가 다시 천하를 통일할 때까지 진시황·2세 황제·항량·회왕·항우·유방, 이렇게 그때 그때의 강자들을 찾아가며 차례로 옮겨다닌 숙손통의 기막힌 변신은 놀랄 만한 일이다.

정신없이 권력이 이동하던 전환기에 그때 그때 봉사할 상대를 바꾸면서 살아남은 숙손통의 변신술은 확실히 보통 사람의 경지를 넘는 것이었다.

진제국(秦帝國) 붕괴의 횃불을 올린 것은 진승(陳勝)과 오광(吳光)의 반란이었다. '반란이 일어났다'는 소식이 조정에 당도했을 때, 2세 황제는 학자들을 조정에 소집하여 대응책을 물었다.

학자들은 이렇게 말했다.

"남의 신하된 자는 사사로이 병사들을 가져서는 안 됩니다. 사사로이 병사를 소유한다면 그것이 바로 역적이며, 그 죄는 죽어 마땅하며 용서할 수 없습니다. 폐하께서는 급히 군대를 동원하여 그들을 치시기 바랍니다."

「2세 황제는 그 말을 듣자 화를 내며 얼굴빛이 변했다」

고 기록되어 있다.

2세 황제 때 조정의 실권을 쥐고 있었던 인물은 내시인 조고(趙高)였다. 조고는 자기에게 유리한 것만 황제에게 보고하였으므로 2세 황제는 조고에 의해 귀머거리인 상태가 되어 있었다. 따라서 그 때까지 정세가 악화되어 있다는 것조차 모르고 있었다.

때문에 2세 황제의 생각으로는 반란 같은 것은 일어날 수도 없고 일어나서도 안 되는 것이었다. 그렇게 안이한 생각을 하고 있던 2세 황제였으므로, 반란이라는 말에 안색이 변한 것도 무리는 아니었다.

2세 황제의 안색이 변한 것을 보고 있던 숙손통이 앞으로 나아가 아뢰었다. 《사기》의 기록에 의하면 숙손통은 이렇게 말했다고 한다.

"선비들의 말은 모두 옳지 않습니다. 지금 천하는 하나로 합쳐져 한 가정과 같이 되어 있습니다. 각 군(郡)과 현(縣)의 성을 허물고, 그 곳에 있던 무기들은 모두 녹여 다시는 그 무기를 쓰지 않겠다는 뜻을 천하에 보였습니다. 또한 위로는 밝은 군주인 폐하가 계시며, 아래로는 법령이 갖추어져 있어 백성들은 생업에 충실하고 사방에서 사람들이 몰려들고 있는데 어찌 감히 반란을 일으키는 자가 있겠습니까? 그것은 하찮은 군도(群盜)・서절(鼠竊)・구도(狗盜)일 뿐입니다. 어찌 이야기할 가치가 있겠습니까? 군(郡)의 수위(守衛)가 곧 잡아서 처리할 텐데, 어찌 걱정하십니까?”

숙손통은 그렇게 2세 황제가 품고 있는 희망적인 관측을 대변하듯 말해 주었다.

따라서 반란이라고 주장한 학자들은 무거운 벌을 받았지만 숙손통은 막대한 포상을 받았다. 그 후 학자 한 사람이 화를 내며,

“선생은 어떻게 그리도 아첨을 잘 하십니까?”

하고 항의하자 숙손통은,

“당신은 내가 그렇게 말한 이유를 모릅니다. 나는 하마터면 호랑이 입에서 빠져나오지 못할 뻔했습니다.”

라고 말하고는 서둘러 짐을 싸서 설(薛)로 도망쳤다. 하지만 설은 이미 초나라에 항복한 뒤였다. 항량이 설로 들어오자 숙손통은 그를 따랐고, 항량이 정도(定陶)싸움에서 지자 회왕(懷王)을 따랐다. 회왕이 의제(義帝)가 되어 장사군으로 옮겨가자 숙손통은 그 곳에 그대로 남아 항우를 섬겼다. 한나라 2년에, 한나라 왕이 제후들 다섯 명을 인솔하고 팽성으로 들어오자 숙손통은 한나라 왕에게 항복했다.

그처럼 숙손통은 기회를 포착하는 데 민첩한 학자였다.

《사기》의 작자 사마천은 숙손통의 처세 방법을 두고,

「진퇴(進退)가 때에 따라서 변화했다」

라고 평하고 있다.

사마천은 궁형의 치욕을 참고 《사기》를 완성시킨 역사가이며, 심혈을 기울여 《사기》 집필이라는 외길을 걸어간 학자이다. 숙손통과는 완전히 이질적인 삶을 산 인물인 셈이다. 그러므로 사마천의 「진퇴가 때에 따라서 변화했다」는 평에는 무척이나 빈정거리는 뜻이 숨겨져 있다고 보아야 한다.

어쨌든 숙손통은 여섯 번이나 군주를 바꾸었다. 그러므로 그는 사마천의 비평처럼 필요에 따라(때에 따라) 진퇴를 결정하고, 기회를 보는데 민첩한 자질을 갖춘 사람이었다고 말할 수 있다.

세상에는 기회를 보는 데 민첩한 사람들이 적지 않다. 그들은 변신(變身)에 능한 반면, 그로 인하여 또한 실수를 범하고 자멸하는 경우도 적지 않았다.

그러나 숙손통은 실수는 고사하고 이름을 날리며 생애를 끝냈다. 그 이유는 숙손통에게 기회를 보는 민첩함과 함께 사태를 읽는 능력이 갖추어져 있었기 때문이다. 때문에 언제나 정확한 판단을 내릴 수 있었고, 그 판단을 즉시 실천으로 옮길 수 있는 행동력도 있었던 것이다.

숙손통이 항우를 떠나 유방에게 봉사하고 있을 때의 일이다.

숙손통은 길게 늘어뜨린 유복(儒服:유생의 옷)을 입고 다녔다. 그러나 유방이 그것을 싫어한다는 것을 알자 즉시 초나라의 짧은 옷으로 바꾸어 입었다. 그 옷도 그냥 짧은 옷이 아니라 초나라 제품이었다는 점이 숙손통의 철저한 변화의 기민성을 말해 주고 있다. 초나라는 유방이 태어난 고향이기 때문이다.

숙손통은 한나라 왕 유방 밑에서 벼슬하면서 백여 명의 제자들을 거느리고 있었다. 그러나 유방의 비위를 철저하게 맞추고 있던 그는 단 한 명의 제자도 유방에게 추천하지 않았다. 도적들이나 장사치들만을 추천하여 채용되게 하였다. 그래서 제자들은 뒤에서 숙손통을 욕했다.

"우리는 선생을 여러 해 동안 섬겼고 다행히 선생을 따라 한나라로 들어오게 되었습니다. 그런데 선생은 지금 우리를 천거하지 않고 아주 교활한 사람들만 추천하고 있으니 어찌 된 일입니까?"라는 불만의 소리가 전해지자 숙손통은 이렇게 타일렀다.

"지금 한나라 왕은 무력으로 천하를 다투고 있는데, 너희들은 무기를 들고 싸울 수 없는 사람들이다. 그래서 먼저 적장의 목을 베고 적기를 빼앗을 수 있는 사람들을 추천한 것 뿐이다. 그러니 나를 믿고 잠시 기다리라. 나는 여러분들을 잊지 않고 있다."

유생들은 학자이기 때문에 전쟁에는 도움이 되지 않는다. 확실히 숙손통의 말이 옳았다.

3년 후, 유방은 항우를 멸망시킨 다음 천하를 손에 넣고 황제의 위에 올랐다. 평화가 온 것이다. 드디어 유생들, 즉 학자들이 할 일이 많은 시대가 온 것이다.

황제가 된 유방은 진나라 때의 엄격한 의례(儀禮)를 모두 폐지하고 간소화했다.

그런데 신하들이 조정 안에서 술잔을 주고받으며 서로 공을 자랑하고, 술에 취하면 큰 소리를 지르며 칼을 뽑아 기둥을 치기도 하였으므로 고조는 걱정스러웠다. 질서도 예의도 모두 없어진 것이다. 이렇게 되자 번거로운 예절을 싫어하던 유방도 눈살을 찌푸렸다.

이런 유방의 눈치를 놓치지 않고 본 것이 숙손통이였다. 그는 '바로 이때다'하고 유방에게 진언했다.

"선비라는 자들은 함께 나아가 천하를 얻기는 어렵지만 이루어진 사업(정권)을 함께 지킬 수는 있습니다. 바라옵건대 노(魯)나라 유생들의 협력을 받아 새로운 조정의 의례(儀禮)를 정하도록 해 주십시오"

고조가 말했다.

"어렵지 않게 만들 수 있겠소?"

무사 출신인 유방은 복잡한 의례 절차를 싫어했던 것이다.

유방의 승낙을 받은 숙손통은 즉시 노나라로 갔다. 노나라는 공자(孔子)가 태어난 나라로서 주나라 시대(時代)의 예의 제도(禮義制度)가 비교적 순수한 형태로 전해져 오고 있었기 때문이다. 이 노나라 유생들의 협력을 받지 않으면 올바른 예의 제도를 정할 수 없다고 숙손통은 생각했다.

숙손통은 노나라에 가서 30명의 유생들을 모았다. 그 때 노나라 선비 두 명이 가고 싶지 않다면서 이렇게 말했다.

"당신은 많은 군주들을 섬겼으며, 그들 앞에서 아첨하며 가까워지고 존귀하게 되었습니다. 지금 천하는 겨우 평정되었으나 죽은 사람의 장례도 치르지 못했고, 부상을 당한 사람은 일어설 수도 없는데 또 예약을 일으키려 하고 있습니다. 나는 당신이 하려는 일에 참여할 수 없습니다.

"당신 같은 변절자와 함께 일을 한다는 것이 얼마나 부끄러운 일인지 아십니까? 우리들을 더럽히지 마십시오."

이 두 사람의 비난에 대해 숙손통은 이렇게 대답했다.

"젊은이들은 정말 일의 변화를 모르는 비유(鄙儒)로군."

「비유」란 시골 유생이라는 뜻이다. 숙손통은 동행을 거부하는 두 유생들을 시세의 변화를 모르고 하나만 고집하는 완고한 시골 뜨기 유생이라고 매도한 것이다.

이렇게 해서 노나라 유생들을 데리고 돌아온 숙손통은 자기 제자들과 그들을 합류시켜 특별한 연습과 훈련을 쌓아 완벽한 의례 절차를 실천하는 유생들로 만들었다.

자기 앞에 도열하여 의례 절차를 숙연하게 진행하는 유생들을 본 고조는 크게 만족하여,

"오늘에서야 비로소 짐은 황제의 고귀함을 알았다."

라고 말한 뒤, 숙손통에게 태상(太常)의 벼슬을 주고 금 5백 근을 하사했다.

체면을 세운 숙손통은 이 기회를 놓치지 않고 앞으로 나아가 말했다.

"신의 제자들은 저를 따른 지 오래 되었고, 신과 더불어 의례를 만들었으니 그들에게도 적당한 관직을 하사하여 주시기 바랍니다."

그러자 고조는 그들 모두에게 「낭(郎)」이라는 관직을 하사했다. 숙손통은 궁궐에서 나오자 자기가 받은 황금 5백 근을 모두 제자들에게 나누어 주었다. 그러자 선비들은 한결같이 이렇게 말했다.

"숙손 선생은 진정한 성인이다. 이 시대에 중요한 것이 무엇인지 다 알고 계신다."

한나라 9년, 고조는 숙손통을 태자(太子)의 태부(太傅)로 삼았다. 태자 영(盈)의 지도를 담당한 선생으로 삼은 것이다. 태자 영은 유방과 여후(呂后)사이에 태어난 아들로 일찍부터 태자로 책봉되어 있었다.

그러나 고조 유방은 척부인(戚夫人)이라는 미녀를 총애하여 여의

(如意)라는 아들을 낳았다. 여의는 유방을 많이 닮았다. 그리하여 유방은 영을 폐하고 여의를 태자로 삼으려는 생각까지 갖게 되었다. 척부인도 유방 옆에 붙어서 자기가 낳은 아들을 태자로 삼아 달라고 간청했다.

이렇게 되고 보니 여후로서는 큰일이었다. 자기가 낳은 아들이 태자의 자리를 빼앗기면 지금까지의 노력이 수포로 돌아가게 된다. 여후는 필사적으로 저지 공작을 전개했다.

중신들도 태자를 바꾸는 일에는 결사 반대를 했다. 그들은 모두 2대째 황제는 영이라고 믿고 거기에 맞추어서 처신해 오고 있었기 때문이었다. 태자가 바뀌면 중신들 역시 난처한 입장이 될 수밖에 없었다.

그러나 유방의 뜻을 바꿀 수가 없었다.

이 때 숙손통이 황제에게 간언했다.

"옛날에 진(晉)나라의 헌공이 여희를 사랑하여 태자를 폐하고 해제(奚齊)를 태자로 새웠습니다만, 진나라는 그로 인해 수십 년 동안 어지러웠고 천하의 웃음거리가 되었습니다. 또 진(秦)나라는 부소(扶蘇)를 태자로 정하지 않았기 때문에, 조고가 황제의 명령이라고 꾸며 호해(胡亥)를 태자로 세워 스스로 조상의 제사를 끊고 말았습니다. 그것은 폐하께서 직접 보신 일입니다. 지금의 태자께서 어질고 효성스럽다는 것은 천하의 사람들이 다 아는 일입니다. 또한 여후께서는 걱정과 고생을 폐하와 함께 하셨는데, 어찌 여후를 저버릴 수 있겠습니까? 폐하께서 굳이 적자를 폐하고 어린 여의를 태자로 세우시고 싶다면, 신을 먼저 죽여 이 땅을 제 목의 피로 더럽히십시오."

그러자 고조는 이렇게 말했다.

"공은 그만 하시오. 나는 농담을 했을 뿐이오."

그러자 숙손통이 다시 말했다.

"태자는 천하의 근본입니다. 근본이 한 번 흔들리면 천하가 흔들립니다. 그런데 어떻게 천하를 가지고 농담을 하실 수 있습니까?"

그 말에 질렸는지 고조는

"알았소, 알았소 그대 말대로 하리다.

하고 태자를 바꾸겠다는 뜻을 철회하겠다고 말했다.

그러나 입으로는 그렇게 말했지만 고조의 생각이 완전히 바뀐 것은 아니었다.

고조가 여의의 옹립을 단념하게 된 것은 장량(張良)의 세심하고 깊은 공작이 효력을 발생했기 때문이라고 한다.

어쨌든 여기서 중요한 것은 변신(變身)을 치세의 주무기로 하고 있던 숙손통이 왜 이 때만은 죽음을 무릅쓰고 간언할 생각을 하였느냐는 점이다. 그 때까지의 그의 처세 방법을 보면 납득이 가지 않지만, 이 때의 숙손통의 행동을 왕선산(王船山)이 쓴<독통감론(讀通鑑論>에서는 이렇게 해석하고 있다.

「우선 고조는 뭐니뭐니해도 밝은 군주, 즉 명주(明主)이기 때문에 옳고 그름과 선악을 구분할 줄 알 것이다. 그리고 여후의 권세 역시 여전히 강대하고, 장량과 같은 공신도 그녀의 입장을 이해하고 있다. 따라서 설령 고조가 화를 내고 자신을 감옥에 가두는 일이 벌어지더라도 그들이 구출 공작을 해 줄 것이다. 만에 하나 잘못되어 죽임을 당한다고 하더라도 간언을 했다는 공적은 남는다. 어떤 결과가 오더라도 숙손통은 자신에게는 손해가 없다. 숙손통은 여기까지 이 상황을 면밀히 계산하고 간언을 했을 것이다.」

이상과 같은 왕선산의 해석은 충분히 일리가 있고 설득력이 있다고 생각된다.

그렇게 보면 현대 중국의 학자 곽말약의 변신은 2천여 년 전의 숙손통의 날카로움에 비하면 아무것도 아닌지도 모른다.

임기응변에 능했던 중국의 학자들 중에서 2천여 년 전의 숙손통과 현대 중국의 곽말약을 대표적인 예로 소개했다.

예나 지금이나 이와 같은 기회주의자·보신주의자(補身主義者)들만 우글거린다면 국가 또는 조직은 와해되고 말 것이다. 결코 바람직하지 못한 종류의 사람들이지만, 이런 종류의 인간도 한 조직 속에서는 양념처럼 필요한 경우가 있다.

왜냐 하면 이런 부류의 사람들은 두뇌 회전이 빠르고 기미(機微)를 포착하는 데 민첩하여, 항상 상황을 점검하고 있기 때문이다. 따라서 윗자리에 있는 사람들이 역으로 이들의 장점을 잘 이용할 수만 있다면 그들은 완전히 버림받아야 할 존재는 아닐지도 모르기 때문이다.

3. 미인은 박명하지 않다

 옛날부터 중국에서는 미인이라고 하면, 모장(毛嬙)과 서시(西施)를 꼽고 있다. 〈관자〉에도,
「모장과 서시는 천하의 미인이다」

라고 쓰여져 있다.
 그러면 이들 두 미인은 어떤 여성들이었을까?
 모장에 대해서는,

「그녀는 월왕(越王)의 미희(美姬)였다」

라고만 기록되어 있을 뿐 자세한 설명은 찾아볼 수 없다.
 그러나 서시에 대해서는 〈오월춘추(吳越春秋)〉에 비교적 자세한 기록이 남아 있다.
 기록에 의하면 서시는 「와신상담(臥薪嘗膽)」의 고사로 유명한 「오(吳)나라와 월(越)나라의 전쟁」 이야기에 자세히 기록되어 있다. 그러므로 서시에 대해 이야기하기 위해서는
「와신상담」의 고사를 소개하지 않을 수 없다.

지금으로부터 2천 5백여 년 전인 춘추시대(春秋時代) 말기에 중국 강남(江南) 지역에 번영했던 오나라와 월나라는 「오월동주(吳越同舟)」라는 말이 생겨날 정도로 서로 원수처럼 싸우는 사이였다.

〈십팔사략(十八史略)〉에 의하면 합려가 월나라 왕 구천(句踐)과의 싸움에서 패전하여 죽자, 뒤를 이어 오나라 왕이 된 부차(夫差)는 부왕의 원수를 갚기 위해 장작을 깔고 그 위에서 잠을 자며 자신의 육체를 괴롭히면서(臥薪) 복수의 의지를 굳혔다고 한다.

그리하여 군비를 갖추고 전의를 가다듬은 부차는 월나라 구천과 싸워 회계산(會稽山)에서 항복을 받아 포로로 했다. 그렇게 하여 부차는 부왕인 합려의 원한을 풀었다.

그러나 부차는 포로로 잡은 구천을 죽이지 않았다. 구천은 부차에게 거짓 충성을 보여 여러 해 만에 용서를 받고 다시 월나라로 돌아가게 되었다.

월나라로 돌아온 구천은 오나라에서 겪은 치욕을 씻기 위해 자기 방에 말려 놓은 짐승의 쓸개를 매달고, 그것을 항상 혀로 핥으며(嘗膽),

"회계산에서의 패전과 그 뒤의 치욕을 잊어서는 안 된다."
라고 자신에게 타이르면서 복수를 위한 무서운 집념을 불태웠다. 그리고 결국 오나라를 멸망시키고 만다.

이것이 「와신상담」의 이야기인데, 〈십팔사략〉에 의하면 이와 같은 「와신」을 한 사람은 오나라와 부차이고 「상담」을 한 것은 월나라왕 구천이라고 확실히 구분되어 있다.

그러나 사마천의 《사기(史記)》에는 구천의 「상담」에 대한 이야기는 나와 있지만 부차가 「와신」했다는 이야기는 씌어 있지 않다. 그리고 오나라와 월나라의 역사를 기록한 〈오월춘추〉에 의하면 「와신」과 「상담」은 모두 구천이 했다고 기록되어 있다. 따라서 〈십팔사략〉은 《사기》나 〈오월춘추〉보다 훨씬 뒤에 쓰여진 책이므로 이야기를 더 재미있게 꾸미기 위하여 내용이 각색된 것이라고 추측된다.

최근의 외신에 의하면 호복성(湖北省) 강릉(江陵) 지방에 있는 전국시대의 묘에서 오나라왕 부차의 기명(記銘)이 새겨진 검(劍)이 발굴되었다고 한다. 그보다 오래 전에는 근처 묘에서 월나라왕 구천의 검이 발굴된 일이 있기 때문에 이들 「와신상담」의 두 주인공의 검이 모두 발굴된 셈이다.

지금으로부터 2천 5백여 년 전이라면 아득히 먼 옛날이지만 그때에 서로 원수지간이었던 이 두 왕의 검이 발견되었기 때문인지 이 「와신상담」의 고사나 그들에게 얽힌 이야기들은 현실감을 훨씬 더해 주게 된다.

월나라왕 구천이 짐승의 쓸개를 핥으며 복수를 맹세하고 있을 때의 일이었다. 〈오월춘추〉의 기록에 의하면 구천은 문종(文種)이라는 신하를 불러 이렇게 말했다.

"내가 들은 바에 의하면 오나라왕 부차는 색을 좋아하여 여자에게 정신을 잃으면 정치는 잘 돌보지 않는다고 한다. 이것을 이용하면 어떤 계략을 세울 수도 있을 것 같은데, 그대의 생각은 어떤가?"

"좋은 생각이십니다. 미녀를 바쳐서 부차의 혼을 빼 버리시지요. 하지만 그 계략을 성공시키려면 보통 미녀로는 안 될 것입니다. 특출난 미모의 재능을 갖춘 미녀여야만 가능할 줄로 압니다

"그 계책이 좋겠소."

구천은 그렇게 말하고 나라 안에서 미녀를 뽑았다. 그녀가 바로 서시였다.

〈병법 삼십육계(兵法三十六計)〉에도 「미인계(美人計)」라는 것이 있다. 미녀를 이용하여 상대방의 혼을 빼놓는 책략인 것이다.

병법서의 하나인 〈육도(六韜)〉에도,

「진주와 구슬을 뇌물로 바치고, 미인을 바쳐 즐기도록 한다」

「미녀의 음탕한 소리를 항상 가까이 있게 하여 그것을 타락시킨다」

라는 내용이 있다.

「미인계」는 중국의 병법(兵法) 중에서도 가장 고전적인 수법의 하나라고 할 수 있는데, 서시도 역시 이 「미인계」의 요원(要員)으로 등장하는 것이다.

서시는 월나라의 저라산(苧蘿山) 속에서 살고 있던 장작장수의 딸이었다고 한다. 그러나 아무리 미녀라고는 해도 산골 출신의 아가씨에 지나지 않았다.

때문에 구천은 서시를 도성으로 불러들여 화장하는 방법에서부터 걸음걸이에까지 이르는 모든 예의범절과 남자를 사로잡는 미태의 연출 방법이 포함되는 특별 훈련을 철저하게 시켰다.

그 같은 훈련은 무려 3년 동안이나 계속되었다고 한다. 무척이나 느긋한 중국인다운 준비였다. 그러나 한나라의 왕의 마음을 사로잡기 위해서였으니 그 정도의 시간을 소모시키면서 철저하게 훈련시키지 않을 수 없었을 것이다.

그런데 이 서시는 어떤 타입의 미녀였을까. 〈장자(莊子)〉에 소개되어 있는 「빈방(嚬倣)상을 찌푸리는 것을 모방하다(까닭도 모르고 덮어놓고 흉내내다」라는 고사에서 우리는 서시가 어떤 타입의 미녀였는가를 간접적으로 짐작할 수가 있다.

서시가 아직 월나라 도읍에서 특수 훈련을 받고 있을 때의 일이다. 어느 날 갑자기 가벼운 심장 발작을 일으킨 서시는 고향인 저라산 밑의 마을로 돌아가서 휴양을 하게 되었다.

서시는 휴양을 하는 동안 심장에 통증이 올 때마다 가슴에 손을 대고 미간을 찌푸리고는 했다. 그럴 때마다 이 유명한 절세의 미인은 한층 더 아름답게 보였으며 마을 사람들의 넋을 잃게 했다.

상을 찌푸리는 서시의 아름다운 모습을 본, 마을에서 가장 못난한 여자가 상만 찌푸리면 무조건 아름답게 보이는 줄 알고 자기도 서시의 흉내를 내며 마을을 돌아다녔다. 그러자 마을 사람들은 상을 찌푸린 이 추녀가 보기 싫어서 밖으로 나돌아 다니지도 않았다고 한다.

서시보다 훨씬 뒤에 살았던 여자로서 서시에게 필적할 만한 미녀였다는 당(唐)나라의 양귀비(楊貴妃)는 글래머 타입의 풍만한 육체의 주인공이었다. 그러나 서시는 양귀비와는 달리 가냘프고 나긋나긋한 타입의 미녀였다.

서시는 3년 동안의 훈련을 끝내고 재상 범려를 따라 오나라로 가서 부차를 알현했다. 부차는 서시를 보자마자 단번에 그녀의 미모에 홀렸으며, 측실(側室)로 맞아 총애하게 되었다. 월나라의 계략대로 일이 진행되었던 것이다.

일설에 의하면 서시는 부차에게 가기 전에 이미 범려와 은밀하게 정을 통하고 있었다고 한다.

〈오지기(吳地記)〉라는 책에 다음과 같은 기록이 있다.

「가흥현(嘉興縣) 남쪽 백 리 되는 곳에 어아정(語兒亭)이라는 정
자가 있다. 구천은 범려에게 시켜 서시를 훈련시켜 부차에게 바치
게 했다. 서시는 그 동안 범려와 은밀하게 정을 통하다가 3년 만에
비로소 오나라에 갔다 그 동안 서시는 한 아이를 낳았으며, 이 정
자에 도달했을 때 그 아이는 1살 밖에 되지 않았지만 말을 하였다.
그래서 이 정자에 어아정이라는 이름을 붙였다」

이 기록에 의하면 서시는 부차에게 가기 전에 이미 범려와의 사
이에 아들을 낳았으며, 이 아이를 낳은 뒤에 부차에게로 간 셈이다.
기록이 사실인지 확인할 수는 없지만 아무것도 모르던 시골 처
녀를 데려다가 3년이라는 세월 동안 밤낮으로 부차의 마음을 사로
잡게 하기 위해 온갖 기교와 테크닉을 가르쳤을 것이니, 그 일을
총괄했던 재상 범려가 마음만 먹었다면 그녀와 정을 통하는 것이
불가능한 일은 아니었을 것이다.

서시를 부차에게 보낸 「미인계」의 성과가 어느 정도였는지는
소상한 기록이 남아 있지 않아 알 길이 없다. 그러나 부차가 월나
라를 가볍게 보고 방심하다가 허를 찔려 구천에 의해 멸망되었으
므로 서시에 의한 미인계가 전혀 효과가 없었다고 말할 수는 없다.
중요한 것은 오나라가 망한 뒤의 서시의 운명이다. 부차가 구천
에게 패하여 죽고 난 뒤의 서시의 행적에 대해서는 두 가지 설이
있다. 그것은 모두 전설적인 것인데, 그 중의 하나는 부차가 월나

라 군대에게 쫓겨 자살한 뒤 서시는 오나라 군사들에 의해 장강(長江)에 빠져서 죽었다는 것이다. 그리고 다른 하나의 설은 범려에게 구조되어 범려가 월나라를 떠나 제(齊)나라로 갈 때 함께 가서 행복한 여생을 보냈다는 것이다.

기록에 남아 있는 서시에 관한 것 중에서 「어아정」의 전설과 함께 행복한 여생을 보냈다는 설은 모두 범려가 관계되어 있다. 따라서 서시라는 미녀는 처음부터 범려라는 인물과 관계가 있었고, 부차가 죽은 뒤에는 오나라를 출분(出奔)한 범려를 따라 제나라·도나라로 전전하면서 거부(巨富)가 된 범려와 행복하게 살았다고 추측할 수 있다. 이 서시와 같은 절세의 미인을 당시의 남자들이 그냥 죽이지 않았으리라는 것은 너무나 자명한 일이기 때문이다.

범려는 월나라왕 구천을 20년이라는 세월 동안 헌신적으로 곁에서 봉사한 끝에 부차를 죽게 하여 구천의 한을 풀어 준 공신이었다. 그러나 범려를 천하의 충신이라고 속단할 수는 없다. 그는 상황을 읽고 체념하는 데 있어서 누구보다도 뛰어난 인물이기 때문이었다.

범려는 오나라왕 부차를 멸망시킨 공으로 상장군(上將軍)에 임명되었다. 바야흐로 영화가 극에 달했다고 모두들 생각했다. 그러나 그의 생각은 달랐다.

'지나치게 큰 명성을 얻으면 다른 사람의 질투와 원한을 사게 되어 몸이 위태로워진다. 그런 자리에 오래 있어서는 안 된다. 더욱이 구천은 어려움을 같이 할 수 있어도 안락(安樂)함은 함께 할 수는 없는 인물이다'

라고 생각한 범려는 구천에게 완곡한 글을 올려 사임하겠다는 뜻을 전했다. 그러나 구천은 은퇴를 허락하지 않았다.

"이 월나라의 반을 그대에게 나누어 주어도 좋으니 제발 사임하지 마시오."

라면서 만류했다.

범려는 구천의 설득을 마다할 수 없다고 판단했다. 그는 할수없이 귀중한 보물과 구슬을 챙긴 다음 가족을 이끌고 월나라에서 탈출했다.

범려가 간 곳은 제(齊)나라였다. 제나라에 정착한 범려는 즉시 함께 고생한 대부(大夫) 문종(文種)에게 다음과 같은 편지를 써서 보냈다.

「새를 다 잡고 나면 좋은 활은 거두어 감추어지고, 교활한 토끼를 다 잡고 나면 사냥개를 잡아먹는다는 옛말이 있습니다. 월왕은 목이 길고 입이 새의 부리처럼 뾰족합니다. 이런 상(相)을 가진 인물은 고생은 함께 할 수 있어도 안락(安樂)은 함께 할 수 없습니다. 경도 하루 빨리 월나라를 떠나는 것이 안전하다고 생각합니다.」

범려의 편지를 읽은 문종은 옳은 판단이라고 생각했다. 그러나 당장 월나라를 떠나기란 그리 쉬운 일이 아니었다. 차일피일 미루는 동안 문종은 모반을 꾀한다는 모함을 받게 되었으며 구천이 보낸 칼로 자살을 강요당하고 말았다.

범려가 본 것처럼 구천은 안락을 함께 할 수는 없는 인물이었다.

제나라에 정착한 범려는 이름을 치이자피(鴟夷子皮)라고 바꾸었다. 치이자피란 말가죽으로 만든 신축성이 많은 주머니를 말한다. 이 같은 이름을 지은 것은 마음대로 늘이거나 줄일 수 있는 주머니처럼 모든 명예를 버리고 자유로워진 자기 자신을 상징하기 위해서였다고 한다.

범려는 이재에도 밝아 곧 상당한 부(富)를 모았다. 그렇게 되자 그의 현명함이 제나라 안에 널리 알려졌으며 제나라 왕이 그를 재상으로 기용하려고 했다. 그러자 범려는 이렇게 탄식하며 사양했다.

"벼슬길에 나가서는 재상이 되었고, 집에서 일을 해서는 천금을 벌었다. 더 이상 무엇을 바라겠는가? 다시 이름을 세상에 알리면 화를 차초하게 될 뿐이다."

제나라의 재상직을 거절한 범려는 더 이상 그 곳에 살 수 없게 되었다면서 모은 재산을 모두 마을 사람들에게 나누어 주었다. 그리고 값비싼 보물만 가지고 도(陶:제나라의 한 지방으로 지금의 산동성 지방임) 땅으로 몰래 이사갔다.

도에 온 범려는 이름을 다시 도주공(陶朱公)으로 바꾸고 새출발을 했다 도에서도 농업과 목축업을 하면서 물가의 변동을 살펴 물자를 사고팔아 착실하게 이득을 본 그는 거만(巨萬)의 부(富)를 이룩했다.

이와 같이 월나라를 떠난 범려는 제나라·도나라로 전전하면서 정치가 아닌 경제 활동을 통하여 큰 성공을 거두었다.

범려는 도주공으로 이름을 떨치다가 도나라에서 죽었다. 도주공이라는 그의 별명은 부호의 대명사가 되어 후세까지 오랫동안 전해지게 되었다.

범려의 일생은 지모(智謀)의 신하로서 구천에게 봉사한 전반생(前半生)과 경제인(經濟人)으로 살아간 후반생(後半生)으로 나눌 수 있다 그리고 그는 이 두 가지 측면에서 모두 대단한 성공을 거두었다.

그러나 중국인들이 범려를 동경하는 것은 구천을 도와 오나라의 부차를 멸망시킨 정치가로서의 범려가 아니라 경제인으로 성공한 후반생(後半生)의 범려이다. 가능하기만 하다면 범려처럼 많은 재산을 이룩하여 인생을 즐기고 싶다고 중국인들은 생각해 왔기 때문이다.

이처럼 범려를 동경하는 심리에는, 범려와 같은 굉장한 남자에게는 당연히 그것에 어울리는 미녀가 갖추어져 있기를 바란다는 측면도 있다. 서시처럼 천하의 미녀는 범려와 같은 남자와 함께 있어야 그 아름다움다움에 어울리는 행복을 누릴 수 있다고 믿기 때문이다.

서시가 범려에게 구조되어 오래오래 행복하게 살다가 죽었다는 설화가 생겨난 것도 이와 같은 중국인들의 심리적 배경 때문인지도 모른다.

현대 사회에서도 돈에는 미인이 따른다는 말이 있다. 미인이 돈을 좇는 경우도 있지만 돈이 미인을 찾는 경우도 있다. 그러나 갑자기 돈을 벌었다고 하여 조강지처(糟糠之妻)를 버리고 나긋나긋한 미인을 쫓는 졸부가 있다면 불행을 자초하는 셈이다. 그리고 돈 많은 남자를 발견하고 자신의 미모를 내세워 공격을 하는 미녀가 있다면, 그녀에게도 역시 불행이 따르기 마련이다.

미인이 부자를 만나는 것이나 부자가 미인을 만나는 것이나 억지로 되는 일은 아니다. 남자와 여자의 만남은 중국인의 사상처럼 천명(天命)인 것이며, 이 천명을 거역했을 때는 반드시 불행이 따른다.

「가인박명(佳人薄命)」이라고 탄식한 것은 당(唐)나라 때의 시인 소동파(蘇東坡)이지만 모든 미녀들이 반드시 박명했던 것은 아니다. 소동파가 말한 박명한 미인들이란 대개가 천명을 어기고 억지를 부린 여자들이다.

서시는 산골의 가난하고 무식한 처녀였다. 그러나 타고 난 미모 때문에 도성에 와서 범려 밑에서 여자로서의 미태를 배웠고 부차에게 바쳐졌다. 그러나 부차가 죽자 서시는 범려에게 다시 거두어져 사나이 중의 사나이라고 할 수 있는 그의 사랑을 받았다. 서시가 범려의 사랑을 받고 죽을 때까지 함께 살았다면 그것은 천명이 아닐 수 없다.

그러므로 기구한 인생 편력을 한 서시에게는 「미인박명」이라는 소동파의 말이 거짓말이 되고 만다. 범려와 같이 유능하고 지혜 있는 남자를 만났기 때문이다.

세상의 모든 것이 그 사람의 됨됨에 따라 달라지듯이 미인도 남자를 잘 만나야 박명하지 않는다. 이 진리는 예나 지금이나 다름이 없다고 생각된다.

4. 유세객들의 변설

중국의 고전(古典)을 읽으면 다변(多辯)의 폐해를 경계하는 말들이 자주 나온다.

그 예를 몇 가지만 들어 보면 다음과 같다.

「말은 뜻을 전달하기만 하면 되는 것이다(辭達而己矣)」〈논어〉

「교묘한 말은 덕(德)을 혼란스럽게 만든다.(巧言德亂)」〈논어〉

「믿음이 있는 말은 꾸밈이 없고, 꾸밈이 있는 말에는 믿음이 없다(信言不美, 美言不信)」〈노자〉

「일은 은밀하게 진행시키기 때문에 성공하는 것이며, 밖으로 누설되면 실패한다(夫事以密成, 語以泄敗)」〈한비자〉

「말을 삼가함으로써 그 덕을 기른다(言以愼養德)」〈근사록〉

「성품이 바른 사람은 말을 많이 하지 않고 성급한 사람은 말을 많이 한다(吉人之辭寡 躁人之辭多)」〈역경〉

예를 들자면 한이 없기 때문에 이 정도에서 그치겠지만, 요컨대 중국인들은 3천 년 전인 옛날부터 말은 되도록 신중하게 하라고 자신의 마음에 타이르고 있었던 것 같다. 그렇다고 해서 중국인들이 변설(辯舌)이 역할까지 부정한 것은 아니다 오히려 반대로 변설의 중요성을 인정한 것이 중국인들이라고 말할 수 있다.

우리 한국인들은 「이심전심(以心傳心)」으로 마음을 전달하는 민족이라고 말하는 사람도 있다. 요란한 변설로 상대방을 설득하기보다는 행동으로, 또는 다른 방법으로 자기 마음을 조용히 상대방에게 전하는 국민이라는 뜻이다.

따라서 우리 한국인은 가만히 있어도 이쪽의 의사가 상대방에게 전달되기를 기대했고, 그런 방법으로 의사가 전달되는 것을 가장 믿음직스럽다고 생각하고 있었다. 노골적으로 자기 주장을 내세우면 경솔하고 교양없는 사람이라는 낙인이 찍히고 귀찮은 사람이라고 경원시당해 왔다. 그 같은 전통은 아직까지도 우리에게 남아 있다.

그러나 중국인들 사이에서는 「이심전심」이 통하지 않는다. 말을 하지 않으면 절대로 의사가 통하지 않는다는 것이 일반적인 그들의 인식이었다. 그들은 의사 전달을 위해 존재하는 것이 말이라고 생각한다. 따라서 당연히 말의 기능이 중요시되지 않을 수 없다. 이를테면 「언행은 군자의 바탕」인 것이다.

《손자(孫子)》의 병법을 예로 들면, 싸우지 않고 이기는 것을 이상적인 승리 방법이라고 보고 있다. 싸우지 않고 이긴다는 것은 무엇인가 「최상의 전쟁 방법은 적의 음모를 분쇄하는 것(上兵伐謨)」이며, 외교 교섭에 의하여 상대방의 의도를 봉쇄하는 것이 우선되어야 한다는 뜻이다.

《손자》뿐이 아니다. 공자(孔子)도 역시 "선비의 조건은 무엇입니까?"라는 질문을 받자

"사방에 사신으로 가서 왕의 명령을 욕되게 하지 않는다면 그것이 선비라고 할 수 있다. (使於四方 不辱君命 可謂士矣)"〈논어〉라는 것을 첫째로 꼽고 있다. 다시 말하면 외교 교섭을 훌륭하게 해낼 수 있는 사람이 선비, 즉 리더라고 했다.

외교 교섭을 성공시키기 위해서는 응대사령(應對辭令)에 숙달하고 상대방을 설득시킬 수 있는 충분한 변설을 몸에 익히고 있어야 한다.

비근한 예로, 중국은 현재 자본주의 경제체제를 도입하면서 근대화를 이루기 위하여 다각적인 외교전을 벌이고 있다. 그들은 공산주의 국가답지 않게 필요한 곳이면 어디든 찾아가서 대범한 몸짓과 박력이 넘치는 변설로 자신들의 뜻을 설명하고 이해를 구한다. 그들의 최근 행동은 공산주의자의 음흉한 기만전술이 아니다. 그들의 행동은 필요할 때 필요한 것을 얻기 위한 행동이며, 필요한 것을 얻기 위해서 그처럼 장황한 논리를 전개하는 것이다.

이러한 현상은 서민들 사이에서도 마찬가지이다. 중국을 여행한 사람들의 말을 들어 보면, 거리에서 가끔 싸움하는 것을 목격한다고 한다. 그러나 중국 사람들의 싸움은 거의 설전(舌戰)으로 일관하며, 입에 거품을 물고 말다툼을 한다고 한다. 그리고 싸움의 승부를 결정하는 것은 싸우는 사람들의 논리(論理)와 설득력(說得力)이라고 한다. 설득력이 있는 논리를 전개하는 쪽이 싸움에서 이기고, 그것이 부족한 쪽이 지는 것이다. 걸핏하면 얼굴을 벌겋게 하고 멱살부터 잡거나 주먹부터 올려 붙이고 보는 우리나라 사람의 싸움 풍경과는 완전히 다르다는 것이다.

이런 전통과 관습이 오랫동안 내려오는 동안에 중국인은 변설력(辯舌力)이 단련되었을 것이다. 사실 중국인들은 특별히 논리적인 자기 주장이 강하고, 교섭이나 설득이 필요한 장소에서는 변설에 능하다.

첫머리에 예를 든 다변(多辯)의 폐해를 지적한 고전 속의 말들은 이와 같은 중국인들의 기질에서 생겨난 것이라고 말할 수 있다. 즉, 그 말들은 능변이 되기 쉬운 사람들을 경계하기 위한 말이었다고 설명할 수 있다.

중국인들은 옛날부터 「무(武)」보다 「문(文)」을 숭상했으며 분쟁이 일어났을 때에도 무력을 사용하기보다는 먼저 교섭에 의한 문제 해결을 시도했다. 《손자(孫子)》에 있어서의 정치 우선의 사상도 그 표시의 하나라고 볼 수 있을 것이다. 이와 같은 분위기 속에서는 그것이 싫더라도 설득력과 교섭력이 연마되고, 이 설득과 교섭에 있어서의 기술나 정보가 축적되기 마련이다.

설득력과 교섭력은 지금으로부터 2천 2백여 년 전 전국시대(戰國時代)에 활약한 「세객(說客)」들이 그 시작이었다고 말할 수 있다.

중국의 전국시대란 진(秦)나라의 시황제(始皇帝)가 중국을 통일한 기원전 221년까지의 약 1백 80년 동안을 말한다. 「전국 칠웅(戰國七雄:7개의 강한 나라)」들에 의한 피투성이 쟁탈전이 계속되던 시대였지만, 이 시대에도 무력 투쟁과 병행하여 활발하게 외교 전쟁이 벌어지고 있었다. 그리고 이 외교 전쟁을 담당했던 사람들이 바로 「세객」들이었다. 유명무명인 가지각색의 「세객」들이 외교 교섭에 뛰어들어 살벌한 전국시대를 장악했다. 「문(文)」을 숭상하는 나라다운 현상이었다고나 할까.

이 수많은 「세객」들 중에서 대표적인 사람이 소진(蘇秦)과 장의(張儀)였다. 이 소진과 장의가 추진한 정책이 「합종연횡(合從連

衡)」이라는 외교정책이다.

「합종책(合從策)」이란 서쪽의 강대국 진(秦)나라에 대항하여 나머지 6개국이 종(從:南北)으로 뭉쳐 대처해야 한다는 정책으로, 기업에 비유하면 중소기업들이 연합하여 대기업의 횡포에 대처해야 한다는 것과 같은 것이었다. 이 정책을 제창하고 그것을 실현하기 위하여 여러 나라를 돌아다니며 외교 교섭을 벌인 「세객」이 소진이었다.

「연횡책(連衡策)」이란 「합종책」에 반대되는 정책으로, 나머지 6개국이 제각기 동서에 걸쳐 자리잡고 있는 강대국 진나라와 손을 잡아야 한다는 이론이었다. 진나라와 제각기 손을 잡음으로써 강대국 진나라의 보호를 받아 살아남을 수 다는 전략이 「연횡책」이었다. 그것을 추진하기 위해 여러 나라를 돌아다니며 외교전을 개시한 사람이 장의였다.

「합종연횡」이라고 하면 한자를 잘 모르는 젊은 세대들은 무슨 말인지 잘 알지 못할지도 모른다. 겨우 파벌끼리의 거래나 야합 정도로 이해하기 쉽다. 그러나 본래의 뜻은 2천 5백 년 전 중국 대륙에서 생겨난, 사느냐 죽느냐의 입장에 놓인 나라들의 절박한 외교 전략의 명칭이었다.

여기서 중요한 것은 소진, 장의를 비롯한 모든 「세객」들은 가난한 환경에서 뜻을 세우고 맨주먹으로 세상에 나왔다는 사실이다. 그들이 믿고 의지할 무기라고는 오직 자신의 두 치 혀(舌) 밖에 없었다.

이무리 중국이 「문(文)」의 나라, 「변설」의 사회라고는 하지만 「문」과 「변설」만으로 출세하는 것은 쉬운 일이 아니었다. 그들은 대신이나 재상이 되겠다는 꿈을 가지고 유세의 여행을 떠나지만 그 꿈을 실현하기란 쉽지 않았다. 뜻을 이루지 못하고 평범하게 거리에서 늙어간 「세객」들도 수없이 많았을 것이다.

이 벽을 돌파하고 세상에 나가기 위해서는 어떻게 해서든지 유세를 성공시켜야 했다. 유세를 성공시키기 위해서는 교섭술이나 설득술을 연구하고, 그 수법을 닦는 길밖에 없었다. 「세객」들이 활약한 발자취를 기록한 책이 〈전국책(戰國策)〉이다. 이 책을 읽으면 「세치 혀」에 건 그들의 간절한 출세욕과 꿈과 야망이 통렬하게 느껴진다.

따라서, 그들의 변설에는 특이한 열기(熱氣)와 기교가 담겨져 있었다. 그리고 화려한 출세를 위해 필사적으로 발돋움해 보려는 처절한 의지가 꿈틀거린다.

그들 「세객」들이 생각해 낸 절묘한 설득술 하나를 예로 들어 소개한다. 다름아닌 유명한 「사족(蛇足)」이라는 말의 출전(出典)이 된 고사이다.

초(楚)나라의 소양(昭陽)이라는 장군이 위(魏)나라를 격파하고 그 대장을 죽인 뒤 여세를 몰아 군사를 이끌고 제(齊)나라를 공격하고자 했다. 겁을 먹은 것은 제나라 왕이었다. 그 때 진진(陳軫)이라는 「세객(說客)」이 소양을 설득하겠다고 나섰다.

소양의 진지로 찾아간 진진은 우선 무릎을 꿇고 그의 승리를 축하한 뒤에 물었다.

"초나라에서는 적을 격파하고 대장을 죽이면 어떤 관작을 내려

줍니까?"

"관직은 상주국(上柱國)이고 작위는 상집규(上執珪)를 내려줍니다."

"그보다 높은 관직은 없습니까?"

"그 이상은 영윤(슈尹:재상)뿐입니다."

그러자 진진이 말했다.

"역시 영윤이란 벼슬은 대단하군요. 그러나 영윤을 두 사람 두지는 않을 것입니다. 제가 고사(故事)를 들어 한 가지 이야기를 해올리겠습니다.

초나라의 한 귀족이 제사를 지냈습니다. 제사가 끝난 뒤 하인들에게 술 한 병을 주면서 나누어 먹으라고 했습니다. 그러나 수많은 하인들이 나누어 마시기에는 술이 턱없이 부족했습니다. 그 때 어느 하인이 나서서 이렇게 말했습니다. '여럿이 마시기에는 부족하지만 혼자서 마시면 충분히 취할 수 있겠다. 이렇게 하면 어떤가? 제각기 땅에 뱀 그림을 그리기로 하고 제일 먼저 그린 사람이 이술을 혼자 마시기로 하자' 모두들 그 제안에 찬성했습니다. 그래서 하인들은 제각기 근처에 있는 나뭇가지를 꺾어 들고 땅바닥에 뱀을 그리기 시작했습니다. 마침 하인들 중에 그림을 빨리 그리는 사람이 있어 순식간에 뱀 그림을 완성했습니다. 그는 옆에 놓인 술병을 끌어다 놓고 마실 준비를 했습니다. 다른 사람들은 아직 열심히 그리고 있었습니다. 그 때 그는 생각했습니다. '나는 그림을 잘 그리니까 뱀의 발도 그릴 수 있다' 그래서 그는 술병을 한 손에 들고 뱀의 발을 그리기 시작했습니다. 그가 열심히 뱀의 발을 그리고 있을 때 다른 사람 하나가 뱀 그림을 완성했습니다. 그런 다음 뱀의 발을 열심히 그리고 있는 하인으로부터 술병을 빼앗으며 이렇게 말했습니다. '뱀에게 발이 어디 있는가? 자네는 재주 자랑이 하고 싶어서 쓸데없는 짓을 하고 있군. 발이 있는 뱀은 뱀이 아니다. 그러니까 뱀을 가장 먼저 그린 것은 나다' 그렇게 말한 하인은 뱀의 발을 그리던 하인이 멍청히 바라보는 앞에서 맛있게 술을 마시기 시작했다고 합니다. 이것은 우스갯소리에 불과하지만 자기 재주를 자랑하기 위해 필요없는 일까지 하면 손해를 보게 된다는 것을 암시한 고사입니다. 장군께서는 위나라를 공격하고 적을 대파한 뒤 그쪽 장군까지 죽였습니다. 그리고 그 여세를 몰아 제나라까지 공격하려고 하십니다. 제나라는 지금 장군을 무척 두려워하고 있습니다. 따라서 장군의 위엄은 충분히 발휘되었습니다. 더 이상 공을 세운다고 해도 영윤(令尹)이 되지는 못합니다. 뿐만 아니라 사족(蛇足)을 그린 하인처럼 실패할 경우 힘들여 얻을 수 있었던 작위까지 잃게 될지도 모릅니다. 그러므로 예정에 없는 제나라까지 공격하신다는 것은 사족(蛇足)을 그리는 것과 다름이 없습니다."

진진의 이야기를 들고 난 소양은 그 말이 옳다고 생각하고 군대를 이끌고 돌아갔다.

진진이 인용한 이 이야기가 「사족(蛇足)」을 그린다는 고사이다. 여기서 우리는 어떻게 해서든지 설득 작전을 성공시키기 위하여 필사적으로 지혜를 짜낸 진진의 노력을 읽을 수가 있다.

그러나 우리의 감각으로는 이 정도의 설득으로 간단히 군대를 거두고 돌아간 소양의 행동을 납득하기 어렵다. 그렇지만 진진의 이야기를 분석해 보면 두 가지 측면에서 소양이 설득되어야 하는 이유를 발견할 수 있다.

첫째, 논리(論理)로써 사람을 설득하려는 사람은 반대로 상대방으로부터 논리를 제시받으면 약해진다는 점이다. 중국인들은 일반적으로 이런 경향이 있었다. 소양의 경우도 예외는 아니어서 전진의 「사족(蛇足)을 이용한 논리」에 동의하게 되었을 것이다.

둘째, '부족한 듯 처신하면 욕을 당하지 않으며, 멈추는 것을 알면 위험은 없다(知足不辱, 知止不殆)라고 말한 것은 「노자(老子)」인데 그것 역시 중국인이 널리 공유하고 있는 처세철학이다. 소양도 역시 이 철학의 소유자로서 진진의 설득이 그의 마음에 호소하는 바를 새겨서 들었는지도 모른다.

〈전국책〉에 기록되어 있는 내용은 진진이 시도한 것과 같은 정공법(正攻法)에 의한 설득술만이 아니다. 상대방을 속이고, 상대방을 교묘하게 설복시키는 수법도 많이 소개되고 있다. 아니, 정공법에 의한 설득보다도 이런 설득의 실례들이 압도적으로 많이 소개되었다고 해도 과언이 아니다.

어쨌든 「세객(說客)」들은 막다른 정황(情況) 속에서 배수(背水)의 진을 친 것과 같은 입장에서 교섭에 임하는 경우가 많았다. 그들은 등 대신 배를 내밀 수 없는 상황 속에서 속임수라도 쓰지 않을 수 없었던 것이다.

그런 예를 하나만 들겠다.

동주(東周)라는 나라에서 논에 벼를 심으려고 했다. 그러나 이웃나라인 서주(西周)가 논의 물줄기를 차단했으므로 벼를 심을 수 없었다.

그러자 소자(蘇子)라는 「세객」이 동주의 왕에게 청했다.

"제게 맡겨 주시기 바랍니다. 서주에 가서 설득하겠습니다."

소자는 왕의 허락을 받고 서주로 가서 왕을 만나 다음과 같이 설득했다.

"왕께서는 잘못 알고 계십니다. 지금 물을 막으면 오히려 동주에게 도움을 주게 됩니다. 왜냐 하면 금년에 동주에서 심고 있는 것은 벼가 아니라 보리이기 때문입니다. 대왕께서 만일 동주를 곤경에 빠뜨리게 하고 싶으시면 물을 막을 것이 아니라 반대로 물을 많이 내려보내 심은 보리를 모두 못 쓰게 하셔야 합니다. 물을 보내시면 동주는 보리 대신에 벼를 심을 것입니다. 그러면 이번에는 물을 막습니다. 그렇게 하기를 되풀이하신다면 동주 사람들은 대왕께서 원하시는 대로 큰 고통을 겪게 될 것입니다."

"과연 그렇겠군."

그렇게 말한 서주의 왕은 물줄기를 터 주었다. 그리고 소자는 동주와 서주 양쪽으로부터 많은 사례금을 받았다.

소자의 방법은 노골적인 속임수이며, 목적 달성을 위하여 수단과 방법을 가리지 않는 수법이다.

〈전국책〉에는 이와 같은 「세객」들의 이야기가 많이 실려 있기 때문에 성인 군자를 목표로 하는 유가(儒家)들로부터 「올바른 가치가 없는 책」 또한 「휼광(譎誑)의 설(設)」이라는 심한 비판을 받았다.

확실히 속임수는 비판받아야 마땅하다. 그런 야비한 수법을 사용하지 않고 일을 성취할 수 있다면 그 이상 좋은 일은 없다. 그러나 현실은 냉엄하다.

옛날이나 지금이나 속임수의 수법은 변함없이 횡행하고 있다. 이와 같은 삭막한 현실 속에서 살아가기 위해서는 그것을 이용하지

는 않는다고 하더라도 흔히 볼 수 있는 속임수 수법은 알고 있는
것이 좋다. 그것은 인간이 살아가는 데 필요한 기교의 바탕이라고
말할 수 있기 때문이다.

그리고 「휼광의 설」이라고 비판하는 사람들도 옛날부터 〈전
국책〉이나 〈손자〉와 같은 책을 읽고, 그 속에 설명되어 있는 기
기묘묘한 술책들을 예방책으로 배워 두고 있다는 것이다. 이렇게
축적되어 온 설득과 교섭의 노하우는 오늘날까지도 중국인들에게
면면히 이어져 오고 있다.

생각하기를 싫어하고 느긋하게 기다리지 못하며, 논리적으로 따
지고 분석하기를 싫어하는 습관을 가지고 있는 우리들은 이와 같
은 중국인들의 기질에서 배워야 할 점이 많다고 생각된다.

5. 삶과 죽음, 천명에 따르겠다

　한없이 넓은 중국 땅에는 수천 년 전부터 내려오는 무수한 전적지(戰迹地)와 고사(故事)가 얽힌 역사적인 사적지들이 수없이 많다.
　그러나 이런 곳이면서도 당시의 역사적인 건조물(建造物)이나 성터가 남아 있는 경우를 제외하고는 작은 석비(石碑)는 물론 작은 안내 표지 하나도 없는 곳이 많다.
　유방(劉邦)과 항우(項羽)가 만나 연회를 열며 아슬아슬하게 맞섰던 저 유명한 「홍문(鴻門)의 회견」 장소인 서안(西安) 교외 진시황릉 동쪽 수km 지점도 역시 허허벌판일 뿐 아무런 흔적도 없다고 한다.
　물론 얼마 전까지 굳게 닫혀 있어서 외국인 관광객이 드나들 수 없었고, 따라서 관광개발을 할 필요성이 없었던 중국 당국의 정책에도 그 원인이 있을 것이다. 그러나 그것은 중국인들의 유장(悠長)한 기질과 모든 것을 자연(自然)의 흐름과 천명(天命)에 맡기려는 순리(順理)의 사상 때문이라고 해석할 수도 있을 것이다.
　중국 땅은 넓다. 그 망막(茫漠)한 풍토 속에서 살아오면서 그들은 초조해하거나 곰살스러운 기분을 느끼지 못했을 것이다. 바둥거려 봤자 그 커다란 자연의 흐름을 거역할 수 없다는 것을 그들은 일찍부터 알았을지도 모른다.

중국의 거대한 자연은 그렇게 마음대로 요리할 수 있는 것이 아니었다. 그것은 인간의 힘으로는 어쩔 수 없는 거대한 것이었다. 홍수가 한 번 일어나면 몇 달이고 물에 잠기고, 흉년이 들면 몇백만 명이나 되는 사람이 굶어죽어야 했다. 예를 들면 펄벅의 소설 「대지(大地)」에서 보듯이 메뚜기 떼가 한 번 날아오면 수백만㎡에 이르는 곡식밭이 순식간에 앙상한 쑥대밭이 되고는 했다. 이런 자연의 거대한 위력 앞에서 중국인들은 그저 고개를 숙일 수밖에 없었던 것이다.

수천 년 동안 이와 같은 자연의 위력을 체험하며 살아왔기 때문에 중국인들에게는 자연의 흐름을 받아들이는 독특한 인생관이 생겨났는지도 모른다.

이와 같은 그들의 독특한 인생관은 〈논어(論語)〉의 다음과 같은 말에서도 엿볼 수 있다.

「죽고 사는 것은 하늘의 명이고, 부귀 역시 하늘의 뜻이다(死生在命, 富貴在天)」

생사나 부귀는 인간의 영위(營爲)를 초월한 것이며, 모두 하늘의 뜻에 따라서 영위된다는 뜻이다. 이것이 바로 「천명사상(天命思想)」이다. 천명(天命)이란 곧 하늘의 의지이다. 이 하늘의 의지가 인간 세계의 모든 것을 지배한다고 중국인들은 생각한 것이다.

천명의 「명(命)」이라는 하나의 글자로 사용되는 경우도 있는데, 이 글자의 의미는 두 가지 측면으로 해석되고 있다. 그 하나는 하늘로부터 부여받은 것으로 「사명감(使命感)」의 자각과 연결되는 측면이다.

이것을 적극적인 면이라고 한다면 다른 하나는 소극적인 측면이다. 하늘의 의지는 인간의 힘으로는 어쩔 수 없기 때문에, 그것을 의식함으로써 좋든 싫든 인간의 가능성의 한계를 자각하고 운명을 받아들이는 소극적인 측면이 그것이다.

이처럼 공자의 〈논어〉에 나오는 천명(天命)과 명(命)이라는 말에는 「사명감의 자각」과 「인간의 한계의 자각」이라는 두 가지 의미가 포함되어 있는 경우가 많다.

한 예를 들면,

"사십 세에 의혹됨이 없고 오십 세에 천명을 안다.(四十而不惑 五十而知天命)"

라는 유명한 말이 있다.

여기서 「천명을 안다」는 것은 일반적으로 자기가 할 일, 즉 사명감을 자각한다는 뜻으로 흔히 받아들이고 있지만 힘의 한계를 깨달았다는 의미로 해석할 수가 있다.

공자는 염백우(冉伯牛)라는 제자가 불치의 병(나병에 걸렸었다고 함)에 걸렸을 때 문병을 가서 이렇게 말했다.

"이제 죽게 되는구나. 이것이 명(命)인가 보다. 하필이면 네가 이런 병에 걸렸다니……."

여기서 공자가 말하는 「명(命)」이란 분명히 인간의 힘으로는 어쩔 수 없다는 한계를 의미한다.

또한, 〈논어〉에는 다음과 같은 말이 있다.

"군자에게는 세 가지 두려워해야 할 것이 있다. 천명(天命)을 두려워하고, 어른을 두려워하고, 성인(聖人)의 말을 두려워해야 한다. 소인은 천명(天命)을 모르기 때문에 두려워하지 않으며, 어른을 가볍게 생각하고 성인의 말을 업신여긴다"

여기서 말하는 「천명」에는 사명감의 자각과 인간 한계의 자각이라는 두 가지 의미가 함께 포함되어 있다고 보아야 한다.

그리고 〈논어〉의 마지막 귀절은,

「명(命)을 모르면 군자가 될 수 없다(不知命, 無以爲君子也)」

라고 말하고 있다. 이 「명」에도 역시 두 가지 의미가 모두 포함되어있는 것이다.

이와 같이 〈논어〉에 나오는 「천명」과 「명」에는 두 가지 의미가 포함되어 있는 것이다. 이는 공자가 정치의 개혁에 비상한 사명감을 불태우며 분주히 돌아다녔기 때문에 자신의 행동을 「명」으로 구분하여 합리화시키기 위해서였기 때문일 것이라고 해석하는 학자도 있다.

그러나 일반적으로 하늘의 뜻은 인간의 힘으로 어쩔 수 없으며, 그것을 의식함으로써 인간으로서의 가능성의 한계를 자각하며 운명에 순응해야 한다는 의미로 사용할 때는 「명」으로 표현하고, 「사명감의 자각」이라는 의미로 사용할 때는 「천명」으로 쓰고 있다.

「명」을 자각하는 것은 인간이 역경에 처했을 때나 죽음에 직면했을 때이다.

이런 때 중국인들은,

"하늘의 명(命)인가 보다."

하면서 하늘의 뜻을 받아들이며 자기 자신에게 그것을 납득시키고자 한다.

항우(項羽)의 경우도 이같은 예에 속한다고 볼 수 있다.

항우가 유방의 공격을 받아 「사면초가(四面楚歌)」 상태에 빠져 가까스로 혈로(血路)를 열고 오강(烏江)까지 도망쳐 나왔을 때의 일이다. 오강의 사공이 배를 준비하고 있다가 항우를 보자,

"바라옵건대 이 배를 타고 강동(江東)으로 피하십시오. 배는 이것 한 척뿐이기 때문에 한나라 군대가 뒤쫓아와도 강을 건너지 못할 것입니다."

라면서 배를 타고 강을 건너 도망치라고 권했다. 그러나 항우는 이렇게 대답했다.

"하늘이 나를 멸망시키는 것이다. 그런데 내가 어찌 강을 건너겠는가? 이 항우는 강동(江東) 땅의 병사 8천 명과 함께 강동을 건너 서쪽으로 왔다. 그런데 지금은 나 혼자 남았다. 내가 가면 강동의 아버님과 형들이 나를 불쌍히 여겨 왕으로 삼더라도 무슨 낯으로 그들을 대할 수 있을 것인가? 그들이 나를 원망하지 않는다 하더라도 어찌 마음속으로 부끄럽지 않으랴."

드디어 자신에게 최후가 왔다고 느낀 항우도 천명(天命)을 빌어 자신의 최후를 자신에게 납득시키고 있는 것이다. 납득하고 그것을 따르기 위해서는 천하의 항우도 역시 「명」을 빌지 않을 수 없었던 것이다.

그러나 〈사기(史記)〉의 저자 사마천은 이런 항우의 태도를 격하게 비난하고 있다. 사마천이 항우를 비난하는 이유는 이렇다.

"힘으로 정복함으로써 천하를 경영하려고 한 지 5년 만에 결국 나라를 망치고 몸은 동성(東城)에서 죽었다. 그러면서도 아직 깨닫지 못하고 자기 과실을 책하지 않았다. 즉, 하늘이 자기를 멸망시켰다고 말할 뿐 자신의 용병술(用兵術)이 잘못되었음을 숨겼다. 이것이야말로 항우의 과오가 아니고 무엇인가?"

멸망의 원인을 자신이 자초하고서도 자기 책임은 묻지 않고 하늘(命)의 탓으로 돌렸다고 사마천은 항우를 비난하고 있는 것이다.

막다른 골목에 몰린 뒤 필사적으로 허우적거리거나, 죽음에 임박하여 망집을 노출하는 것은 인간적이라고 할 수도 있을지 모르지만 어딘지 모르게 보기에 딱한 정경이다. 이런 관점에서 볼 때 천명(天命)을 자각함으로써 그와 같이 보기에 딱한 몸부림을 어느 정도 피할 수도 있는 것이 아닐까.

〈역경(易經)〉이라는 고전에 의하면,

"하늘을 섬기고 명(命)을 알면 근심이 없다"

라는 말이 있다 이 말은 천명(天命)을 자각함으로써 좋은 효과를 얻을 수 있다는 뜻이다.

이와는 반대로 사마천도 지적하고 있는 것처럼 천명의 자각을 서툴게 하면 자기 능력의 한계를 하늘의 탓으로 돌리는 안이한 운명론자가 될 위험성도 있다.

그러므로 천명을 자각한다는 것은 역시 「사람이 할 일을 다하고 천명을 기다린다(盡人事 待天命)」라는 것이 올바른 해석이 아닐까 생각된다.

항우의 경쟁 상대인 유방의 경우는 어떠했을까?

난세(亂世)를 극복하고 승리하기 위해서는 뛰어난 능력을 필요로 한다. 그러나 능력만 있다고 되는 것도 아니다. 운(運)이 함께 따라 주어야 한다.

유방이라는 인물은 능력면에서는 그다지 뛰어난 사람이 아니었다. 그것을 보완해 준 것이 운이었지만, 그렇다고 해서 운에만 의지한 인물은 물론 아니다.

한 마디로 말하자면 유방은 능력과 성격과 기량이 한데 합쳐진 힘을 가지고 있었다. 그것이야말로 그의 인간적인 매력이었다. 이 것으로 그는 부하들의 마음을 사로잡았으며 힘을 끌어낸 것이다. 이런 유방의 자질을 그의 부하인 장군 한신(韓信)은,

"폐하는 하늘이 주신 능력을 가지고 있다. 폐하의 능력은 사람의 능력이 아니다."

라고 평하고 있다. 유방이 지닌 능력은 하늘이 준 능력이라고 한신 은 말하고 있는 것이다.

이와 같은 유방도 항우를 멸망시키고 황제가 된 되 7년 만에 죽 게 된다. 반란을 일으킨 경포(黥布)를 직접 토벌하러 갔다가 빗나 간 화살에 맞는 상처가 죽음의 원인이 되었다고 한다.

죽음에 임한 유방은 일대의 영걸(英傑)다운 두 가지의 일화를 남 기고 있다.

그 중에 하나는 이렇다. 유방의 부인 여후(呂后)가,

"폐하에게 만일 불행한 일이 일어나고, 또 대신 소하(蕭何)가 죽 는다면, 소하의 뒤를 누구에게 맡기는 것이 좋겠습니까?"

하고 물었다.

"조참(曹參)이 좋을 것이오."

하고 유방이 대답했다. 여후가 또 만약 조참이 죽은 뒤에는 누가 좋겠느냐고 묻자,

"왕능(王陵)이 좋을 것이오. 그러나 그는 머리가 현명하지 못하기 때문에 진평(陳平)이 보좌하는 것이 좋겠소. 진평은 재주가 뛰어나 지만 그에게 모든 것을 맡기는 것은 위험하오. 주발(周勃)은 중후 한 인품이지만 너무 딱딱한 성품이오. 그러니 우리 한왕실을 영속 시켜 줄 사람은 이 주발일 것이오. 그를 태위(太尉)의 자리에 앉게

하시오."

여후는 다시 그 뒤를 이을 인물을 물었다 그러자 유방은,

"그 이후는 내가 알 바가 아니오."

하고 입을 다물었다. '그 이후의 일은 황후인 당신에게도 관계가 없는 일이오'라는 뜻의 유방의 담담한 심경이 엿보이는 일화이다.

유방의 병이 악화했을 때 여후는 천하의 명의를 찾아서 진료케 하였다.

의사가 병상에 가까이 다가가,

"폐하의 병은 치료하면 낫습니다. 안심하시기 바랍니다."

하고 말했다, 그러자 유방은,

"나는 일개 서민의 몸으로 칼을 들고 천하를 제패했다. 이것이야 말로 천명(天命)이 아니겠는가. 인간의 운명은 하늘이 정한다. 그러므로 가령 편작과 같은 명의가 오더라도 천명을 거스르지는 못하는 것이다."

라고 말하며 끝내 치료하기를 허락하지 않고 황금 5천 금을 의사에게 주어 물러가게 했다고 한다.

천하를 얻은 것이 천명(天命)이라면, 지금 이렇게 죽는 시기를 맞이한 것도 「명」이라는 유방의 깨끗한 체념의 의지가 한결 돋보이는 장면이 아닐 수 없다.

유방은 항우처럼 자진하여 자기 뜻으로 군사를 일으켜 천하를 제패한 것이 아니었다. 말단 하급관리로 있다가 진시황의 토목공사(土木工事)에 투입될 죄수를 인솔하게 되자, 그 죄수들을 모두 풀어 주고 산 속으로 쫓겨 들어가 도적의 두목이 되었다. 그리고 패현(沛縣)의 소하와 조참 등에 의해 도둑의 두목에서 일약 반란군의 우두머리로 받들어졌고, 그 후에도 「시세(時勢)에 따라서」 계속

하여 강한 운세를 타고 황제의 지위에까지 오른 사람이다.

이런 유방이었기 때문에 자신이 황제의 지위까지 오른 것도 천명(天命)이라고 생각했으며, 따라서 자신의 죽음도 천명이라고 명쾌하게 결론을 짓고 죽음을 맞이한 것인지도 모른다.

유방과 항우는 숙적이면서 죽음 앞에서는 다같이 「명」을 자각하고 순순히 따랐다. 둘 다 더 살 수 있는 기회는 있었다. 그러나 항우는 도망가서 살 수 있는 기회를 거절하고 자결했고, 유방은 치료받고 영화를 더 누릴 수 있었는데도 그것을 거절하고 죽음을 택했다.

이 두 영걸들은 죽음 앞에서 자신의 능력의 한계를 느꼈을지도 모른다. 자신들의 소임을 다했으니 이제 깨끗이 하늘의 뜻에 따르자는 담담한 심정이었을 것이다.

6. 간언(諫言)과 진언(進言)의 요령

　최근 〈군주론〉등 제왕학(帝王學)에 관한 책들이 속속 출간되고
있다.

　제왕학이라고 하면 우선 내세워야 하는 것이 〈정관정요(貞觀政
要)〉 라는 책이다. 이 책은 당(唐)나라 제2대 황제인 태종(太宗)과
중신들 사이에 오고간 정치 문답을 모은 것으로, 옛날부터 중국에
서는 물론 우리나라에서도 제황학의 원전(原典)으로 소중하게 생각
해 왔다.

　〈정관정요〉 는 우두머리(제왕)의 입장에서 보면 나라를 다스리
는 제왕이 알아 두어야 할 것을 적은 책이고, 반대로 사용인(신하)
의 입장에서 보면 제왕에게 봉사하는 노하우가 쓰여진 책이라고
할 수 있다.

　제왕이 신하를 다스리는 노하우, 그리고 신하가 제왕에게 봉사하
는 노하우란 무엇인가. 그리고 어떤 형태로 이와 같은 관계가 유지
되는가.

　제왕과 신하의 관계를 성립시키는 것은 두말 할 것도 없이 대화
(對話)이다. 그리고 이 대화란 신하가 제왕에게 자기가 생각한 바
를 전달하고 제왕이 그것을 받아들여 판단하고 지시하는 것으로
집약될 수 있다.

왕조시대의 신하들도 제왕에게 자기의 의견을 끊임없이 말해야할 입장에 놓여 있었다. 자기 의견을 말하는 것은 목숨을 내놓고할 때도 있고, 그렇지 않을 때도 있다. 그리고 사람들은 그처럼 목숨을 걸고 제왕에게 자기 의견을 정면으로 말하는 신하를 충신(忠臣)이라고 하며 존경한다.

그러나 중국인들은 정면으로 거침없이 옳고 그름을 따져서 말하는 간언(諫言)을 반드시 높게 평가하지는 않는다. 그런 방법은 현명한 인간이 취하는 방법이 아니라는 것이다.

〈공자가어(孔子家語)〉에 의하면, 공자는 간언(諫言)의 방법을 휼간(譎諫)·당간·항간(降諫)·직간(直諫)·풍간(諷諫) 다섯 종류로 분류하고,

"나는 풍간을 따르는 것이 좋다고 생각한다."
라고 말하고 있다.

휼간·당간·항간·직간은 정면으로 간하는 방법인 데 비해서풍간은 다른 사례를 예로 들며 우회시켜 간하는 방법이다.

풍간은 보기에 따라서 「아첨」에 가깝다.

「춘추오패(春秋五覇)」의 한 사람인 초(楚)나라의 장왕(莊王)이라는 인물이 있었다. 「세발 솥(鼎:왕의 권위와 상징)의 경중(輕重)을 묻는다」는 고사로 알려진 장왕은 목왕(穆王)의 뒤를 이어 즉위하자마자,

"나에게 간(諫)하는 자는 사죄(死罪)에 처하겠다."
라는 살벌한 포고를 내렸다. 그 뒤부터 장왕은 3년 동안 국정은 돌보지 않고 밤낮으로 주색의 환락에 빠졌다. 반년이나 1년이라면 모

르겠지만 3년을 그렇게 음탕한 생활을 계속한다는 것은 초나라의 장래를 위하여 큰일이 아닐 수 없었다. 더 이상 두고 볼 수 없다고 생각한 오거(伍擧)라는 신하가 죽음을 가고하고 간해야겠다고 생각했다. 오거는 직간을 하지 않고 풍간을 하기로 마음먹고 장왕에게 면회를 청했다.

그는 장왕에게 이렇게 말했다.

"한 가지 의문을 말씀드리겠습니다."

"말해 보시오."

"언덕 위에 새가 있습니다. 그 새는 3년 동안 날지도 않고 울지도 않습니다. 그 새는 어떤 새입니까?"

사정을 잘 모르는 사람의 입장에서 보면 마치 선문답(禪問答)과 같은 것이었다. 그러나 당사자끼리는 그것으로 충분히 의사가 전달된 모양이었다. 장왕은 즉시 이렇게 대답했다.

"3년을 날지 않았지만 한 번 날면 하늘에 오를 것이다. 3년을 울지 않았다면 한 번 울면 세상 사람들을 놀라게 만들 것이다. 그대가 내게 하고 싶은 말뜻은 알겠다. 이제 그만 물러가도록 하라."

오거는 중요한 것을 왕에게 전달했으므로 그것으로 신하로서의 책임을 다했다고 생각했을지 모른다. 받아들이든가 받아들이지 않든가는 왕의 자유이기 때문에 강요할 수는 없다고 생각했을 것이다.

어쨌든 오거는 풍간을 함으로써 목숨이 달아나지는 않았다. 그러나 장왕은 오거의 간언을 듣고서도 몇 달 동안 전과 다름없는 행동을 계속했다. 한 술 더 떠서 정도가 더욱 심해졌다. 보다 못해 소종(蘇從)이라는 신하가 면회를 청해 난행을 준지하고 국정을 보살펴야 한다고 직간(直諫)했다.

그러자 장왕이 물었다.

"그대는 내게 간하는 자는 사형에 처한다는 포고를 잊었는가?"

"폐하께서 정신을 차리시고 올바른 정치를 하게 된다면 지금 죽어도 두렵지 않습니다."

"그대는 정말로 훌륭하다."

장왕은 그렇게 말한 즉시 당장 모든 연회를 중지하고는 완전히 새 사람으로 돌변했다.

장왕이 3년 동안 그렇게 한 것은 중히 써야 할 신하와 제거해야 할 신하를 가려내기 위한 공작(工作)이었던 것이다. 왕은 국정을 시행하면서 그 동안 왕에게 아부만 하던 수백 명의 신하들을 죽이고 간언을 한 오거와 소종에게 정치를 맡겨 후에 「춘추오패」가 되었다.

대체적으로 보면 어느 나라의 권력자든지 겉으로는 신하와 백성들에게 부드러운 면을 내세운다. 백성들을 끔찍하게 생각하고, 백성들이 잘 살게 하기 위해서 노력한다고 선전한다. 그러면서 백성들이 모르는 곳에서 은밀히 수상한 짓을 하는 경우가 많다. 백성들의 환심을 사지 않으면 자기네들의 권력을 유지하기가 어렵기 때문이다.

그러나 중국의 권력은 옛날부터 거친 모습을 드러내는 것이 일반적이었다. 따라서 백성들에게 나쁜 이미지밖에 줄 수 없었다.

웬만한 나라에서는 어떤 문제가 생겼을 경우 백성들은 높은 사람의 힘이나 법에 의하여 그 문제를 해결하고자 한다. 권력에 대한 신뢰감이 두텁기 때문이다. 그러나 중국인은 어떤 문제가 일어났을 경우 우리끼리 해결할 테니 간섭하지 말라는 태도를 취하는 버릇이 있다. 그만큼 권력자는 그들에게 있어서 악의 화신이며 믿을 수 없는 존재였다.

군신 관계(君臣關係)에 있어서도 중국인들은 서로 껄끄러운 관계였다. 이런 현상은 〈예기(禮記)〉라는 고전에서 다음과 같은 유명한 말로 표현되고 있다.

「신하된 자가 갖추어야 할 예절은 간언을 하는 것이다. 세 번 간해서 듣지 않으면 피해야 한다. 그러나 아들이 아버지를 섬기는 데 있어서는 세 번 간해서 듣지 않으면 울면서 아버지의 뜻을 따라야 한다」

아버지에게 잘못이 있을 때 잘못된 일이나 시정하라고 세 번 말씀드려도 듣지 않을 경우, 울면서 아버지의 잘못을 따라 시행하라고 했으니 그것은 절대 복종에 가깝다. 그러나 군주(君主)에 대해서 같은 입장에 놓여 있을 때는 깨끗이 단념하고 도망쳐 버리라고 말하고 있다.

제왕의 잘못된 점을 간하는 것은 녹을 먹고 있는 신하된 자의 의무이다. 그러나 세 번을 간했다면 의무는 다했다고 볼 수 있다. 따라서 그 후에도 그런 제왕에게 봉사하고 있다가는 자기 몸에 위험이 닥쳐올지도 모르므로 도망치는 것이 좋다는 사고 방식인 것이다.

이처럼 냉정한 풍토에서는 당연히 직언(直言)의 사상이 자라지 못한다. 왜냐 하면 우직하게 직언을 하여 제왕의 분노를 사게 되면 좌천은 고사하고 목이 떨어질지도 모르기 때문이다. 그렇게 된다면 직언한 사람만 큰 손해를 보게 된다.

옛날 은(殷)나라에 주왕(紂王)이라는 유명한 폭군이 있었다. 절대적인 권력을 휘둘렀고 자기가 하고 싶은 대로 했으며 전혀 정사를 돌보지 않았다. 그렇게 되면 국정을 책임지고 있는 중신(重臣)들로서는 출처 진퇴(出處進退)에 대해서 깊이 생각하지 않을 수 없게 된다.

이 주왕의 숙부로 비간(比干)이라는 사람이 있었다. 어느 날 비간은 조카인 주왕에게,

"주군에게 잘못이 있을 때 죽음을 각오하고 간언하는 것은 신하의 책무입니다. 그렇게 하지 않는다면 어찌 군신(群臣)의 모범이 된다고 말할 수 있겠습니까?"

하고 직간으로 주왕의 잘못을 책한 뒤 곧 처형당했다. 비간은 그렇게 하면 죽는다는 것을 알면서 스스로 자폭(自爆)한 셈이다.

주왕의 또 한 사람의 숙부인 기자(箕子)는 넌지시 간언을 했는데도 주왕이 듣지 않자 스스로 미친 사람처럼 행동하여 노예의 신분으로 떨어졌다.

그리고 주왕의 이종형인 미자(微子)라는 사람은,

"신하로서 아무리 간해도 그것을 받아들여 주지 않는다면 군주을 버려도 비난받지 않는다."

라고 말하며 주왕을 단념하고 국외로 망명했다.

손댈 수 없는 폭군을 둘러싸고 이들 세 사람은 제각기 다른 길을 택한 것이다. 후세에 공자(孔子)는 이들 세 사람을 가리켜,

"은나라에 어진 세 사람이 있었다."

라고 말하며 칭찬하고 있다. 공자는 순직하는 것도 좋고, 머무는 것도 좋고, 떠나가는 것도 좋은 일이라며 세 사람을 모두 긍정적으

로 평가하고 있다.

　권력자는 부하에 대한 생살 여탈권(生殺與奪權)을 쥐고 있다. 그
것은 명군이든 폭군이든 다름이 없다. 그것이 권력의 본질이기도
하다.
　따라서 그 밑에서 봉사하는 사람으로서는 당연히 나름대로의 대
응책을 강구해야 한다. 간언이나 진언을 할 때도 주도면밀하고 신
중한 대응책을 써야 한다.
　간언과 진언의 기미(幾微)를 날카롭게 해부한 사람이 〈한비자
(韓非子)〉이다. 한비자는 군주에 대한 설득의 어려움을 말한 글에
서 이렇게 설파하고 있다.

　「진언이란 어려운 일이다. 어떤 점이 어려운가. 그것은 진언하는
자가 충분한 지식을 몸에 익혀 두기가 어렵다는 것이 아니며, 자기
의견을 말로 표현하기가 어렵다는 것도 아니다. 진언의 어려움은
상대방의 마음을 읽은 뒤에 이쪽 의견을 거기에 맞추어야 한다는
데에 어려움이 있는 것이다.」

　상대방의 얼굴빛도 살피지 않고 거리낌없이 척척 진언하는 것은
미련하고 어리석기 짝이 없는 짓이라고 한비자는 말하고 있다. 그
야말로 정곡을 찌른 말이다.
　〈한비자〉에서는 귀인에게 전언할 때 마음에 새겨 두어야 할
점들에 대해서 다음과 같이 조목조목 설명하고 있다.

　1. 상대방의 존경할 만한 점은 아름답게 꾸미고 상대방의 결점은

덮어 버려서 말하지 않아야 한다.

2. 이기적이 아닌가 하는 생각으로 행동을 주저하고 있는 상대에게는 대의명분을 찾아 주어서 자신감을 갖도록 해 준다.

3. 잘못이라고 생각하면서도 그것을 그만 두지 못하는 상대에게는 나쁜 것이 아니니까 그만 두지 않아도 좋다고 이야기하여 안심시킨다.

4. 높은 이상(理想)을 큰 짐으로 짊어지고 부담스러워하는 상대에게는 그 이상의 잘못된 점을 지적하여 실행하지 않는 것이 좋다고 이야기하여 안심시킨다.

5. 자신의 착상에 대해 자만하는 상대에게는 상대방의 착상이나 계획 자체는 건드리지 말고 다른 것을 예로 들어서 참고 자료로 제공함으로써 슬며시 일깨워 준다.

6. 타국(他國)과의 공존책을 진언하는 데는 우선 그렇게 하는 것이 국가의 명예를 높인다는 것을 말하고, 군주 개인에게 있어서도 득책이라는 것을 암시해 주는 것이 좋다.

7. 위험한 사업을 중지하라고 간할 때에는 일단 명예에 관한 것이니 중지하라고 말한 뒤 군주 개인의 이익에도 도움이 되지 않는다는 것을 암시해 준다.

8. 상대방의 행위를 칭찬할 때에는 다른 사람의 같은 행위를 예로 들어 칭찬하고, 간언을 올릴 때에는 공통점이 있는 다른 예를 드는 것이 좋다.

9. 부도덕한 행위를 한 것 때문에 고민하는 상대에게는 같은 내용의 예를 들어 대수롭지 않은 것이라고 말하여 마음을 편하게 준다. 실패하여 기가 죽어 있는 상대에게는 다른 예를 들어 그것이 결코 실패가 아니라는 것을 증명해 주고 기운을 내게 해준다.

10. 자기 능력에 대하여 자신을 가지고 있는 상대방에게는 그 능력을 손상하는 말을 해서는 안 된다. 결단력이 뛰어나다고 생각하고 있는 사람에게는 그 같은 판단의 잘못을 지적하여 화를 내게 해서는 안 된다. 계략이 기묘하다고자만하고 있는 사람에게 그 계략이 실패할지도 모른다고 말하여 곤경에 빠지게 해서는 안 된다.

　이상의 내용을 살펴 보면 마치 직언(直言)은 하나도 없고 아첨하는 기술만 열거한 것과 같다. 그러나 〈한비자〉는 이것이 진언(進言:諫言)의 요령이라고 말한다.
　또한, 한비자는 설득이 어려움을 말하는 「설난(說難)」에서 이렇게 다짐을 하고 있다.

　「용(龍)이라는 동물은 길을 들이면 사람이 타고 다닐 수 있을 정도로 순하다. 그러나 목 아래쪽에 직경 1자나 되는 비늘이 역(逆)으로 나 있어서 잘못하여 그것을 건드리게 되면 즉시 사람을 물어 죽인다. 군주(君主)에게도 용처럼 역으로 솟은 비늘이 있다. 이것을 건드리지 않고 진언을 할 수만 있다면 합격했다고 말할 수 있다」

　옛날의 중국인들 중에서 군주의 녹(祿)을 먹으려 한 사람들은 누구나 〈한비자〉 정도는 읽고 있었다. 그러므로 윗자리에 있는 사람에게 간언을 꼭 해야 할 때에는 그 상대방을 보아서 절대로 안전하다고 판단이 되지 않는 한 직언을 하지 않았다. 공자까지도 윗자리에 있는 사람에게 의견을 말할 때에는 상대방의 안색을 살펴본 뒤에 말을 하라는 충고를 하고 있다.
　그리고 상대방으로부터 절대로 안전하다는 것을 확인한 뒤에도 표현에 있어서는 직언을 피하고 완곡하게 의견을 말하는 것이 중국인의 습관이었다. 그것은 냉정한 군신 관계에서 생겨난 생존을 위한 고육지책(苦肉之策)이기도 하다.

당(唐)나라 태종(太宗)의 신하들 중에 명신으로 알려진 사람으로 위징(魏徵)이라는 인물이 있었다. 「당시선(唐詩選)」의 권두를 장식한 시인(詩人)이기도 하며 「정관정요」 속에서도 태종에게 자주 어려운 말을 하여 「직언하는 신하」로 알려진 사람이다.

그러한 위징도 언제나 직언만 한 것은 아니었다. 때로는 우회적인 간언을 하기도 했다. 다음은 위징과 태종의 대화이다.

"소신은 나라를 위해 몸을 마쳤습니다. 앞으로도 반드시 정도(正道)를 걸으며 패하의 은혜에 보답고자 합니다. 바라옵건대 패하께서는 이 보잘것없는 신하를 충신(忠臣)으로서가 아니라 양신(良臣)으로서 유종의 미를 거두도록 하여 주시기 바랍니다."

위징이 그렇게 말하자 태종은 물었다.

"충신과 양신은 어떤 차이가 있는가?"

"양신이란, 자신도 세상 사람들의 칭찬을 받을 뿐만 아니라 군주에 대해서도 명군(名君)이라는 명예를 얻도록 하며, 동시에 자자손손 번영 하는 신하를 말합니다. 그리고 충신(忠臣)이란, 자신은 주살을 당하는 비운을 겪으며, 군주를 극악무도한 임금으로 전락시키는 것은 물론 국가와 자기 가정까지 멸망시킨 뒤에 오직 '옛날에 한 사람의 충신이 있었다'는 평판만을 남기게 되는 신하를 말합니다. 이와 같은 이치를 생각할 때 양신과 충신은 하늘과 땅의 차이가 있습니다."

위징의 설명이 끝나자 태종은 이렇게 말했다.

"잘 알았다. 그대는 지금 한 말을 잊지 말고 양신이 되어 주기 바란다. 나도 그대의 말을 마음에 두고 국정을 펴 나가는 데 잘못이 없도록 하겠다."

이 위징의 말도 자세히 분석해 보면 「아첨」에 가깝다. 이런 말을 하는 사람이 어찌 「직언하는 신하」일까 하고 의심이 갈 정도이다.

그러나 이 대화 속에서 신하가 군주의 자존심을 조금도 건드리지 않고 자기가 하고 싶은 이야기는 모두 하고 있음을 알 수 있다. 「아첨」이라고 말하기 전에 오히려 위징이 자기 뜻을 전달하기 위하여 얼마나 고심했는가를 이해하고 높이 평가해 주어야 할 것이다.

이와 같이 윗자리에 있는 사람에게 진언하기가 어렵다는 것은 옛날의 제왕에게나 요즘의 상사에게나 같다. 그러므로 옛날 중국인들의 진언하는 마음가짐과 간언(諫言)의 요령은 조직생활을 하는 오늘날의 우리에게도 크게 참고가 될 것이다.

7. 극복하여 살아남을 수 있는 조건

　21세기에 들어선 현대는 한 치 앞을 예측할 수 없는 불투명한 시대라고 한다. 특히 경제인들의 입장에서는 더 큰 불안을 느끼게 도는 모양이다. 그들은 자주 「시계(視界)가 제로」라고 말한다.

　사회적 책임이 없고 막연하게 그날 그날을 보내고 있는 사람들의 입장에서 보면, 앞이 보이든 위가 보이든 별로 관심이 없을지도 모른다. 그러나 경제인들은 미래에 대해서 유난히 진지하게 생각한다. 만일 앞날을 잘못 예측하여 경영에 실패할 경우, 자기 자신이 곤경에 처할 뿐만이 아니라 주위에도 막대한 피해를 입히게 된다. 따라서 경제인들이 미래를 예측하고 그 예측된 미래의 궤도에 경제를 올려놓는다는 것은 사활과 관계되는 일이다. 그러나 안타깝게도 미래는 쉽게 예측되지 않는다.

　우리는 이 시점에서 과거를 돌아볼 필요가 있다. 과거에는 과연 앞날을 예측할 수 있는 시대가 있었던가. 우리나라 역사를 보든 중국의 역사를 보든 앞날을 예측할 수 있었던 시대는 한 번도 없었던 것이 아닐까. 특히 난세(亂世)라든가 격동(激動)의 시대는 한 치의 앞도 내다볼 수 없는 암흑의 세계였다. 앞날을 전혀 예측할 수 없었다.

　이처럼 앞을 예측할 수 없는 것은 현대만의 특유한 현상이 아니다. 어떤 시대나 마찬가지였다. 우리 선조들은 모두 그와 같은 상황 속에서 노력해 왔던 것이다. 그리고 그들이 고생하며 살아온 발자취가 바로 역사(歷史)인 것이다.

중국 3천 년의 역사를 「다스림(治)」과 「난(亂)」이라는 말로 구분해 본다면 「다스림」의 시대는 짧았고 「난」의 시대는 길었다. 일단 왕조가 성립되어 태평스런 시대를 맞이했는가 하면 반드시 반란(反亂)이 일어났다. 즉, 「다스림」속에서 「난」의 요소가 발생하고는 했다. 따라서 중국의 역사는 언제나 「난」의 상태였다고 말할 수도 있다.

이런 상황 속에서 영웅들의 흥망이 끊임없이 겹쳐졌다. 어떤 자는 중도에서 좌절하고 어떤 자는 승리하여 성공을 거두었다. 그들의 실패와 성공의 발자취를 더듬어 보면 그들의 수많은 발자취 속에서 승리하여 살아남을 수 있는 조건을 쉽게 발견할 수가 있다. 이 승리하여 살아남을 조건을 간추려 보면 다음과 같은 3가지 요소로 집약된다.

첫째, 능력(能力)
둘째, 덕(德)
셋째, 운(運)

난세를 극복하고 승리하여 살아남기 위해서 갖추어야 할 첫째 조건은 「능력」이다. 그렇다면 능력이란 무엇인가. 능력이란 지혜(智慧)와 용기(勇氣)를 갖추는 일이다. 지혜란 선견력(先見力)이다. 남보다 조금이라도 먼저 앞날을 예측하고 적절한 대책을 세울 수 있는 능력, 그것이 곧 지혜이다. 그리고 용기는 결단력(決斷力)이다.

《사기》에는,

「결단을 내려야 할 때에 결단을 내리지 못하면 반대로 난(亂)을
초래한다」]

라고 기록되어 있다. 결단을 내려야 할 때에 정확하게 결단을 내릴
수 있는 능력, 그것이 용기인 것이다.
　그러나 아무리 능력이 있다고 해도 덕(德)이 갖추어져 있지 않다
면 일시적으로는 강성(强盛)해질지언정 오래 계속되지는 못한다.
　〈채근담(菜根譚)〉에서,

「덕(德)은 사업의 터전이다」

라고 한 것처럼 경영을 안정시키는 바탕이 되는 것은 덕이다. 덕
(德)이란,

　첫째, 관용(寬容)
　둘째, 겸허(謙虛)
　셋째, 동정심(同情心)

이라는 3가지를 가춘 마음가짐을 말한다. 덕은 이처럼 착한 마음에
깃들어 있는 보물과도 같은 존재인 것이다.
　다음으로 난세를 극복하고 살아남기 위한 3가지 조건 중에서 마
지막이 되는 운(運)이란 무엇인가. 운, 즉 운세는 모든 일의 성공과
실패를 판가름하는 중요한 요소이다. 중국에서는 천명(天命), 또는

그냥 (命)이라고 불러왔다. 그것에 대해서는 앞서 자세히 설명했으므로 여기서는 생략하고 지혜·용기·덕망에 대하여 구체적인 예를 들면서 자세하게 설명하기로 한다.

지혜란 무엇인가라는 질문을 받았을 때 우선 떠오르는 것이 왕전(王翦)이라는 진(秦)나라 장군에 얽힌 이야기이다.

서안(西安) 근교에 있는 진시황릉 근처에서 수많은 「병마용(兵馬俑)을 흙으로 빚어서 순장한 군마」가 발굴되어 진시황 군단의 위용을 오늘날에 재현시켜 세계를 놀라게 했던 일은 아직까지도 기억에 생생하다. 우리나라에서도 이 병마용 컬러 사진이 신문에 대대적으로 소개되어 2천 수백 년 전의 진시황 군단의 위용에 눈이 휘둥그레진 적이 있었다.

이 진시황 군단을 지휘했던 사람이 바로 왕전이라는 장군이다.

진시황에 의한 천하통일이 최종 단계에 접어들었을 때의 일이다. 초나라 공략을 앞두고 진시황이 왕전에게 의견을 물었다. 이 때 왕전 장군은 진시황에게 60만 명의 군대가 있어야 초나라를 멸망시킬 수 있다고 대답했다. 그러나 젊은 장군 이신(李信)에게 의견을 묻자 그는 20만 명이면 충분히 초나라를 멸망시킬 수 있다고 자신있게 대답했다.

진시황은 왕전을 물러가게 하고 이신을 총사령관으로 발탁하여 20만 명의 군대를 주어 초나라를 공격하도록 했다. 그러나 자신의 혈기만 믿었던 이신은 보기 좋게 대패하고 말았다.

놀란 진시황은 즉시 왕전을 직접 찾아가 다시 총사령관이 되어 달라고 요청했다.

"내가 장군의 의견을 택하지 않고 이신의 의견을 택했기 때문에 이런 실패를 했소. 지금 초나라 군대는 승세(勝勢)를 몰아 우리나라로 진격해 오고 있소. 이번에는 꼭 장군이 총사령관이 되어 적을 맞아 싸워 주어야겠소."

"소장은 보시는 바와 같이 늙은 몸이기 때문에 이제 도움이 되지 못합니다. 달리 유능한 인물이 있을 것이니 찾아 보시기 바랍니다."

라고 말하며 왕전이 사양하자 다급해진 진시황은 다시 간곡하게 부탁했다.

"그대의 뜻은 알겠소. 내가 저지른 잘못을 사과할 테니 더 이상 나를 괴롭히지 말고 승낙해 주시오."

"그렇다면 대왕께서는 저에게 60만 명의 군대를 주시겠습니까?"

"물론이오. 모든 군대를 장군에게 주겠소."

그렇게 되어 왕전은 60만 명이나 되는 대 군단을 통솔하는 총사령관이 되었다.

흥미있는 것은 그 뒤의 일이었다.

드디어 출전하는 날이 다가왔다. 진시황은 직접 파수(지금의 섬서성 근처에 있음)까지 나와 왕전 장군을 전송했다. 그 곳에서 왕전은 진시황에게 초나라를 멸망시키면 은상으로 최상급의 논과 저택을 하사해 달라고 청했다. 진시황은,

"물론 개선해 오면 충분한 은상을 내리겠소. 그런 걱정은 하지 말고 공을 세우고 돌아오시오."

라고 왕전에게 말했다. 그러나 왕전은 그대로 물러나지 않고 재차 이렇게 다짐했다.

"대왕께 봉사하는 장군들 중에서 지금까지 공을 세운 뒤에 봉후

(封侯)의 영예를 입은 사람이 없습니다. 소장은 대왕의 은고를 받고 있는 동안에 자손들에게 남겨 줄 많은 전답과 저택을 받아 놓고 싶습니다. 헤아려 주시기 바랍니다."

그 말을 들은 진시황은 배를 움켜잡고 웃었다.

왕건은 군대를 이끌고 함곡관(函谷關)에 도착한 뒤에도 진시황에게 여러 번 사자를 보내 전답과 저택을 속히 하사받고 싶다고 간청했다. 그것을 지켜본 왕전의 측근 한 사람이 걱정이 되어 충고했다.

"아무리 전답과 저택이 좋더라도 너무 지나치게 채근하시는 것이 아닙니까?"

그러자 왕전은 이렇게 대답했다.

"그대는 내 의도를 모른다. 왕은 냉혹하고, 사람을 믿지 못하는 사람이다. 나에게 진나라의 전군(全軍)을 맡긴 지금 왕의 마음이 편할 리가 없다. 때문에 이렇게 재산에만 신경을 쓰고 있는 것처럼 보이지 않으면 내가 역심을 품지 않았을까 하는 의심을 받게 된다. 역심을 품지 않았다는 것을 믿게 하기 위해서 은상 이야기를 자꾸만 하는 것이다."

측근은 그제서야 왕전의 깊은 뜻을 알았다. 왕전의 거듭된 요청은 진시황에게 입을지도 모를 화를 미연에 방지하기 위해서 생각해 낸 현명한 보신책(保身策)이었던 것이다. 이 이야기는 지혜의 전형적인 예라고 말할 수 있다.

평화스러운 세상에서 사는 사람들은 왕전의 이런 행동을 지나친 위장이라고 생각하면서 웃을는지도 모른다. 그러나 난세(亂世)의 사람들은 이처럼 신중한 처세술을 터득하지 않으면 살아남지 못했던 것이다.

다음은 용기에 대한 설명이다. 명장(名將)을 흔히 「지용 겸비(智勇兼備)」한 사람이라고 말한다. 지혜와 용기를 갖춘다는 것은 또한 난세를 극복하고 살아남을 수 있는 필요불가결의 조건이기도 하다.

용기란 결단력을 말한다. 그러나 무조건 앞으로 전진만 하는 용기를 중국인들은 오히려 경멸한다. 승산도 없이 무조건 부딪치며, 분별없이 뛰어드는 용기는 「필부(匹夫)의 용기」에 지나지 않는다.

필요한 것은 오히려 뒤로 물러날 줄 아는 용기인 것이다. 승산이 없다, 더 이상 싸우더라도 손해만 가중된다고 판단했을 경우에는 미련없이 후퇴하는 것이 진실한 용기라고 중국인들은 생각한다.

중국인들 중에서 지혜와 용기를 함께 갖춘 대표적인 인물을 찾는다면 〈삼국지(三國志)〉의 조조(曹操) 정도라고 말할 수 있을 것이다. 조조는 임기응변에 능했던 사람이기 때문에 「난세(亂世)의 간웅(奸雄)」이라고 부르기도 하는데, 그만큼 그는 발군의 능력을 타고 난 사람이었다. 능력 면에서 보면 조조는 오랜 중국의 역사에서 몇 손가락 안에 꼽을 수 있는 인물이다.

그렇다면 조조의 특징은 어떤 것이 있었을까? 그것을 간단히 요약하면,

첫째, 깊은 예측력(豫測力)을 가지고 있다.
둘째, 무리한 싸움을 피했다.
셋째, 형세가 불리하다고 판단되면 철수했다.

이상의 3가지라고 말할 수 있다.

이 3가지 특징을 잘 나타낸 정형적인 싸움이 촉(蜀)의 유비(劉備)와 싸운 한중(漢中)을 둘러싼 쟁탈전이었다.

유비에게 한중을 제압당한 조조는 직접 군대를 이끌고 탈환 작전에 나섰다. 이 때 유비는 실로 놀랍도록 훌륭한 내용의 싸움을 했다. 유비는 요충지에 군대를 배치하고 만반의 준비를 한 뒤에 조조를 맞아 싸웠다.

유능한 조조도 유비의 이 군은 수세에 부딪쳐 괴로운 전투를 하지 않을 수 없었다. 그러나 조조는 실상을 꿰뚫어보는 데 민첩한 인물이었다. 더 이상 무리하게 밀어붙여도 손해만 증가할 뿐이라고 판단한 조조는 철수를 결심하게 된다.

철수할 때 그는 단 한 마디 「계륵(鷄肋)」이라는 말로 암시를 주었다. 그러나 부하들은 「계륵」이 무엇을 뜻하는 것인지 알지 못했다. 사무를 보는 양수(楊修)라는 사람만이 그 말의 뜻을 알고 즉시 철수 준비를 했다.

"그 말이 철수하라는 명령이라는 것을 어떻게 알았소?"

다른 장수들이 놀라며 묻자 양수는 이렇게 대답했다.

"계륵, 즉 닭의 갈비뼈는 버리기에는 아깝지만 먹으려고 해도 고기가 없습니다. 한중(漢中)이라는 곳이 그런 땅이란 뜻입니다. 그래서 철수한다는 뜻으로 알아들은 것입니다."

「계륵」이라는 말의 출전(出典)은 그렇게 생겨났지만, 어쨌든 그와 같은 판단력이 조조의 강력함을 지탱해 주었다.

2차대전 막바지 때의 일본군처럼 무조건 옥쇄해 버린다면 모든 것이 수포로 돌아가고 만다. 그러나 도망쳐서 전력(戰力)을 보존할 수 있으면 다시 승리할 기회는 얼마든지 찾아오게 마련이다. 따라서 승산이 없을 때는 미련없이 도망쳐야 한다. 비겁하다는 말은 여기서 통하지 않는다. 냉철한 판단에 의한 행동이라면 비겁한 것이 아니라 새로운 승리를 위한 예비 조치에 지나지 않는다. 이처럼 도망치는 것도 난세를 승리로 이끌어 살아남기 위한 조건이며 용기인 것이다.

조조는 그와 같은 용기도 역시 다분히 천부적으로 타고난 사람이었다.

조조의 라이벌은 바로 유비(劉備)이다. 덕성(德性)을 갖춘 사람이라면 우선 떠오르는 사람이 이 유비이다.

유비는 일에 대한 능력(能力)이라는 점에서는 조조의 발끝에도 이르지 못했다. 유비의 서투른 전쟁 솜씨에 대한 다음과 같은 이야기가 있다.

촉(蜀)의 군대를 이끌고 오(吳)나라 영토에 진입한 유비는 장강(長江)을 따라 무려 7백 리에 걸친 진지를 구축했다. 그 때 오와 촉의 싸움을 관망하고 있던 위(魏)의 조비(曹丕:조조의 아들)는 유비의 포진 방법에 대한 보고를 받고는 다음과 같이 말했다.

"유비는 병법을 모르는 사람이다. 7백 리에 걸친 진지를 구축했다니 한심한 사람이다. 오나라가 반격한다면 꼼짝없이 당할 것이다. 병법에도 「습한 들이나 험한 지형에 포진하는 군사는 패한다」라고 기록되어 있다. 유비가 포진한 방법은 어린애 같은 짓이다. 기다려 보자, 곧 손권이 이겼다는 보고가 올 것이다."

유비는 결국 그 싸움에서 대패하고 겨우 목숨을 건져 백제성(百帝城)으로 도망치고 말았다. 그가 싸움에서 서툴렀던 것은 비단 이 싸움에서만이 아니었다. 유비는 언제나 서투른 전쟁만 했다. 그가 치른 모든 싸움을 두고 볼 때 조조의 승률은 8할이고 유비의 승률은 2할 정도였다.

이처럼 싸우는 솜씨가 서툴면 난세를 승리로 이끌지 못할 뿐더러 살아남기도 어렵다. 그럼에도 불구하고 유비는 부침(浮沈)의 연속 속에서 고생은 많았지만 확실히 끈기있게 살아남아 조조에게 대항할 수 있었다. 이렇게 싸움에는 서투르면서 살아남을 수 있었던 유비의 비결은 무엇일까? 그것은 그가 지닌 덕성(德性)이라고밖에 말할 수 없다.

무능한 유비는 격동하는 시대의 물결에 희롱당하면서 객(客)으로서, 또는 거후(居侯)로서 군웅(群雄)들 사이를 옮겨 다녔다. 어제 싸움을 했던 상대에게 오늘은 도움을 청하는 일도 흔히 있었다. 보통 사람이라면 문전축객(門前逐客)을 받는 것이 상례였지만 유비의 경우는 찾아가는 곳에서마다 모두 정중하게 대접을 받았다. 따라서 그것은 그가 지닌 덕성 때문이라고 해석할 수밖에 없다.

유비는 만년이 되어서야 겨우 촉(蜀)이라는 땅에 기반을 구축하는 데 성공하였다. 그것도 역시 그 자신의 능력에 의한 것이 아니라 부하들의 힘껏 싸워 준 덕택이었다. 제갈공명(諸葛孔明) 이하 여러 부하들이 유비를 위해서 분골쇄신한 덕택에 그런 성과를 거둔 것이다.

그렇다면 내로라 하는 부하들이 허약한 유비에게 그처럼 열심히 충성을 바친 이유는 무엇일까? 그것도 역시 유비가 지닌 덕성의 힘 때문이라고밖에 말할 수 없다.

유비의 덕성은 그처럼 높이 평가되고 있지만 유비 자신은 자기가 덕이 있는 사람이라고 생각하지 않았던 모양이다. 그는 백제성에서 죽을 때 아들 유선(劉禪)에게 유서를 남겼는데, 그 일절에 다음과 같은 내용의 글이 감겨져 있다.

「작은 악(惡)일지라도 결코 행해서는 안 된다. 작은 선(善)이라고 하여 결코 태만히 해서는 안 된다. 나는 덕이 모자랐다. 이 아비를 본받지 말라」

누구보다도 덕(德)을 몸에 지녔던 유비가 자기 자신은 그것이 부족했다고 말하고 있는 것이다. 유비는 이와 같이 그릇이 크고 겸허한 사람이었다.

우리는 이 유비의 생애에서 덕성도 역시 난세를 극복하고 살아남는 데 꼭 필요한 조건이 될 수 있다는 사실을 잘 알 수가 있다.

오늘날의 정치와 경영에 있어서도 「지혜와 용기(勇氣)」, 「관용과 겸허와 덕성(德性)」 그리고 「운세」는 빼놓을 수 없는 중요한 요소이다. 미래를 예측할 수 없는 「시계 제로」인 현실에서 번영하고 살아남으려면 왕전의 지혜와 조조의 용기, 그리고 유비의 덕성을 깊이 이해하고 본받을 줄 알아야 할 것이다.

8. 마상(馬相)의 명인 백락

중국에서는 얼마 전까지 농작물이나 화물을 가득 실은 마차가 큰 도시의 대로를 활보했다. 말이 운반 수단의 중요한 역할을 맡은 것이다.

우리나라에서도 수십 년 전까지는 시내에 마차가 다녔다. 건축 자재인 흙이나 연탄, 또는 이삿짐까지 마차를 이용하는 일이 많았다.

그러나 우리나라에서는 일본이나 중국처럼 말을 농촌에서까지 기르며 농경에 이용하지는 않았다. 농촌에서는 대부분 소를 이용했다. 달구지도 소가 끄는 소달구지가 많았다. 따라서 옛날 우리나라의 운반 수단은 소였다. 말이 귀했기 때문이었을까. 도시에서만 소보다 보행이 빠른 말을 운반 수단으로 써왔던 것이다.

그러나 중국에서는 「남선북마(南船北馬:남쪽에서는 배를 많이 이용하고, 북쪽에서는 말을 많이 이용한다는 뜻)」라는 말이 전해 오듯이 옛날부터 황하(黃河) 이북 지방에서는 말이 생활 필수품이었다. 그 용도도 다양하여 목축·농경·운반·군용으로 널리 이용되었고, 사람의 생활과 끊을 수 없는 관계를 유지해 왔다.

따라서 중국 사회에서는 많은 말 거간꾼들이 배출되어 말의 거래를 돕거나 좋고 나쁜 말을 감정했다.

이들 수많은 유명무명의 말 거간꾼들의 원조에 해당되는 인물로 백락(伯樂)이라는 사람이 있었다.

백락이라는 인물은 그 출생이나 활약상이 자세하게 남아 있지 않다. 정치가나 장군이나 문장가가 아닌 말 거간꾼이기 때문일 것이다. 아무리 말을 감정하는 데 뛰어난 재능을 발휘했다고 해도, 말 거간꾼은 역시 신분이 낮은 계층이었던 모양이다.

그러나 백락에 대한 고사를 인용한 여러 문헌에 의하면 그는 춘추시대 진(秦)나라 목공(穆公) 때의 사람인 모양이니까, 지금으로부터 약 2천 5백여 전 사람이다. 당시의 진나라는 지금의 서안(西安)에서 훨씬 서쪽에 있던 나라로 말의 산지였다. 따라서 백락과 같은 말을 감정하는 명인(名人)이 진나라에 나타난 것도 무리는 아니다. 그러나 그에 대한 자세한 전기는 알 수가 없다.

백락의 명인다운 행적은 갖가지 꼬리를 달고 전해져 오면서 여러 가지 설화(說話)를 남기고 있다. 이런 의미에서 백락이라는 사람은 전설상의 인물이며, 그의 이름은 고유명사라기보다는 보통명사라고 해야 할지도 모른다.

백락에 얽힌 명인의 설화를 몇 가지 소개한다 우선 〈열자(列子)〉와 〈회남자(淮南子)〉에 이런 이야기가 전해진다.

진(秦)나라의 목공(穆公)이라고 하면 「춘추(春秋)의 오패(五霸:춘추시대에 활약한 5명의 패자)」의 한 사람으로 꼽히는 명군주였다. 이 목공이 어느 날 백락을 불러 이렇게 말했다.

"그대는 이제 늙었다. 아들들 중에 그대의 뒤를 이을 사람이 있는가?"

백락이 대답했다.

"없습니다. 일반적으로 양마(良馬)를 감정하는 것은 근육과 뼈 등 겉모양을 보면 알 수 있습니다. 그러나 천하의 명마(名馬)는 겉모양만으로는 판단할 수가 없습니다. 눈에 보이지 않는 미묘한 요소를 분간해야 할 필요가 있습니다. 제 자식들은 모두 재능이 평범하여 양마 정도는 겨우 감별할 수 있습니다. 그러나 천하의 명마는 알아보지 못합니다. 그렇지만 제 밑에서 일하고 있는 제자로 구방호(九方皐)라는 사람이 있습니다. 이 사람은 말을 감별하는 데는 저보다 뛰어난 눈을 가지고 있습니다. 바라옵건대 한 번 불러 주시기 바랍니다."

백락의 말대로 목공은 구방호를 불러,

"나를 위해 천하의 준마를 찾아 오라."

라고 명령했다.

목공의 명령을 받고 천하의 준마를 찾으러 떠나간 구방호는 3개월 후에 돌아와 목공에게 보고했다.

"천하의 준마를 입수했습니다. 모래 언덕에 매어 두었으니 보아 주시기 바랍니다."

"수고했다. 그 말은 어떻게 생겼는가?"

"밤색 털을 가진 암컷 말입니다."

목공은 즉시 신하를 보내서 그 준마를 보고 오도록 했다. 그런데 말을 보고 온 신하는 검은 털을 가진 수말이라고 보고하는 것이 아닌가. 너무나 엉뚱한 일이었으므로 목공은 즉시 백락을 불러오도록 했다. 그리고 백락에게 화를 냈다.

"네가 추천한 녀석은 말이 암컷인지 수컷인지도 구분하지 못하는 형편없는 놈이다. 그런 놈이라면 준마는 고사하고 보통 말도 감별하지 못활 것이다."

조용히 듣고 있던 백락은 드디어 크게 탄식하면서 이렇게 말했다.

"구방호가 그런 경지에까지 도달했군요. 저 같은 사람은 까마득하게 미치지 못하는 경지에 다랐습니다. 구방호가 보고 있는 것은 아마도 천기(天璣;하늘의 기미)일 것입니다. 겉모양 같은 것은 전혀 보지 않고 그 속만을 보고 있는 것입니다. 보아야 할 점은 정확하게 보고, 볼 필요가 없는 면은 보지 않은 것입니다. 그런 것은 신기(神技)라고 말할 수밖에 없습니다."

그리고는 말을 끌어다 자세히 살펴 보니 과연 천하의 준마였다.

여담이지만 명번역(名飜譯)도 역시 언어만 자기 나라 말로 바꾸는 것이 아니다. 원작자가 무엇을 말하려 하고 있는가를 찾아내서 그것을 재현할 수 있도록 원문에서 겉으로는 보이지 않는 행간(行間)을 읽을 줄 알아야 명번역이 나오는 것이다.

백락이 말한 것도 명번역의 원리와 마찬가지이다. 말을 감별할 때는 겉모양이 아니라 보이지 않는 속을 볼 줄 알아야 한다는 것이다.

〈한비자(韓非子)〉에는 다음과 같은 이야기도 소개되어 있다.

백락이 두 제자에게 뒷발로 차는 버릇이 있는 말을 감별하는 방법을 가르쳤다.

그 후 두 사람이 함께 대신인 간자(簡子)에게 가서 말을 감별하게 되었을 때 일어난 일이다.

한 사람이 한 마리의 말을 가리키며,

"이 말은 뒷발로 차는 버릇이 있다."
라고 말했다. 또 한 사람이 말의 주위를 한 바퀴 돌아보는 세 번이나 말의 엉덩이를 만졌지만 그 말은 뒷발로 차지 않았다. 앞의 사나이는 가지가 잘못 감정했다고 생각했다. 그러자 다른 사람이 이렇게 말했다.

"잘못 감별한 것이 아닙니다. 이 말은 어깨가 굽었고, 무릎에 종기가 나 있습니다. 대개 말이 찰 때는 뒷발을 들고 앞발에 체중을 모읍니다. 그러나 이 말은 앞발 무릎에 종기가 났기 때문에 체중을 앞으로 모으지 못합니다. 그래서 뒷발을 들지 못하는 것입니다. 이 말이 뒷발로 차는 버릇이 있다고 감별한 것은 잘 한 것이지만, 무릎의 종기를 보지 못한 것은 잘못이었습니다."

능력이 있어도 그것을 발휘하지 못하는 상황에 놓이면 귀중한 능력은 쓸모없는 보물과 같은 것이다. 〈한비자〉에서는 이와 같은 상황에 놓여 있는 사람의 예를 이 말의 감별에 비유하여 인용하고 있는 것이다.

또 하나 〈한비자〉에서 비유적으로 들고 있는 이야기를 소개한다. 백락은 마음에 들지 않는 제자에게는 천리마(千里馬)를 감별하는 방법을 가르치고 마음에 드는 제자에게는 노마(駑馬:보통 말)의 감별법만을 가르쳤다.

천리마는 좀처럼 없는 드문 말이다. 따라서 천리마만 찾아다니다 보면 벌이가 신통치 않다. 그와는 반대로 보통 말은 날마다 거래가 되고 있다. 따라서 돈을 많이 벌 수가 있다.

이 〈한비자〉의 기록에 의하면 백락은 물정에 밝은 사람이었던 모양이다.

그리고 〈전국책(戰國策)〉에는 「백락의 일고(伯樂之一顧)」라는 유명한 설화가 소개되어 있다.

전국시대에 소대(蘇代)라는 세객(說客)이 연(燕)나라 왕의 명령을 받고 제(齊)나라로 가서 제나라 왕을 만나려고 했으나 좀처럼 기회를 얻지 못했다. 그래서 소대는 제나라 왕의 사랑을 받고 있는 순우곤(淳于髡)을 찾아가 제나라 왕을 만날 수 있도록 주선해 달라며 다음과 같은 말로 완곡하게 부탁했다.

"준마를 팔려고 하는 사람이 있었습니다. 3일 동안이나 시장에 계속 서 있었지만 누구 한 사람 그 준마에 눈을 돌리는 사람이 없었습니다. 그래서 그 사람은 백락을 찾아가 이렇게 부탁했습니다.

'준마를 팔려고 3일 동안 시장 바닥에 말을 끌고 서 있었습니다. 그러나 누구 한사람 거들떠보지도 않았습니다. 부탁드립니다. 말 주위를 한 바퀴 돌면서 살펴보시고 그냥 떠나가시다가 다시 한 번만 뒤돌아보아 주십시오. 사례는 충분히 하겠습니다'

백락은 그 사람의 청을 받아들여 말 주위를 한 바퀴 돌며 살펴보았습니다. 그리고 돌아가면서 다시 한 번 뒤돌아보았습니다. 그러자 말을 사겠다는 사람들이 모여들어 그 자리에서 말 값은 10배로 뛰어올랐습니다. 저는 지금 이 말을 팔려는 사람처럼 준마 못지 않은 좋은 술책을 가지고 왕을 만나려고 청을 하였지만 주선해 줄 분이 없습니다. 바라옵건대 대신께서 나의 백락이 되어 주시지 않겠습니까? 사례로 환구슬 한 쌍과 황금 1천 일(鎰:1일은 24兩重)을 드리겠습니다."

순우곤은 그 즉시 대궐로 들어가 왕을 뵙고 소대를 만나 볼 것을 권했다.

백락에 얽힌 설화에서 반드시 등장하는 것이 기(驥)이다. 기란 하루에 천 리를 달리는 준마라고 한다.

〈시경(詩經)〉의 「회사(懷沙)」라는 시는, 중국의 유명한 시인 굴원(屈原)이 멱라(汨羅)라는 강에 투신 자살하기 직전에 지었다고 하는 시이다. 그 안에 다음과 같은 일절이 있다.

「백락은 이미 죽었다. 기(驥) 어찌 예측할 수 있으랴」

백락이 죽고 말았으므로 천리마도 이제 그 진가를 인정받지 못하게 되었다는 의미이다. 굴원은 자기 자신을 기에 비유하고 백락처럼 자기를 알아주는 명군(名君)을 만나지 못한 불운을 이렇게 시로 표현했던 것이다

기에 대해서도 또한,

「기족(驥足)을 편다」 〈삼국지〉

「기미(驥尾)에 붙다」 〈사기〉

등의 고사성어가 있다.

「기족을 편다」는 것은 능력 있는 사람이 그 재능을 충분히 발휘한다는 뜻이고 「기미에 붙다」는 후배가 선배나 능력 있는 사람의 뒤를 이어 재능을 펴거나, 그 사람에게 의탁하여 일을 성취하고 명성을 얻는다는 뜻이다.

〈후한서(後漢書)〉에 이런 말이 있다.

「제(帝:光武帝)」가 다음과 같은 편지를 효(囂)에게 보냈다.

「쇠파리는 몇 발자국 거리밖에 날지 못하지만, 기미(驥尾)에 붙으면 다른 쇠파리들을 까마득하게 떨어뜨릴 수 있다」

〈순자(筍子)〉에도,

「기(驥)는 하루에 천 리를 가다. 그러나 느린 말도 열흘을 가면

곧 이에 미칠 수 있다」

라는 유명한 말이 있다. 기가 하루에 주파하는 거리를, 느린 말이
라도 10일 동안 계속해서 달리면 갈 수 있다는 말이다. 물론 이 말
은 형편없는 둔재를 격려하려고 한 말일 것이다.

〈논어〉에도 이 기를 인용한 말이 있다.

「기는 그 힘에 의지하지 않고 그 덕(德)에 의지한다」

기가 명마다, 준마다 하고 칭찬을 받는 것은 발이 빠르기 때문이
아니라. 몸에 익히고 있던 덕(德) 때문이다. 따라서 '우리 인간도
중요한 것은 능력보다도 덕이다'라고 공자는 말하고 싶었던 것이다.

어쨌든 천하의 명마라고 하면 바로 기(驥)를 꼽는다. 그리고 명
마를 알아보는 사람은 백락이었으므로 당연히 기와 백락은 끊을래
야 끊을 수 없는 관계에 있다. 이와 같은 양자의 관계를 잘 말해
준 것이,

「기 백락을 만나 길게 울었다」 〈전국책〉

라는 말이다. 이 말에는 다음과 같은 이야기가 그 배경이 되어 있
다.

역시 전국시대의 일이다. 한명(汗明)이라는 세객이 있었다. 여러
제국을 돌아다니며 유세를 하던 그는 초(楚)나라에 와서 재상인 춘
신군(春申君)을 만나기 위하여 면회를 신청했지만 좀처럼 허락이
나지 않았다.

3개월이나 기다린 끝에 겨우 춘신군을 만날 수 있었다. 한명은
그 기회를 이용하여 기와 백락과의 관례를 인용하면서 자신을 기
용해 달라고 말했다.

"기에 관해서 알고 계십니까? 아주 늙은 기가 소금을 실은 수레

를 끌고 태행산(太行山)을 넘고 있었습니다. 그러나 늙은 기는 발목의 힘이 빠지고 무릎이 떨렸습니다. 그리고 꼬리는 힘없이 늘어졌습니다. 땀과 기름투성이가 되어 고개를 오르지도 못하고 버둥거리고 있었습니다. 그 때 마침 백락이 그 곳을 지나게 되었습니다. 타고 있던 수레에서 내려온 백락은 늙은 기에게로 다가가 울면서 자기 옷을 벗어 걸쳐 주었습니다. 그러자 기는 콧소리를 내며 하늘을 향해 길게 울었습니다. 그 소리는 말할 수 없을 정도로 굉장한 것이었습니다. 백락이 자기를 알아주었다고 늙은 기는 생각했던 것입니다.

그런데 저는 어떻습니까? 양(梁)나라에 있을 때에는 부역을 강요받아 오랜 세월 동안 다 쓰러져 가는 집에서 살았습니다. 바라옵건대 이런 저를 다시 태어나게 하여 군주를 위해 높은 소리로 울게 해 주시기 바랍니다."

한명이 춘신군에게 기용되었는지, 어쩐지는 기록에 남아 있지 않아 알 수가 없다.

백락과 늙은 기와의 만남과 같은 것은 옛날부터 만에 하나 정도로 드문 일이었다. 그리고 오늘날과 같이 복잡한 산업사회에서 백간처럼 자기를 이해해 주는 상사나 선배를 만난다는 것은 더욱 쉬운 일이 아니다.

9. 신의가 없으면 설 자리가 없다

「신(信)」이라는 글자는 거짓말을 하지 않는 것, 약속을 지키는 것이라는 의미를 가지고 있다. 중국 사회에서는 옛날부터 이 「신」을 인간 관계의 기본이라고 생각해 왔다.

〈논어(論語)〉에서도,

「사람이 신의가 없으면 사람으로서 살아갈 수 없다(人而無信 不知其可)」

「백성에게 신의가 없으면 나라의 정치는 서지 못한다.(民無信不立」

라고 말했다. 신의가 없으면 인간 사회가 유지될 수 없다는 것을 강조한 말이다.

공자에게 증자(曾子)라는 제자가 있었다. 증자는 부모에 대한 효도가 지극한 사람으로 알려졌는데, 〈논어〉에서 그는 다음과 같이 말하고 있다.

「나는 날마다 세 번 반성한다. 남을 위하여 성심껏 의견을 짜내 주었는가. 친구와의 사이에 믿음이 있었는가. 내가 배워서 잘 익히지도 않은 것을 남에게 가르치지 않았는가(吾日三省吾身 爲人謀不

忠乎. 輿朋友交而不信乎傳不習乎)」

「신의」에 대한 증자의 이야기는 〈한비자〉에서도 다음과 같이
등장하고 있다.

어느 날 증자의 아내가 물건을 사려고 외출을 하는데 아이가 뒤
따라오며 함께 가겠다고 울어댔다. 그러자 그녀는,

"집에서 기다려. 내가 돌아와서 돼지를 잡아 맛있게 요리해 줄
테니."
라고 말하며 아이를 달랬다.

얼마 후 그녀가 집에 돌아와서 보니 남편인 증자가 돼지를 잡으
려고 하는 것이 아닌가. 그녀가 깜짝 놀라서,

"아까 내가 말한 것은 아이를 달래기 위해 거짓말을 한 것이었
어요."
라고 말하며 남편을 만류했다.

그러자 증자는,

"아이는 당신이 한 말을 거짓말이라고 생각하고 있지 않고 있소. 아이
들이란 세상 일을 모르는 거요. 부모들이 가르치는 대로 하나하나
배워 나가는 것이 아이들이오. 당신이 거짓말을 한 것은 아이에게
거짓말을 일부러 가르친 것이나 다름없소. 어머니가 아이들에게 거
짓말을 하여 아이가 어머니의 말을 믿지 않게 만드는 것은 큰 잘
못이지. 그렇게 되면 앞으로 무엇을 가르쳐도 소용이 없소."
하고 말하고는 돼지를 잡아 아이에게 먹게 했다.

〈한비자〉에 나오는 증자의 이 이야기는 지나치게 융통성이 없는
이야기를 듣는 것처럼 어색하다. 아이에게 거짓말을 하지 않기 위
해서 소중한 돼지를 잡는다는 것은 쉽사리 납득이 가지 않는다. 그

러나 「신의」란 어떤 것인가를 이해해 달라는 뜻에서 소개했다.

아무리 「신의」가 인간 관계의 기본이라고 하더라도 현실은 그렇게 되지 않는다. 인류 역사가 생겨난 이래 철저한 「신의」의 사회가 단 한 순간이라도 존재했었던가. 우리가 사는 현실 사회는 항상 거짓과 속임수가 난무하고 권모술수가 판을 치는 사회였다. 그러므로 「신의」를 인간 관계의 기본으로 삼는 것은 이상(理想)에 불과할지도 모른다.

어떤 시대, 어떤 사회에서든 끊임없이 「신의」를 인관 관계의 기본으로 하고 싶어했다. 그러나 현실적으로 그것은 실현되지 않았다. 때문에 우리는 그런 것들을 해결하기 위해 상대방이 믿을 수 있는 사람인가를 엄격하게 구분하여 관계를 맺어야 한다. 그러기 위해서 우리에게는 인간을 볼 줄 아는 확실한 눈이 필요한 것이다.

중국인은 쉽사리 본심을 나타내지 않는다. 따라서 그들을 대했을 때 우리는 그들이 무엇을 생각하고 있는지 종잡을 수 없을 때가 있다. 그런 그들을 볼 때 우리는 마음이 넓기 때문이라고 좋게 평가할 수도 있다.

만약 중국인들에게 왜 그러냐고 묻는다면,

"무슨 생각을 하고 있는지도 모르는 상대방에게 본심을 내보이면 어떻게 되겠는가? 덮어놓고 본심을 먼저 내보였다가는 어떤 위험을 당할지는 모른다."

라고 대답할지도 모른다.

어쨌든 중국인들에게는 웬만하면 자기의 본심을 숨겨 두고 상대방의 의중을 알아내려고 하는 습관이 있다. 따라서 그만큼 상대방을 살펴서 알기까지 시간을 필요로 하는 것이 중국인이다.

그러나 일단 「신의」를 주고받을 수 있다는 확신이 서면 철저하게 믿고 대해 주는 것이 또한 중국인이다. 한 번 「신의」를 확인하면 그 신뢰 관계는 쉽게 없어지지 않는다. 그것은 난세(亂世)속을 살아오면서 자기도 모르는 사이에 몸에 익혀 온 생활의 지혜임에 틀림없다.

앞에서 말한 것처럼 증자는 '친구와 사귐에 있어서 신의가 있었는가'라면서 반성하고 있는데, 친구 관계의 기본적인 것도 이 「신의」이다. 한 번 「신의」를 확인하면 최후까지 신뢰하는 것, 그것이 바로 친구라고 그들은 생각하고 있기 때문이다.

이 신뢰의 극치를 유명한 「관포(管鮑)의 사귐」에서 볼 수가 있다.

춘추시대의 명재상이라고 하면 우선 생각할 수 있는 것이 제(齊)나라 환공(桓公) 밑에서 재상을 지낸 관중(管仲)이라는 인물이다. 무척 가난한 집에서 태어난 관중에게는 어릴 때 친구로 포숙이라는 사람이 있었다.

그들이 어른이 된 뒤 포숙은 공자(公子:왕자) 소백(小白)의 선생이 되고, 관중은 공자 규(糾)의 선생이 되었다. 그러나 소백과 규는 왕위의 후계 싸움에 말려들어 형제간에 다투게 된다. 그 결과 소백이 왕이 되어 환공이 되었고, 공자 규는 살해되었다. 물론 공자 규를 돌보던 관중도 죄인이 되어 옥에 갇히게 되었다.

환공의 입장에서 보면 관중도 적과 한 편이었기 때문에 죽여도 시원치 않은 사람이었다. 그러나 관중을 살려 주고 재상으로 추천한 것이 포숙이었다. 신뢰하는 포숙의 추천을 받았기 때문에 환공은 관중을 용서하고 중용했다. 포숙의 추천으로 제나라 재상이 된

관중은 친구의 이름을 더럽히지 않기 위해서도 열심히 일을 했다. 뒤에 관중은 이와 같은 포숙과의 우정에 대해서 다음과 같이 고백하고 있다.

"옛날에 내가 가난했을 때 포숙과 함께 장사를 한 적이 있다. 이익금을 나눌 때 내가 더 많은 돈을 차지했지만, 그는 나에게 욕심이 많다고 말하지 않았다. 내가 가난하다는 것을 알고 있었기 때문이다. 그의 이름을 빛내기 위하여 내가 어떤 계획을 세운 적이 있었는데, 오히려 그것이 그를 궁지에 몰아넣는 결과가 된 일이 있었다. 그러나 그 때도 포숙은 나를 어리석다고 하지 않았다. 세상 일에는 잘 되는 경우와 그렇지 못한 경우가 있다는 것을 알고 있었기 때문이다. 이후 나는 몇 차례 관직에 나갔는데 그 때마다 쫓겨나는 꼴이 되었어도 그는 나를 무능하다고 하지 않았다. 내가 시기를 잘못 만났다는 것을 알고 있었기 때문이다. 나는 전쟁에 나갈 때마다 도망쳐왔지만 그는 나를 겁쟁이라고 말하지 않았다. 내게 늙은 어머니가 있다는 것을 알고 있었기 때문이다. 공자 규가 후계자 싸움에서 패했을 때 동려인 소홀(召忽)은 규를 따라 죽었지만, 나는 뻔뻔스럽게도 살아서 포박당하는 수치를 겪었어도 그는 나를 파렴치하다고 말하지 않았다. 내가 눈앞의 명예에 구애되지 않고, 천하에 공명을 내세우는 것이야말로 치욕이라고 생각하고 있다는 알고 있었기 때문이다. 나를 낳아 주신 분은 부모님이지만 나를 이해해 준 사람은 포숙이다."

이 같은 관중의 고백 속에 우정의 극치가 남김없이 표현되었다고 생각된다.

당시의 사람들은 관중의 현명한 재능을 높이 사는 것보다 사람을 이해하는 포숙의 능력을 높이 평가했다고 한다. 포숙의 이 「신념」에서 오는 이해력이야말로 우정의 밑바탕이 되는 것이며, 본받아야 할 우정의 극치이다.

인간을 이해하기는 어렵다. 그러나 이해한 뒤에 진심으로 상대방을 신뢰하기는 더욱 어렵다. 그렇게 어려운 일을 성립시키는 곳에 우정의 본질이 있는 것이다.

오랜 세월 동안 마음을 주고, 믿으며 사귈 수 있는 친구를 몇 명이나 가지고 있는가 하고 우리는 가끔 생각해 본다. 엄격하게 말해서 그런 친구가 과연 몇 명이나 될까. 더구나 오늘날과 같은 불신시대(不信時代), 이기주의시대(利己主義時代)에서는 친구 관계가 상거래 관계처럼 메말라 가고 있다. 이런 상황 속에서 살아가는 우리는 이 「관포의 사귐(管鮑之交)」에 대해서 조용히 눈을 감고 생각해 보아야 할 것이다.

「믿음」은 인간 관계의 기본이며 우정의 본질이지만 동시에 리더의 조건이기도 하다. 〈논어〉에서도, 「백성들에게 신임을 얻은 뒤에 그 백성을 부릴 수 있다(信而後勞其民)」라고 말했듯이 「신의」가 있음으로써 비로소 백성(부하)들의 지지를 얻을 수 있기 때문이다. 반대로 리더가 태연하게 두 가지 말을 하고, 또 자기가 했던 말을 취소한다면 부하들은 따르지 않는다.

옛날부터 명리더라고 불리우는 사람들은 이러한 점에 특별한 관심을 가지고 처신했다.

그런 리더들 중의 한 사람이 제(齊)나라의 환공과 함께 「춘추오패」의 한 사람이었던 진(晉)나라의 문공(文公)이다.

문공이 원(原)이라는 성을 공격할 때의 일이었다. 그는 이 성을 공격하기 위해 10일 동안 먹을 군량을 준비하고 장병들 앞에서 작전 기간은 10일이라고 약속했다.

그러나 원을 포위한 지 10일이 지나도 공략에 성공하지 못했다. 그러자 문공은 약속대로 공략을 포기하고 철수하라고 명령했다. 그때 성 안에 잠입시켰던 정보원이 돌아와서,

"그들은 앞으로 3일만 버티면 항복하게 되어 있습니다."

하고 보고했다. 그러자 참모들은 입을 모아 진언했다.

"적은 최고로 약화되어 있습니다. 이대로 며칠 더 포위를 계속하는 것이 좋겠습니다."

그러자 문공은,

"나는 병사들에게 작전 기간은 10일이라고 약속했다. 지금 철수하지 않으면 신의를 저버리는 것이 된다. 며칠 더 포위하고 있다가 원을 함락시킨다고 신의를 저버리게 되면 쓸모가 없다. 그러니까 지금 철수한다."

그렇게 말하고 문공은 예정대로 철수하라고 명령했다.

그러한 이야기를 들은 원의 주민들은,

"그 정도로 신의를 중히 여기는 사람이라면 안심하고 따를 수 있겠다."

라면서 스스로 항복해 왔다.

그리고 이웃에 있는 위(衛)나라 사람들까지도,

"그 정도로 신의를 소중하게 생각하는 사람이라면 안심하고 따를 수 있을 것이다."

라는 여론이 돌게 되자 그들 역시 항복을 청해 왔다.

공자는 그 이야기를 듣고,

"원(原)을 공격하여 위(衛)까지 얻게 된 것은 신의(信義) 때문이다."
라고 말했다.

지나치게 극단적인 모범 사례라고 말할 수 있을지 모르지만, 리더가 된 사람들은 그런 정도로까지 고려하지 않으면 주변의 지지를 얻기가 어렵다고 보아야 한다.

이와 같은 이야기는 〈삼국지〉에 등장하는 제갈공명의 경우에도 있었다.

공명이 기산(祁山)에 포진하고 사마중달의 대군을 맞아 싸울 때의 일이었다. 그 때 제갈공명의 군대는 10명 중의 2명을 휴가차 교대로 귀국시키고 있었기 때문에 8만의 병력으로 기산을 지키고 있었다.

그러는 동안 상대방인 위나라 군대와 선봉대끼리 접전이 시작되었다. 촉나라 군대의 참모들 중에서 차츰 불안해하는 생각을 하는 사람들이 생겨났다. 그들은,

"적은 강력합니다. 지금의 병력으로는 승산이 없습니다. 그러니 다음 휴가 대상자를 한 달쯤 보내지 말고 병력의 증강을 도모해야 합니다."
라고 말했다. 하지만 공명은,

"나는 군대를 통솔할 때 약속한 것은 반드시 지킨다. 이것은 내 통솔의 신념이다. 옛날 사람도 '원성(原城)을 빼앗았다고 하더라도 군사들과 한 약속을 지키지 않았다면 빼앗지 않은 것만 못하다'고 말하고 있다. 다음 번에 교대할 군사들은 이미 준비를 끝내고 휴가

갈 날을 고대하고 있다. 그뿐만 아니다. 고국에 있는 그들의 처자들도 목을 길게 빼고 그들이 돌아오기를 기다리고 있을 것이다. 따라서 아무리 곤란한 상황에 있다고 하더라도 휴가 약속은 반드시 지키지 않으면 안 된다."

라고 말하고는 예정대로 휴가 차례가 된 병사들을 전원 귀국시키라고 명령했다.

이 같은 이야기가 군사들에게 전해지자 그들은 모두 감격하여 휴가를 반납하고 싸우겠다고 자청하고 나섰다. 휴가 예정이 없던 군사들까지도 모두,

"목숨을 걸고 싸워서 제갈공의 깊은 은혜에 보답하겠습니다."

라고 맹세했다. 그렇게 하여 일당 백의 사기로 전쟁에 임한 그들은 드디어 사마중달의 대군을 격파했다.

이 이야기는 정사(正史) 〈삼국지〉의 주석으로 기록되어 있다.

진나라의 문공과 제갈공명의 이야기에서처럼 리더에게 반드시 필요한 것이 있다면 그것은 「신의」이다. 신의를 철저하게 지키는 상관을 부하들은 믿고 따른다. 또한 믿고 따르는 부하들은 평소에 없던 용기와 능력을 발휘하게 된다.

옛날의 중국사회에서는 난세가 되어 법질서가 무너지면 「유협(遊俠)」들의 활약이 두드러지게 나타나는 현상이 생기고는 했다. 한(漢)나라 고조(高祖) 유방(劉邦)이 그들 중의 대표적인 인물이었다. 유방의 막하에 있던 사람들 중에도 한신(韓信)과 진평(陳平)을 비롯하여 유협의 세계에 몸을 담고 있었던 사람들이 많다.

유방의 시대 이후에도 〈삼국지〉의 유비·관우·장비 등도 이

유협의 세계에서 솟아난 인물들이다.

　역사가인 사마천에 의하면 이들 유협의 행동 원리는,

　「말은 반드시 신의를 가지고 하며, 행동은 반드시 결과를 중요시 한다(言必信 行必果)」

라는 것이었다. 약속한 것은 반드시 지키며, 일단 맡은 일은 끝까지 해낸다는 뜻이다.

　사마천은 또 이렇게 말하고 있다.

　"유협의 무리는 약속한 것은 반드시 지키며, 일단 맡은 일은 끝까지 완수한다. 목숨을 걸고 약속한 일을 하면서도 자기의 능력을 자랑하지 않으며 남의 은혜를 입는 것을 떳떳하게 생각하지 않는다."

　이들 유협들은 사회의 그늘에서 산 사람들이다. 따라서 법질서의 테두리 밖에 있으면서 때로는 국가의 권력과도 날카롭게 대립했다. 그리고 살아남기 위해 동료들끼리의 연대(連帶)를 강화하면서 일반 사회의 지지를 획득해야 했다. 그들의 행동 원리인 「말은 반드시 신의를 가지고 하며, 행동은 반드시 결과를 중요시한다」라는 것도 이와 같은 이유에서 만들어졌을 것이다.

　이와 같이 「신의」는 여러 가지 면에서 인간 관계의 중요한 지주(支柱)가 되어 왔다. 그러나 이 「신의」만을 지나치게 소중히 지켜나가다 보면 사는 것이 너무 융통성이 없게 된다. 그런 점을 풍자한 것이 「미생(尾生)의 신의」라는 이야기이다.

　이 「미생의 신의」에 관한 고사는 〈장자〉와 〈사기〉에 쓰여져 있다. 그 이야기를 요약하면 다음과 같다.

　옛날 노(魯)나라에 미생이라는 사람이 있었다. 그는 여자와 만나기로 약속을 한 뒤 약속 장소인 다리 위에서 기다렸다. 그러나 아무리 기다려도 약속한 여자는 나타나지 않았다. 기다리는 동안에 냇물은 자꾸 불었다. 미생은 불어오르는 물도 개의치 않고 여자와의 약속을 지키기 위해 다리 위에 서 있었다. 마침내 물이 계속 불어나 미생은 다리 난간을 잡은 채 물에 잠겨 익사하고 말았다.

끝까지 「신의」를 지키려고 한 미생의 태도는 「신의」라는 면에서 보면 두말 할 것도 없이 훌륭하다. 그러나 그렇게까지 융통성이 없고 보면 오히려 그 우직성(愚直性)이 웃음거리가 되는 것이다.

미생의 고사와 같은 우직한 신의를 다른 각도에서 해석한 것이 〈맹자(孟子)〉였다. 맹자는,

"훌륭한 사람은 자기가 한 말을 반드시 신의로서 지키지 않아도 된다. 행동도 역시 반드시 약속대로 하지 않아도 된다. 오직 의(義)로운 선택을 하면 되는 것이다."

라고 말했다.

훌륭한 사람은 자기가 한 말은 반드시 신의로서 지키고 약속한 행동을 끝까지 해내지 않아도 된다. 그때 그때 옳다고 믿는 선택을 행하면 그것으로 족하다는 뜻이다. 소(小)를 희생하고 대(大)를 살리는 임기응변의 판단을 하라는 말로 받아들일 수 있다고 생각된다.

「신의」를 무엇보다도 강조하면서도 맹자와 같이 무서운 말을 하는 중국인들의 엉뚱한 생각에 당황할 뿐이다.

어느 국가, 어느 사회, 어느 기업이든 사람들이 함께 모여서 살고, 함께 일하는 곳에서는 「신의」가 존중되며 강조되고 또 요구된다. 「신의」가 있는 사회는 믿고 살 수 있는 사회이기 때문이다

특히 지도자급에 있는 리더가 약속을 지키고 맡은 일을 철저하게 해 준다면, 그 국가와 그 사회는 발전하고 밝은 웃음이 감도는 곳이 될 것이다.

그러나 「맹자」의 말을 남용하여 지도층이나 리더가 「신의」를 지키지 않는 것을 합리화하는 일이 자주 일어난다면 그 사회는 「불신」의 사회가 될 것이다. 그러므로 리더의 「신의」는 그 밑에 있는 사람들의 활력소이며, 질서의 기본이 되는 동시에 리더 자신에게는 자기가 서 있는 자리를 잃지 않게 만드는 발판이 되기도 한다.

10. 인간 관계의 역학

은혜는 반드시 갚아야 한다는 것은 인간으로서 갖추고 있어야 할 기본적인 예의이다. 이런 사상은 우리나라와 중국을 비롯하여 동양권의 모든 나라에서 보편화되어 있다.

그렇다면 은혜의 반대가 되는 원한에 대해서는 어떤가. 남으로부터 억울한 피해를 입었을 때 그것에 대해서 어떻게 대응해야 하는가. 원한에 대해서는 우리나라 사람들과 중국인들의 태도가 좀 다르다.

우리나라 사람들은 일반적으로 원한을 깊이 간직하지 않고 좋게 풀어야 한다고 생각하고 있다. 따라서 원한을 물에 흘려 버리듯 잊으려 하고 상대방도 그렇게 해 주기를 바란다. 또한 어쩌다가 원한을 품게 되더라도 시간이 경과하면 엷어지고 또 잊혀져 가는 것이 보통이다.

그러나 중국인들은 옛날부터 그렇게 좋게 해결하려고 하지 않았다. 은혜도 잊지 않지만 원한도 결코 잊지 않았다. 남으로부터 심한 대접을 받으면 언제 어디서든지 그 원한에 대한 보복을 하려고 했다.

그런 중국인들의 특성을 잘 말해 주고 있는 것이 사마천의 〈사기〉에 나오는,

"한 끼의 음식에도 반드시 은혜를 갚고, 애자(睚眥)의 원한에도 반드시 보복을 한다"
라는 말이다. 「애자」란 눈을 약간 치뜨면서 흘긴다는 뜻이다. 중국인들은 눈흘김을 한 번 받아도 반드시 보복한다는 뜻이다. 정말로 소름 끼치는 일이 아닐 수 없다.

이 말은 일개 서민에서 진(秦)나라의 재상까지 된 범수(范雎)라는 사람의 보은(報恩) 방법을 기록한 문장 속에 나오는 말이다. 그렇다면 범수는 원한을 어떻게 갚았는가. 〈사기〉에 의하면 그의 복수는 정말로 냉혹한 것이었다.

범수는 아직 출세하기 전에 위(魏)나라의 수고(須賈)라는 중신(重臣) 밑에서 말직으로 일하고 있었다. 그는 언젠가 제(齊)나라에 사신으로 가는 수고를 따라가게 되었다. 그 때 범수는 우연한 일로 기밀을 누설했다는 억울한 누명을 쓰고 심한 힐책을 받았다. 그것으로 일이 끝났으면 좋았는데 귀국한 뒤에 그 문제가 다시 거론되어 이번에는 심한 고문을 받았다. 범수는 늑골이 부러지고, 이빨이 빠질 정도로 심한 고문을 받았다. 뿐만 아니라, 대나무 거적으로 둘둘 말아져 변소에 던져지는 꼴이 되었다.

반죽음을 당한 범수는 가까스로 감시자를 매수하여 그 곳에서 탈출하는데 성공했다. 그리고 이름을 장록(張祿)으로 고쳐 진나라로 가서 그 곳에서 중용되었으며, 드디어 재상의 지위에까지 올라 권세를 마음대로 휘두르게 되었다.

그 무렵, 옛날의 주인이었던 수고가 사신으로 진나라에 왔다. 수고는 옛날의 그 범수가 진나라 재상이 되어 있으리라고는 꿈에도 생각하지 않고 있었다.

범수는 일부러 재상의 신분을 감춘 채 남루한 옷을 입고 수고의 숙소를 찾아갔다. 놀란 수고는 범수에게 최근에 생활이 어떠냐고 묻고는, 남루한 옷을 입고 있는 범수를 동정하여 솜옷 한 벌을 주었다. 그런 일이 있은 후, 범수는 재상 관저로 안내하겠다고 자청하며 직접 마부가 되어 수고를 태우고 길을 인도했다.

재상 관저에 도착한 수고는 비로소 범수가 진나라 재상이라는 것을 알게 되었다. 수고는 깜짝 놀라 옛날의 잘못을 사과했지만 이미 돌이킬 수 없는 일이 되어 있었다. 범수는 옛날에 있었던 기밀 누설 사건을 들추어 내고, 자기에게 억울한 누명을 씌운 죄상을 낱낱이 열거한 뒤에,

"그 죄는 죽어 마땅하지만 솜옷 한 벌을 준 인정을 참작하여 목숨만은 살려 준다."

라고 말하고는 수고를 내쫓았다. 그리고 수고가 귀국할 때 연회를 베풀어 그를 철저하게 골탕먹였다. 〈사기〉에는 그 장면이 다음과 같이 묘사되어 있다.

「수고가 범수에게 하직을 고했다. 범수는 격식을 갖추어 제후들의 사신을 청하여 그들과 함께 당상(堂上)에 앉아 음식과 술을 마셨다. 그리고 수고를 당하(堂下)에 앉히고 좌두(莝豆)를 그의 앞에 놓고 두 경도(黥徒)로 하여금 양쪽에서 팔을 꼭 끼게 하여 좌두를 먹였다」

「좌두」란 말이 먹는 여물이고 「경도」란 몸에 문신을 한 죄수이다. 두 죄수에게 명하여 양쪽에서 꼭 잡고 말먹이 여물을 수고의 입에 억지로 넣었다는 것이다. 더구나 각국의 대사들은 초청한 연

회석상에서 그렇게 했다는 말이고 보면 고통을 주는 방법이 매우 특이했다는 것을 알 수 있다. 아마도 수고와 같은 신분의 사람이 아니었더라도 그런 모욕을 당했다면 죽음보다 더 심한 고통을 느꼈을 것이다.

과거에 심한 대접을 받았다고는 하지만 범수의 보복은 너무 지나쳤다. 그렇다면 범수만이 이와 같이 과격하게 보복을 한 것일까. 그렇지 않다고 볼 수 있다.

중국의 고전을 읽고 있노라면 사람의 원한에 대해서 언급한 대목을 자주 접하게 된다.

예를 들면 공자(孔子)도 〈논어〉에서 이렇게 말하고 있다.

"나 자신을 편하게 하기 위해 남을 박대한다면 곧 원한을 산다"

남의 원한을 사지 않으려면 자기에게는 가혹하게 하고 남에게는 관용을 가지고 대하라는 말이다. 공자의 이 말은 누구나 명심해야 할 말이다.

왜 이런 말이 나왔는가? 그 이유는 남의 원한을 사면 언젠가는 무자비한 보복이 돌아오고 마는 보편적인 관례가 있었기 때문이다.

때문에 중국인들은 남의 원한을 사지 않도록 인간 관계에 있어서 매우 신중하게 처신한다. 그러나 아무리 신중을 기해도 사소한 잘못이나 부주의로 상대방의 마음에 상처를 주어 원한을 사고 마는 경우도 있다. 그것이 바로 인간 관계에 있어서의 어려움이 아닌가 생각된다.

〈전국책(戰國策)〉에 이런 이야기가 있다.

전국시대에 중산(中山)이라는 아주 작은 나라가 있었다. 어느 날,

이 나라의 왕이 나라 안의 중요한 사람들을 초대하여 연회를 열었다. 여기에 초대된 사람들 중에 사마자기(司馬子期)라는 사람이 있었다. 공교롭게도 양(羊)고기로 만든 수프가 부족하여 그에게까지 차례가 가지 않았다. 그것을 섭섭하게 생각하고 앙심을 품은 사마자기는 화가 나서 초나라로 망명해서 초왕을 설득하여, 중산을 공격했다.

큰 나라인 초의 공격을 받은 작은 나라 중산은 한주먹거리도 되지 않았다. 중산의 왕은 할 수 없이 국외 탈출을 기도했다. 왕이 국외로 도망치고 있을 때 창을 든 두 사람이 뒤따라오고 있었다. 왕이 돌아서서,

"누구냐?"

라고 묻자 두 사람은 이렇게 대답했다.

"여러 해 전에 왕으로부터 한 끼의 식사를 대접받아 아사(餓死)를 면한 사람이 있었습니다. 우리는 그 사람의 아들입니다. 아버지는 죽기 직전에 '중산에 일이 일어나거든 죽음으로써 그 은혜에 보답하라'고 유언을 하셨습니다. 지금이 바로 그 때의 은혜에 보답할 기회라고 생각하여 이렇게 달려왔습니다."

그 말을 듣고 난 중산 왕은 이렇게 말하며 탄식했다.

"사소한 적선이라도 상대방이 곤란을 겪고 있을 때에는 효과가 크다. 사소한 원한일지라도 상대방의 마음을 상하게 하면 무서운 보복을 받는다. 나는 한 그릇의 수프 때문에 나라를 잃었고, 한 끼의 음식 덕분에 용사 두 명을 얻었구나."

한 그릇의 수프 때문에 나라를 잃는다는 것은 정말로 억울한 일이다. 그러나 중국에서는 가끔 그처럼 사소한 일 때문에 큰 보복을 받는 경우가 있었던 것이다

〈한비자〉에도 이런 이야기가 있다.

　제(齊)나라의 중신(重臣)들 중에 이사(夷射)라는 사람이 있었다. 어느 날 그는 왕의 초대를 받고 연회에 참석해 술을 많이 마셨다. 술에 취한 그는 밖으로 나와 문에 기대서 술이 깨기를 기다렸다.
　마침 발목을 자르는 형벌을 받은 문지기가 이사에게 다가와,
　"마시다 남은 것이라도 좋으니 술 한 잔만 주십시오. 제발 은혜를 베풀어 주십시오."
하고 간청했다. 그러나 이사는 쌀쌀하게 말하며 문지기를 쫓았다.
　"귀찮다. 저쪽으로 가거라. 죄를 짓고 발목이 잘린 주제에 술을 달라니 당치도 않다."
　문지기는 이사의 쌀쌀한 태도에 할 수 없이 물러났다. 그러나 이사가 그 자리를 떠나자 추녀 밑에다 마치 이사가 소변을 본 것처럼 물을 부어 놓았다.
　다음 날 아침에 왕이 나와서 보고는 소리쳤다.
　"여기서 소변을 본 놈이 누구냐?"
　그러자 문지기가 대답했다.
　"잘은 모르겠습니다. 그러나 어젯밤 이사 어른께서 바로 그 자리에 서 계시는 것을 보았습니다."
　그 말을 들은 왕은 즉시 이사를 잡아다 죽여 버렸다.

　이사의 이야기는 사소한 원한을 샀기 때문에 당장 자기 목숨까지 잃게 되는 경우로서, 앞의 중산의 경우보다 더욱 어처구니없는 일이다.
　이와 같은 상황 속에서 살아왔기에 중국인들은 크고 작은 것을

막론하고 남의 남의 원한을 사지 않기 위하여 신중히 처신하는 습관이 생겼다고 보아야 할 것이다.

　중산이나 이사의 경우는 원한을 살 일을 자신이 했기 때문에 어쩔 수 없는 일이라고 체념할 수도 있다. 그러나 이보다 더 곤란한 것은 전혀 원한을 산 적이 없는데도 함정에 빠져 희생당하는 경우이다.

　기록에 의하면 중국의 역사에는 이와 같은 경우가 무척 많다. 그 예를 하나 들면 〈한비자〉에 이런 이야기가 있다.

　진(秦)나라 혜왕(惠王) 때의 일이었다. 감무(甘茂)라는 재상이 있었다. 그는 자기 직위를 지키기 위해서 남을 모함했으나, 모함당한 사람과는 아무런 원한이 없었다.

　혜왕은 어느 날 공손연(公孫衍)이라는 사람이 마음에 들어 잡담을 하다가 이렇게 말했다.

　"언젠가는 그대를 재상에 임명할 테니 그리 아시오."

　마침 혜왕의 그 말을 엿들은 사람이 있었다. 그는 즉시 재상인 감무에게 자초지종을 고해 바쳤다.

　그 후에 감무는 왕에게 가서 이렇게 말했다.

　"훌륭한 재상을 물색하셨다니 진심으로 축하합니다."

　"나는 지금 그대에게 국정을 맡기고 있소. 그런데 달리 재상을 물색했다니 어디서 그런 거짓말을 들었소?"

　"공손연을 재상으로 기용하실 의중이라고 들었습니다만……."

　"도대체 누가 그런 말을 했소?"

　"공손연이 직접 말하는 것을 들었습니다."

혜왕은 감무의 모략에 속아 공손연이 비밀을 누설했다고 믿고 화가 나서 그를 국외로 추방해 버렸다.

공손연으로서는 예기치 않은 재앙인 셈이었다. 감무도 역시 공손연에게 아무런 원한도 없었지만 자기 보신(保身)을 위하여 공손연을 모함하여 희생시킨 것이다.

공손연이 억울한 처지보다 더 유명한 예로는 손빈(孫臏)과 한비자(韓非子)의 비극이 있다.

손빈은 전국시대에 제(齊)나라의 군사(軍師)로서 활약한 인물이다. 손빈은 젊은 시절에 방연(龐涓)이라는 사람과 함께 병법을 배웠다.

방연은 재빨리 위(魏)나라 혜왕에게로 가서 장군이 되었다. 그러나 방연은 아무리 생각해 봐도 손빈을 따라갈 수 없을 것 같았다. 그래서 계책을 세웠다. 그는 손빈에게 벼슬을 준다고 유혹하여 위나라로 오게 했다. 그리고는 없는 죄를 뒤집어씌워 두 다리를 자르고 얼굴에는 자자(刺字)까지 하는 벌을 받게 만들었다. 그렇게 하면 손빈이 세상에 나와 자기 재능을 발휘하지 못할 것이라고 생각했기 때문이다.

그러나 손빈은 그 후에 재능이 인정되어 제(齊)나라 군사(軍師)로 등용되었다. 그는 형벌을 받은 자신의 모습을 숨기기 위해 포장을 친 마차 속에서 작전 지휘를 할 수밖에 없었다.

손빈보다 더욱 비참한 경우가 된 사람들은 한비자였다.

한비자는 〈한비자〉를 저술했기 때문에 그 내용을 보고 감격한 진왕 정(政:후에 진시황제가 됨)의 초청을 받아 진나라로 갔다. 한비자를 만나 본 진왕 정은 그의 사상에 완전히 매료되었다. 그런데 전에 스승인 순자(荀子) 밑에서 함께 공부한 이사(李斯)는 이미 진왕 정에게 중용(重用)되어 진나라 정치에 깊이 간여하고 있었다.

이사는 한비자의 재능을 잘 알고 있었다. 따라서 한비자가 기용되면 자기 지위가 불안해질 것으로 생각하고 진왕 정에게 이렇게 진언했다.

"한비자는 어쨌든 간에 한(韓)나라의 공자(公子:왕자)입니다. 누구나 자기 나라를 위하여 노력하는 것이 인간의 상정(常情)입니다. 그러므로 그는 기용되면 진나라를 위하기보다는 한나라를 위하여 일할 것입니다. 그렇다고 해서 그대로 한나라로 돌아가게 하면 우리나라의 내정(內情)을 한나라에 알리는 결과가 됩니다. 그가 우리나라에 있는 동안에 처치해 버려야 한다고 생각합니다."

이사의 진언을 듣고 진왕 정은 한비자를 옥에 가두었다. 옥에 갇힌 한비자는 자기의 억울함을 진왕 정에게 호소하려고 했지만 그를 만날 수가 없었다. 결국 한비자는 이사가 보낸 독약을 마시고 목숨을 끊었다.

이와 같이 한비자는 이사에게 아무런 원한을 산 일도 없는데도 억울하게 모함을 받아 목숨을 잃고 만 것이다.

손빈과 한비자는 운이 나빴다. 그러나 그들을 일방적으로 동정하기 위해 방연이나 이사를 무조건 나쁜 사람이라고 낙인 찍는다는 것은 어쩐지 석연치 않은 일이다. 확실히 두 사람이 한 짓은 나쁜 짓이었다. 그러나 현실적으로는 이와 같은 경우가 얼마든지 일어나고 있다. 누구나 그들과 같은 입장이나 같은 상황에 놓인다면 그들과 같은 행동을 취하기 쉽다. 그것이 인간이 지닌 성정(性情)이라고 일단 생각해야 한다.

그처럼 인간은 자신을 방어하기 위하여 또는 자신의 출세 영달을 위하여 남을 모함하고 제거하고 싶은 충동에 사로잡히며, 또 대부분의 사람들이 그렇게 행동하는 것이다. 그것은 옛날이나 지금이나 변함이 없다. 따라서 자기의 올바른 행동만 믿고 상대방도 그렇게 해 줄 것이라고 낙관했다가는 크게 판단을 그르치는 결과를 가져오는 경우가 허다하다.

중국에서는 옛날부터 정쟁(政爭)이 심했다. 동료나 경쟁자끼리의 모함도 치열했다. 이와 같은 전통은 지금까지도 이어져 오고 있다.

최근에는 이런 일이 있었다. 어떤 외국인 여행자가 귀국할 때 잔돈(중국 화폐)이 남아 있었기 때문에 그것을 A라는 중국인 통역에게 사례로 주었다. 금액은 우리나라 돈으로 4만 원 정도였다. 그 돈은 그 통역이 받는 월급에는 미치지 못하지만 중국인으로서는 상당한 액수였다.

그런데 그 외국인이 반년 후에 다시 중국을 여행하게 되었을 때, 그 같은 이야기를 B라는 통역에게 말하고 말았다.

"반년 전에 왔을 때 A에게 돈을 주고 갔는데 고맙다는 편지 한 장 해 주지 않더군요. 매정한 사람입니다."

그런 식으로 이야기를 했다. 외국인의 이야기를 들은 통역 B씨는 그 사실을 여행사의 윗사람에게 고자질했고, 그것이 원인이 되어 통역 A씨는 1년간 정직 처분을 받았다고 한다.

그런 경우는 다른 나라에서도 있을 수 있는 이야기지만 중국 사회에서는 옛날부터 그런 일이 유별나게 심했다. 그런 환경 속에서 살아남기 위해서 그들은 특별히 신중한 처세술을 몸에 익혔는지도 모른다.

송(宋)나라 시대에 두연(杜衍)이라는 재상이 있었다. 그는 후배 한 사람이 현(縣)의 장관에 임명되었을 때 이런 충고를 했다.

"자네의 기량(器量)은 현의 장관으로는 아까운 재능이라고 나는 생각한다. 그러나 그 재능을 속에 감추고 되도록 밖으로 나타내지 않도록 조심해야 한다. 그리고 주위 사람들과의 협조를 원만하게 하여 반발이 생기지 않도록 해야 한다. 그렇게 하지 않으면 모든 일이 원만하게 이루어지지 않을 것이며, 어쩌면 큰 화를 입게 될지도 모른다."

또 두연은 젊은 후배들에게도 이렇게 주의를 주었다.

"벼슬을 하면 청렴해야 함은 물론 행동에 신중을 기해야 한다. 그리고 자기 존재를 과시하려고 하면 안 된다. 두드러지게 돋보이려고 하면 동년배의 질투를 사서 여러 가지 중상모략을 받게 된다. 윗자리에 있는 사람일지라도 모든 사람을 꿰뚫어 보는 능력이 있다고 보장할 수 없다. 그러므로 초조하게 생각하지 말고 불언실행(不言實行)을 신조로 자기 자신에게 충실하게만 한다면 모략은 받지 않을 것이다."

이처럼 중국인들은 옛날부터 자기를 내세우거나 또 자기를 내세우지 않더라도 유능하다고 인정되면 반드시 동료나 경쟁자로부터 모략을 받아 화를 입었기 때문에 그것을 경계하고 있다.

〈사기(史記)〉에도 노자(老子)가 젊은 공자(孔子)에게 한 말이 기록되어 있다.

"양고(良賈)가 상품을 깊이 숨겨 두고 없는 것처럼 가장하듯이, 군자는 성덕(性德)이 있어도 용모는 어리석은 것처럼 보여야 한다."

「양고」란 장사를 잘 하는 사람이라는 뜻이고 「성덕」이란 높고 훌륭한 덕이라는 뜻이다. 따라서 이 말은 자기의 재능을 경망스럽게 자랑하지 말라는 뜻이다. 원한을 사지 않고, 남의 눈에 두드러지게 보이지도 않으면서 냉엄한 경쟁사회를 살아가기란 결코 쉬운 일이 아니다.

현대 산업사회는 능력사회, 자기 PR 시대라고 하여 누구나 자기를 내세우고 자기 능력을 과시하려고 한다. 아와 같은 오늘의 사회에서도 어느 집단을 막론하고, 그 이면에는 능력 있는 사람을 시기하고 질투하는 사람들이 도사리고 있다.

그러므로 우리는 이 중국인들의 습관처럼 처신을 신중히 하고 때에 따라서는 겸양의 미덕도 발휘해야 할 것이다.

11. 2세는 허약하다

요즘은 아이들 교육에 어머니가 극성이다. 초등학교에서 중학교·고등학교·대학 입학 시험장에까지 치맛바람을 일으키는 어머니들의 극성은 우리가 익히 알고 있는 사실이다. 아버지들은 자녀교육에 관한한 도저히 어머니들을 따라가지 못한다. 적어도 겉으로 보기에는 그렇다.

그러나 아버지들도 자녀의 교육에, 그리고 자녀의 장래에 무관심한 것은 결코 아니다. 어쩌면 마음속으로는 어머니보다 더 걱정하고 고민하고 있을지도 모른다. 그러면서도 아버지들은 겉으로 나타내지 않으며 이래라, 저래라 하고 잔소리를 많이 하지 않을 뿐이다.

이런 아버지들의 태도는 공자(孔子)가 살아 있던 옛날에도 마찬가지였다.

공자에게는 백어(伯魚)라는 아들이 있었다. 어느 날 백어에게 진항(陣亢)이라는 공자의 제자가 이렇게 물었다.

"선생님께서 특별히 가르치는 것이 있겠지요?"

그러나 백어의 대답은 이러했다.

"아버지께서 나에게 특별히 가르쳐 주신 것은 없습니다. 언젠가 아버지께서 혼자 당상(堂上)에 서 계실 때 내가 뜰을 지나가자 붉러 세우더니 '시(詩)를 공부했느냐'하고 말을 걸어오셨습니다. '아직 하지 않았습니다'하고 대답했더니 '시를 읽지 않으면 표현력이 향상되지 않는다'라고 깨우쳐 주셨습니다. 나는 그 뒤부터 시를 공부했습니다. 그 후에 또 한 번 아버지께서 당상에 혼자 서 계실 때 내가 그 앞을 지나가게 되었습니다. 그러자 이번에는 '예(禮)를 공부했느냐'하고 물으셨습니다. '아직 하지 않았습니다'하고 대답하자 '예를 공부하지 않으면 사회에서 사람들과 사귀고 대할 때 곤란을 겪게 된다'고 말씀하셨습니다. 그 후에 나는 예를 공부했습니다. 내가 아버지에게서 받은 특별한 교육이란 이 두 마디뿐입니다."

공자 역시 자기 아들에 대한 교육은 그런 정도였다. 당시에 「시(詩)」라는 것은 응대(應待)의 기본이며 「예(禮)」란 사회 생활의 규범이었기 때문에, 이 두 가지를 마스터하지 않으면 완전한 사회인으로 인정받지 못했다. 공자는 제자들에게도 이 두 가지 과목을 중점적으로 가르쳤다.

진항은 백어의 대답을 듣고 이렇게 말했다.

"하나를 질문하여 3가지 수확을 얻었다. 왜 시가 중요한가, 왜 예가 필요한가를 알았다. 그리고 군자는 자기가 직접 자기 아들을 교육하지 않는다는 것도 알았다."

공자가 뜰에서 자기 아들 백어에게 말한 것을 「정훈(庭訓)」이라고 한다.

이 「정훈」에서 공자는 「시란 무엇인가?」, 「예란 무엇인가?」에 대해서는 전혀 설명하지 않고 있다. 오직 그것의 필요성에 대해서만 말했을 뿐이다. 그것은 극히 초보적이고 기본적인 충고에 지나지 않는다.

군자(君子)는 왜 자기 아들을 가르치려고 하지 않았을까?

그것에 대해서 공자는 전혀 말하지 않고 있지만 모든 일에 이론적인 맹자(孟子)는 제자인 공손축(公孫丑)으로부터,

"군자는 직접 자기 자식을 가르치지 않는데 그 이유는 무엇입니까?"

라는 질문을 받고 이렇게 대답했다.

"자연히 그렇게 되는 것이다. 교육하는 쪽에서는 아이를 올바른 인간으로 만들고 싶어한다. 그러나 상대가 열심히 공부하지 않으면 화가 난다. 화가 나면 결국 아이에게 상처를 입힌다. 아이 쪽에서도 '아버지는 나에게 올바른 인간이 되라고 하면서 당신 역시 올바른 일을 하지 못하지 않은가'라고 생각하게 된다. 그렇게 되면 아버지와 아들이 서로 상처를 입게 된다. 서로 상처를 입으면 결과가 좋지 않다. 옛날에는 자기 아들과 상대방의 아들을 서로 바꾸어 가르쳤다. 아버지와 아들 사이에서 서로 선(善)을 강요하는 것은 좋지 않다. 선을 강조하면 사이가 나빠지기 때문이다. 아버지와 아들 사이가 나빠진다는 것처럼 불행한 일은 없다."

억지로 이론에 맞춘 것 같은 거부감을 느끼게 되지만, 맹자의 이 말을 읽고 수긍하는 사람도 많을 것이다.

어쨌든 아버지가 아들을 가르친다는 것은 상상하는 것 이상으로 어려운 일이다.

우리나라에서도 이젠 6·25 동란으로 인해 폐허가 된 시대에 주린 배를 움켜쥐고 회사를 일으킨 창업자들은 이미 거의 모두 사망했다. 따라서 그들의 2세가 사업을 계승하는 이행기(移行期)에 접어든 지 오래 되었다.

그렇다면 그들 2세들은 어떤 사람들인가? 그들은 맨주먹으로 일어선 선대(先代)와는 달리 좋은 환경에서 자라나 공부도 많이 했고 어려운 경영이론도 익히고 있다. 그러나 양명학(陽明學)에서 말하는 「실제연마(實際練磨)」, 즉 실천 속에서 자신을 단련한 체험은 없다.

경영이 궁지에 몰렸을 때 어떻게 그것을 극복하느냐에 따라서 경영자의 진가(眞價)가 나타난다. 그렇지만 이들 2세들은 그런 면에서 앞날을 낙관할 수 없다.

그런 문제를 생각할 때 머리에 떠오르는 것은 조사(趙奢)와 조괄(趙括) 부자의 모습이다.

조사는 전국시대 조(趙)나라의 명장이었다. 큰 나라인 진(秦)의 침공을 받았을 때, 조사는 국세 징수관 자리에서 장군으로 발탁되어 알여(閼與)라는 곳에서 진나라 대군을 맞아 싸워 격파한 실적을 가지고 있다.

조사가 죽고 난 뒤에 조나라는 다시 진의 대군에게 공격을 받게 되었는데, 이 때 총사령관에 기용되어 진나라 군과 싸운 것이 다름 아닌 조사의 아들 조괄이이었다.

조괄은 어릴 때부터 병법을 공부했기에 이론적인 면에서는 누구도 따를 자가 없었다고 한다. 그러나 이 때 조괄의 기용을 반대하는 사람들이 많았다. 그 중에서 재상인 인상여(藺相如)는 이렇게 말하며 반대했다.

"거문고를 타는 이가 만일 안족(雁足)을 거문고 줄에 고정시켜 버린다면 천변만화(千變萬化)의 소리는 나지 않습니다. 조괄이 확실히 그 아버지의 병법을 계승받았다는 점에 대해서는 이의가 없습니다. 그렇지만 그것은 학문적인 것일 뿐 일단 실전에 임했을 때는 임기응변하는 지휘를 할 수 없을 것입니다."

조괄의 어머니(조사의 미망인)도 왕에게 상소를 올려 아들의 기용을 반대했다. 반대하는 이유는 이런 것이었다.

"저에게는 조사의 아내로서의 경험이 있습니다. 지난날 제 남편이 장군에 기용되었을 때는 조금도 교만하지 않았고, 왕으로부터 받은 은상(恩賞)을 모두 부하들에게 나누어 주었습니다. 그러나 제 아들인 괄(括)은 반대로 장군에 임명되어 열병을 할 때 오직 뽐낼 줄밖에 몰랐다고 합니다. 그리고 왕께서 하사하신 금화도 모두 자기 혼자 가졌고, 그것으로 토지와 가옥을 마구 사들이고 있습니다. 이런 저의 아들이 어찌 아비의 뒤를 계승할 수 있겠습니까? 바라옵건대 장군으로 기용하시는 것을 거두어 주시면 고맙겠습니다."

그러나 조나라 왕은 그 같은 강력한 반대를 무시하고 조괄에게 전군의 지휘를 맡겼다. 결과는 명약관화했다. 장평(長平)으로 진격하여 진나라 군대와 싸웠지만 상대방의 작전을 감당하지 못하고 자멸했다. 이 싸움에서 조괄은 전사했고, 수십만 명이나 되는 조나라 근대는 완전히 궤멸당하고 말았다. 보기에도 딱한 비참한 패배였다.

조괄의 아버지 조사는 생전에 이미 이와 같은 사태가 발생하리라는 것을 예견했던 모양이다. 그것과 관련된 이야기로 다음과 같은 내용이 전해져 오고 있다.

조괄이 젊었을 때 아버지 조사와 함께 병법에 관해서 논쟁한 적이 있었다. 그 때에도 이론적인 면에서는 아들 조괄이 우세한 형편이었디. 그러나 조사는 아무리 아들의 이론이 옳더라도 동의하지 않았다.

그의 아내가 이유를 묻자 조사는 이렇게 말했다.

"전쟁은 바로 죽음이다. 그럼에도 불구하고 괄은 그것을 쉽게 말로만 이야기한다. 조나라가 만일 괄을 장군으로 임명한다면 조나라 군대는 반드시 파멸당한다."

조사는 입으로만 말하는 병법은 실전에서는 통용되지 않는다고 아내에게 말한 것이다.

병법뿐만이 아니다. 경영에서도 실전 경험이나 노하우는 가르쳐 준다고 해서 체득할 수 있는 것이 아니다. 자기가 직접 현장에서 체험함으로써 비로소 체득되는 것이다.

명장이던 조사 역시 아들의 장래를 예측하지 못한 것은 아니었지만 어쩔 수가 없었던 것이다.

조사와는 다른 의미에서 2세의 어리석음을 나타낸 것이 〈삼국지(三國志)〉의 제갈각(諸葛恪)이다. 제갈각은 제갈공명의 형인 제갈근(諸葛瑾)의 아들이었다.

〈삼국지〉에서 「제갈」씨라고 하면 제갈양, 즉 공명의 활약이 유명하지만 제갈양의 형 제갈근 역시 만만치 않은 인물이었다. 제갈근은 오(吳)나라의 손권(孫權)에게 중용되고 있었다.

제갈근은 동생 제갈양과 같은 낭사군(琅邪郡) 출신이었지만 전란을 피해 남쪽 오나라로 갔고, 거기서 추천을 받아 손권 밑에서 일을 했다. 그리고 사심 없이 열심히 일하여 손권의 신뢰를 얻었으며, 마지막에서는 손권 다음가는 2인자의 요직에까지 올랐다.

이 제갈근에 대한 인물 평가로서 "재략(才略)은 동생에게 미치지 못하지만 덕행(德行)은 훨씬 높다"라는 말이 있듯이 능력보다는 사람됨이 훌륭한 인물이었다.

이 제갈근의 아들이 각(恪)이었다.

각은 온후한 아버지와는 달리 어릴 때부터 재기가 넘치는 아이였던 모양이다. 제갈각에 대한 다음과 같은 이야기가 전해져 오고 있다.

어느 날 손권이 소년 제갈각에게 이렇게 물었다.

"그대의 아버지와 숙부와는 어느 쪽이 현명한 사람이라고 생각하는가?"

숙부란 말할 것도 없이 유비 밑에 있는 제갈양을 가리킨 것이다. 그 때 각은 스스럼없이 대답했다.

"물론 저의 아버지 쪽입니다."

"음, 그래? 왜 그렇게 생각하느냐?"

"네, 아버님은 뫼시어야 할 상대를 알고 계십니다. 그러나 그 점에 있어서 숙부님은 장님과 같습니다."

각의 이 맹랑한 대답을 들은 손권은 크게 기뻐했다. 어른의 재기(才氣)를 능가하는 대답이 아닐 수 없다.

제갈각은 이와 같은 재기 때문에 손권의 신뢰를 받아 성인이 된 뒤에도 순탄하게 출세를 해 나갔다. 그러나 제갈각은 재기발랄한 사람에게서 흔히 발견되는 결점도 많이 가지고 있었던 모양이다.

오나라의 장로(長老)격인 육손(陸遜)이라는 인물이 제갈각에게 이런 충고를 했다고 한다.

"지금 너를 보니 그 기(氣)는 윗사람을 능가하고, 의(意)는 아랫사람을 멸시하고 있다. 그것은 덕(德)을 소홀히 생각하기 때문이다."

자기 재능을 코에 걸고 윗사람을 무시하고 아랫사람을 짓밟는 경향이 있다는 장로의 충고였다. 고생을 모르고 자랐기 때문에 남의 눈치나 사정을 모르는 어린애 같은 풋내기라고 생각하며 한 말이다.

제갈각은 손권이 죽자 그의 유언에 따라 오나라의 전권을 쥐었다.

전권을 쥔 제갈각은 하나하나 인기에 영합하는 정책을 실시하여 잠시 동안은 득의양양했다. 그러나 그런 일이 오래 지속될 리는 없다. 결국 그는 실정(失政)의 책임을 지고 정적(政敵)에 의하여 참살당했다. 전권을 쥔 지 불과 1년 반 뒤의 일이었다.

그러면 이런 제갈각을 그의 아버지 제갈근은 어떻게 보고 있었는가?

제갈각이 한창 재기발랄한 모습을 보여 주던 소년시절의 일이었다. 그런 아들을 보고 제갈근은 이렇게 한탄했다.

"얼마 못 가 저 아이는 우리 집안을 망치게 될 것이다. 나는 항상 그것이 근심스럽다."

자기 아들이 가문을 망칠 것이라고 예언한 것이다. 그리고 각이 성인이 되어 출세가도를 달릴 때도 역시 괴로운 표정으로,

"각은 우리 가문을 흥하게 하지 못하고 오히려 우리 집안을 멸망시키려고 한다."

라고 말했다. 아들이 출세 가도를 달리는 것을 보고 좋아하기는 고사하고, 그 아들이 집안을 망칠 것이라고 괴로워한 셈이다. 제갈근은 정확하게 아들의 말로를 내다보고 있었던 것이다.

'아들을 아는 것은 아버지를 따를 사람이 없다'는 말이 있다. 그러나 잘 알면서도 어쩔 수 없다는 데 아버지의 슬픔이 있는지도

모른다.

조괄과 제갈각은 어떤 의미에서 보면 뛰어난 재능을 타고 났으면서도 2세의 유약성(柔弱性)을 노출시키고 자멸했다. 그 원인을 구태여 말한다면 인간학(人間學)이 미숙했기 때문이다. 또한 자식들의 결점을 커버하는데 있어서 이들 두 사람의 아버지는 완전히 무력했다.

이런 약점을 커버하기 위하여 〈삼국지〉의 유비는 자기 뒤를 계승할 유선(劉禪)의 보좌역으로 제갈양이라는 명재상을 남겨 놓고 있다. 이런 조치는 무척이나 현명한 대비였다고 할 수 있다.

유선은 바보라고 하면 너무 지나친 표현이 되겠지만 어쨌든 범상(凡常)한 인물이었다고 한다. 그가 제위 44년 만에 나라를 망치고 자기 신병을 위나라에 위탁했을 때 이런 일이 있었다.

위나라의 실권자 사마소(司馬昭)가 어느 날 유선을 위해 연회를 베풀고 무용수에게 촉(蜀)나라 춤을 추게 했다. 유선과 함께 있던 촉나라 신하들은 그 춤을 보고 망국의 슬픔을 억제하지 못하고 모두 침울해하고 있었는데, 유선만은 기분이 좋아 들떠서 떠들어 댔다. 그것을 보고 난 사마소까지 기가 막혀서 옆에 있던 측근에게 이렇게 속삭였다.

"유선이 저 정도의 인물인 줄은 몰랐다. 정말 기가 막힌다. 저런 사람이라면 제갈양이 살아 있었던들 어찌 촉나라가 망하지 않고 유지될 수 있겠는가!"

유선은 자기 나라를 멸망시킨 위나라에 볼모와 다름없이 와 있으면서도 책임을 통감하지 못하고 개인의 즐거움을 우선하는 그런 인물이었던 모양이다.

아버지인 유비는 죽을 때 재상인 제갈양을 불러 놓고,

"만일 유선을 보좌하여 나라를 잘 다스릴 수 있다고 생각되면 그로 하여금 내 뒤를 잇게 하고, 그럴 수 있는 기량이 없다고 생각되거든 그대가 유선 대신에 제위(帝位)에 오르도록 하시오."
라고 말했다.

물론 유비는 그렇게 말해도 제갈양이 유선을 밀어내고 제위에 오를 인물이 아니라는 것을 잘 알고 있었을 것이다.

그 후에 죽음이 임박하자 유비는 아들들에게 다음과 같은 유언을 남겼다.

"내가 죽은 뒤 너희 형제는 승상(丞相:제갈양)을 아버지처럼 생각하고 받들어야 한다. 잘 알겠느냐, 무슨 일이든 승상의 가르침대로 따라야 한다."

그처럼 제갈양에 대한 유비의 선견지명은 정확했다.

제갈양은 오장원(五丈原)의 진중(陣中)에서 죽는 순간까지 2세인 유선을 받들어 그야말로 분골쇄신했다. 유선도 국정의 실권을 모두 제갈양에게 주었다고 한다.

그랬기 때문에 제갈양이 살아 있는 동안에는 국정이 조금도 흐트러지지 않았다. 유선이 어리석은 본성을 발휘하여 자기 나라를 멸망시킨 것은 제갈양이 죽은 뒤였다. 제갈양을 어리석은 아들의 보좌역으로 선임한 것은 잘한 일이었지만, 제갈양이 죽은 이후까지는 유비도 생각하지 못했는지도 모른다.

조괄·제갈각·유선의 경우에 보는 것처럼 2세는 지나치게 영리해도 안 되며 그렇다고 하여 지나치게 범상(凡常)해도 곤란하다.

이 원리는 현대 경영에서도 적용된다. 오늘날 많은 기업들이 후계자 선정에 고심하고 있다고 한다. 그러나 기업의 2세가 조괄과 제갈각처럼 영리하고 재기발랄하다고 해서 안심할 수 있는 것은 아니다. 그리고 경영 이론이나, 선진국의 경영을 모방할 줄 안다고 해서 되는 것도 아니다. 특히 유선과 같이 지나치게 범상해서는 더욱 어렵다.

유비가 제갈양을 2세의 참모로 지명했듯이 유능한 참모가 있으면 되지 않겠느냐고 생각할지도 모른다. 그렇지만, 오늘날의 유능한 참모들은 제갈양처럼 희생적이고 충성일변도의 참모 역할에 만족하지 않는다. 따라서 가장 안전한 참모를 구하는 방법은 기업을 공개하여 유능한 인재를 많이 양성하고, 그에게 경영을 맡기는 일이 가장 최선의 방법이라고 생각된다.

12. 맹렬한 여성들의 도전

"기업 경영자들이 마르스(화성)형에서 비너스(금성)형으로 바뀌고 있다."

〈파이낸셜 타임스〉 칼럼니스트 리처드 톰킨스는 최근 기업의 조직 변화를 이렇게 분석했다. 로마신화에서 마르스는 남성적인 군사의 신, 비너스는 여성적인 미의 신이다. 지식사회라 불리는 미래 사회에선 명령·복종·위계 등 무뚝뚝한 「남성성」보다 보살핌·개방성·타인의 감정 이해 등 상호 존중과 조화를 추구하는 「여성성」이 경쟁력이라는 의미다.

여성성의 발현은 남자가 여성화되거나 경영자가 반드시 여성이어야 함을 뜻하는 것은 아니다. 여성과 남성을 대립적으로 보자는 것도 아니다. "나를 따르거나 아니면 죽어라!"라는 식의 남성적 방식보다 남성성과 여성성을 고루 갖춘 리더십이 필요하며, 그렇게 해야 생산성을 높이고 인재를 끌어들일 수 있다는 얘기다. 갈수록 다양화·세분화되어 가는 우리 사회 흐름에 맞춰 기업들이 달라지고 있다.

오늘날의 여성들은 옛날에 비해서 확실히 강해졌다. 서양의 남녀 평등사상이 밀려들어오는 것과 함께 여성들의 지위가 높아지면서 이제는 우리나라의 여권 신장도 상당한 수준이 이르렀다.

최근의 여성들은 확실히 옛날보다 물질적·정신적인 면에서 여러 가지 질곡(桎梏)으로부터 해방되어 여유 있는 생활, 남녀 평등의 생활을 즐기기 시작하고 있다. 축하해야 할 일이 아닐 수 없다.

그러나 우리나라 여성들은 중국의 여성들과 비교해 볼 때 아직도 여자다움을 많이 간직하고 있다. 또한, 역사적으로도 중국의 여성들이 훨씬 거세다. 우리나라에도 신라시대에 선덕여왕(善德女王)·진성여왕 등 여성이 나라를 다스린 일이 있지만, 중국에서는 측천무후(則天武后)를 비롯하여 하희(夏姬)·여후(呂后)·서태후(西太后) 등이 국가의 실권을 쥐고 정치를 마음대로 하여 남성들을 꼼짝 못하게 했다. 그리고 우리나라의 선덕여왕은 어진 임금이었는데 비하여 중국의 이 맹렬 여성들은 어질고 착한 것과는 거리가 먼, 악녀(惡女)에 가까운 무서운 여성들이었다.

그 같은 상황은 현대에 와서도 마찬가지이다. 우리나라 여성들은 아무리 여권이 신장되고 남녀 평등 사상이 보편화되었다고는 해도 여전히 여자다운 우아하고 아름다운 면을 지니고 있다. 그것과는 반대로 중국의 여성들은 맹렬하고 거세다.

현대의 중국어에 「리이하이(濾害)」라는 말이 있다. 중국어 사전에는 「격렬하다, 지독하다, 강하다」 등으로 풀이되어 있다. 격렬하기 때문에 손을 쓸 수 없다, 방치해 두면 무슨 일을 저지를지 모른다는 뉘앙스를 가진 말이다.

중국 여성의 강인함이란 바로 이 「리이하이」이다. 그리고 그런 면은 중국의 모든 여성들에게 있어서 공통된 특징인지도 모른다.

현재는 중국도 다른 공산국가들처럼 남녀 평등을 내세우고 그것을 강조하고 있다. 물론 여성의 노동력을 착취하기 위한 수단으로 내거는 것이 공산주의 사회에서 떠드는 남녀 평등이지만, 그런 현실 속에서 남자들과 꼭같이 노동을 하고, 활동을 해야 하기 때문에 여성들이 더욱 거세졌을 수도 있다.

그러나 옛날의 중국 여성들은 오늘날의 중국 여성들과는 정반대로 독립된 인격체로 인정받지 못했으며, 사회적 지위 또한 제로에 가까웠다.

수십 년 전까지 우리나라에서 부덕(婦德)의 극치로 신봉되어 왔던 「삼종(三從)의 미덕(美德)」이라는 것도 옛날 중국의 유교 사상에서 전파되어 온 것이다.

「부인(婦人)에게는 세 가지 복종(三從)의 의무가 있고 독립된 길은 없다. 즉, 시집가기 전에는 아버지의 뜻에 따르고, 시집간 뒤에는 남편의 뜻에 따라야 하며, 남편이 죽고 난 뒤에는 자식의 뜻에 따라야 한다.」

이와 같은 「삼종의 부덕」은 여성을 남성의 부속품으로 삼고 자립에의 길을 완전히 폐쇄시켜 놓았다. 그것을 강요한 것이 유교 사상이지만, 그 이면에는 남자들의 경계심이 작용한 것이 아닌가 생각된다.

「리이하이」한 여자들이 밖으로 나와 독립하여 날갯짓을 하도록 하면 무슨 일을 저지를지 모른다, 그녀들에게 권력을 건네 주면 큰일이 난다, 암탉이 울면 집안이 망한다, 새벽을 알리며 우는 것은 수탉이 할 일이다, 암탉이 넉살좋게 나서서 새벽을 알린다는 것은 ㄱ 집안을 망치는 원인이 된다. 옛날 중국의 남자들은 그렇게 말하며 여자들을 가정에 가두어 놓았던 것이다.

그 대신에 가정에서의 실권은 여자에게 주고 있다. 그것도 역시 남자들의 교활한 일면이라고 말할 수 있을지도 모른다.

그러나 남자들이 이렇게 단속을 하는 데도 불구하고 여자들은 대단한 활약을 했다. 가끔 남자들이 쌓아 놓은 두터운 벽을 돌파하고 바깥 세상으로 튀어나온 여성들이 나타나기도 했다. 그 때마다 남자들은 속수무책으로 여자가 일으키는 거센 회오리바람이 지나가기를 기다릴 수밖에 없었다.

중국 역사에서 그런 일이 있었던 것은 한두 번이 아니었다.

남자를 뒤에서 조종하여 파국으로 이끈 여성들은 고대 중국의 달기(妲己)를 비롯하여 서시(西施)·하희(夏姬) 등 무수히 많지만, 남자의 권리를 빼앗아 바깥 정치까지 좌우한 것은 여후(呂后)가 최초의 사례일 것이다.

여후는 한(漢) 고조(古祖) 유방의 부인이다. 유방이 일개 서민이었던 때부터 아내로 거느렸으므로 그녀는 유방의 「조강지처(糟糠之妻)」라고 말할 수 있다. 유방이 항우를 멸망시키고 황제가 되자 그녀는 황후가 되었고, 그녀가 낳은 영(盈)이라는 아들은 태자로 책봉되었다.

드디어 오랜 세월 동안 남편 유방과 함께 고난의 나날을 살아온 보람을 만끽하게 된 것이다. 그 이상 아무런 일도 일어나지 않았다면 여후도 역시 깊은 궁궐에서 황후로서의 위엄을 세우며 착한 할머니로 살다가 일생을 마쳤을지도 모른다.

그러나 유방은 만년에 척부인(戚夫人)이라는 미녀를 총애하여 그녀와의 사이에 여의(如意)라는 아들을 낳았다. 뿐만 아니라 척부인을 사랑한 나머지 영 대신에 여의를 태자로 세울 생각을 하게 되었다. 그것은 여후로서는 더없이 중대한 사건이었다. 자기가 낳은 아들 영이 태자 자리에서 쫓겨난다면 자기의 운명도 어떻게 될지 예측할 수 없었다. 그리고 척부인이란 젊은 계집과 그 아들 여의에게 힘들여서 세운 한제국(漢帝國)을 빼앗길 것을 생각하면 잠도 오지 않았다.

여후는 드디어 발벗고 나섰다. 그녀는 중신들을 동원하여 필사적으로 저지 공작을 펴 나갔다. 그 같은 그녀의 노력은 보람이 있어 태자를 교체하려는 유방의 생각을 번의시키는 데 성공했다.

여후는 태자를 바꾸는 공작을 저지하는 과정에서 권력의 자리가 얼마나 위험한 것인지를 실감했다. 그리고 그 사건은 그녀의 무서운 집념을 일깨워 준 원인이 되었다.

유방이 죽고 난 뒤 여후가 제일 먼저 들고 나온 것은 척부인에 대한 보복이었다. 여후는 우선 여의를 독살했다. 다음에는 척부인 차례였다.

기록에 의하면 여후의 척부인에 대한 복수는 인간으로서는 상상도 못할 잔인하고 처참한 것이었다.

「손발을 전단하고, 두 눈을 후벼내고, 귀머거리가 되게 귓속을 불로 지지고, 말 못하게 만드는 약을 먹인 뒤 변소에 가둬 두고 이름 지어 부르기를 사람돼지라고 했다.」

눈·귀 그리고 성대의 기능을 말살했지만 코의 기능은 그대로 두었다는 것이다. 변소에 넣어 지독한 냄새는 억지로 맡게 한 것이다.

이처럼 잔인하게 보복한 뒤에 여후는 혜제(惠帝:아들 영)를 불러 그 「사람돼지」를 보게 했다. 처음에는 혜제도 그것이 무엇인지 몰랐다.

여후가,

"저게 척부인이다."

하고 말한 순간 혜제는 울음을 터뜨렸다. 그 때의 충격으로 혜제는 1년 이상이나 병상에 눕고 말았다.

혜제는 여후에게 사자를 보내서 이런 말을 전하게 했다.

"그것은 인간이 할 수 있는 짓이 아닙니다. 나는 그런 짓을 한 사람의 아들로서 더 이상 천하를 다스리고 싶지 않습니다."

그 후 혜제는 정치는 돌보지 않고 주색에 빠져 스스로 자기 수명을 단축시키고 말았다.

남자들도 섬뜩하게 생각하고 절대로 하지 못할 잔인한 일을 태연히 했다는 점에서 여후라는 여자의 「라이하이」한 면이 엿보이기도 한다.

여후는 아들 혜제가 형식적으로나마 황제의 자리에 있는 동안에는 그래도 정치에 간여하지 않았다. 그러나 재위 7년 만에 혜제가 죽자, 여후는 이름뿐인 어린 황제를 세운 뒤 자신이 권력을 쥐고 마음대로 했다. 친정 일족을 요직에 등요하고 왕으로 봉하면서 여씨(呂氏)의 세력을 넓혀 갔다. 살아남은 중신들은 그녀의 권력 앞에서 맥을 추지 못했다.

왕릉(王陵)이라는 재상은 섣불리 여후의 명령에 반대하다가 쫓겨났고, 그 뒤를 이은 진평(陳平)은 고분고분 여후의 뜻을 받들었다. 그리고 괴로움을 술로 달랬다.

여후의 전횡(專橫)은 그녀가 죽을 때까지 10년 가까이 계속되었다. 그러나 그녀가 일으키는 회오리바람은 조정 안에 한정되었기 때문에 백성들의 생활에는 별다른 영향이 없었다.

그 점이 강청(江靑) 같은 여자가 설친 것과는 다른 점이며, 그렇기 때문에 한제국(漢帝國)은 유지될 수 있었던 것이다.

여후는 권력을 쥐고 흔들었지만 끝까지 황태후의 자리를 스스로 지켰다. 그 벽을 한 겹 더 부수고 나온 것이 당(唐)나라의 측천무후(則天武后)였다. 측천무후에게는 여후보다 한층 더 「라이하이」한 면이 있었던 모양이다.

그녀가 당나라 제2대인 태종(太宗)의 후궁이 된 것은 겨우 14세 때였다. 당시의 신분은 「재인(才人:후궁의 여관)」이었다고 하니 별로 높지 않았다.

그 무렵의 이야기로 다음과 같은 일화가 전해지고 있다. 이 이야기는 뒤에 그녀가 직접 말한 것이라고 하니 사실임에 틀림없다.

당시 태종은 사사총(師士聰)이라는 이름의 준마를 기르고 있었다. 이 말은 대단히 사나운 말이어서 길들이는 데 애를 먹고 있었다. 태종을 모시며 말을 길들이는 것을 구경하고 있던 그녀가 갑자기 앞으로 나서서 이렇게 말했다.

"제게 맡겨 주세요. 그리고 철편(鐵鞭:쇠로 만든 채찍과)과 철과(鐵楇)와 비수를 빌려 주세요. 우선 철편으로 실컷 때려 주겠어요, 그래도 말을 듣지 않으면 철과를 목에 씌워 찔리도록 하겠어요. 그렇게 해도 안 되면 비수로 목을 찔러 죽여 버리겠어요."

여자이면서 사나운 말을 길들이겠다고 나서는 것도 있을 수 없는 일인데 그처럼 지독한 짓까지 하겠다고 선언한 그녀의 「라이 하이」 한 모습이 눈에 보이는 듯 하다.

무후가 후궁으로 승격된 지 수 년 뒤에 태종이 죽었다. 당시의 관습으로는 후궁의 여자들은 모두 중이 되어 죽은 태종의 명복을 빌어야 했다. 그러나 무후는 운이 좋았다. 태종의 뒤를 이은 고종이 반해서 이번에는 고종의 후궁이 되어 다시금 사자 부활(死者復活)의 기회를 노리게 되었기 때문이다.

고종의 후궁이 된 그녀는 중이 될 운명에서 벗어난 셈이었다. 그러므로 그녀는 이번 기회는 절대로 놓치지 않겠다고 결심했을 것이다.

새 출발 때의 그녀의 신분은 「소의(昭儀)」였다. 태종 때의 「재인」보다는 훨씬 높은 신분이지만, 위로는 황후를 비롯하여 그녀보다 높은 지위의 측실이 많이 있었다. 황후의 자리를 노리면서 그들을 젖히고 올라서야 했다.

그 같은 목적을 달성하기 위해 그녀가 우선 해야 할 일은, 첫째 고종의 마음을 사로잡기 위하여 충실하고 부지런하게 시중을 드는 일이었다. 둘째는 여관(女官)들을 자기 편으로 만들기 위하여 멋있는 선물을 주어 매수하는 일이었다. 그렇게 하면서 무후는 자기 발판을 굳혀 나갔다. 무척이나 영리한 판단이었다.

그렇게 용의주도하게 공작을 한 결과 4년 후에는 황후를 밀어내고 드디어 자신이 황후의 자리에 앉게 되었다.

고종이라는 인물은 선대의 태종과 달리 범상(凡常)한 사람이었다. 그런데다 언제나 병약했다. 그는 무후를 황후로 맞고 난 뒤 30년 가까이 황제 자리를 지켰지만, 실권은 완전히 무후에게 빼앗기고 꼭두각시나 다름없는 황제 노릇을 했다.

물론 중신들 중에는 무후의 전권(全權)에 반대하는 사람도 있었다. 그러나 무후는 이들 반대하는 사람들을 교묘하고 대담한 방법으로 제거시켜 모든 신하들을 완전히 굴복시키고 말았다.

그녀는 자기 뜻에 거슬리는 사람이면 피를 나눈 자기 아들까지도 용서하지 않았다. 그녀는 자기 아들에게 자살을 강요하기도 하고, 퇴위(退位)를 강요하기도 했다. 마지막에는 마음에 들지 않는 아들에게 황제 자리를 맡길 수 없다고 생각하고 스스로 황제가 되고 말았다.

여자로서 황제의 자리에 오른 것은 오랜 중국에서도 이 측천무후 한 사람뿐이었다. 뿐만 아니라, 일개 「재인」에서 여황제(女皇帝)에 오르기까지의 어려운 일을 거의 혼자 힘으로 해냈다. 정말로 무섭게 「라이하이」한 여성이라고 말하지 않을 수 없다.

여후나 측천무후의 경우는 그들이 한 짓이 정상을 벗어난 것이었으며, 권력에 대한 집념으로 일관되었다. 때문에 그런 면에서는 그들의 행동을 이해할 수도 있다. 그러나 같은 짓을 했더라도 삼류 여성(三流女性)의 경우는 보기가 흉하다.

이 삼류 여성의 전형으로 진왕조(晉王朝)의 2대 황제인 혜제(惠帝)의 부인이 된 고비(賈妃)를 들 수 있다. 이 시대의 정사(正史)인 〈진서(晉書)〉에는 이 고비에 대해서,

「투기를 하고 권사(權詐)에 능하다」
「성품이 혹학(酷虐)하여 자기 손으로 직접 여러 사람을 죽였다」

라고 기록하고 있다. 「권사」란 계획적으로 속임수를 쓴다는 뜻이

며 「혹학」이란 혹독하고 포악하다는 뜻을 가진 말이다. 따라서, 이 〈진서〉의 기록에 의하면 고비는 여후나 무후에게 결코 뒤떨어지지 않는 맹렬하고 지독한 여성이었다.

여후는 기량이 뛰어난 여자였고, 측천무후는 굉장한 미인이었다. 그러나 이 고비는 기량면에서도 수준 이하였고, 생김새도 역시 추녀의 본보기와 같은 여성이었다.

그런 여자가 어떻게 해서 황제의 비로 간택되었는지 의심스럽다.

혜제가 아직 태자였을 때 태자비(太子妃) 간택을 하게 되었다고 한다. 그 때 후보로 지명된 여인이 둘이었다. 한 여인은 차기장군(車騎將軍) 고윤(賈允)의 딸 고비였고, 다른 여인은 정북대장(征北大將) 위관(衛瓘)의 딸이었다. 태자비 간택 기준에 의하여 은밀히 조사해 보니 위관의 딸은 「다섯 가지가 가(可)」였고 고비는 「다섯 가지가 불가(不可)」였다.

「다섯 가지의 가」란,

1. 현(賢:현명하다)
2. 다자(多子:아들을 많이 낳을 것이다)
3. 미(美:미인이다)
4. 장(長:키가 크다)
5. 백(白:살결이 백옥 같다)이다

「그리고 다섯 가지의 불가」란,

1. 투(妬:투기심이 있다)
2. 소자(小子:아들을 많이 낳지 못할 것이다)
3. 추(醜:추녀다)

4. 단(短:키가 작다)

5. 흑(黑:살결이 검고 거칠다)이었다.

두 여인의 성적이 이렇게 나왔으니 「다섯 가지 불가」 판정이
난 고비는 당연히 탈락되어야 했다.

그러나 고비의 어머니는 포기하지 않고 맹렬히 운동을 전개했다.
그녀는 수단 방법을 가리지 않고 딸을 황태자에게 시집보내기 위
하여 날뛰었다. 돈을 마구 뿌려 궁정 안의 사람들을 매수한 것이다.
이러한 그녀의 활동이 성공하여 추녀에 가까운 고비가 황태자비로
결정된 것이다. 그 때 고비의 나이는 15세, 황태자보다 2세 위였다.

고비를 맞아들인 혜제는 지능지수가 무척 낮았던 모양이다. 지능
지수가 낮은 남자를 영리한 여자가 깔아뭉개기는 쉬운 방법이다.
그녀는 남편을 손아귀에 넣고 마구 흔들었다. 특히 혜제가 황제가
된 뒤부터 그녀는 사나운 본성을 드러내어 궁중을 공포의 도가니
로 만들었다. 그녀는 보기 싫은 중신들을 차례로 죽였다. 이런 그
녀의 행동은 아무런 명분도 없는 제멋대로의 폭거나 다름없었다.
추녀(醜女)의 열등의식에서 나온 무분별한 복수극이라고 말할수밖
에 없는 난행을 그녀는 서슴지 않고 계속했다.

이 사나운 여자가 일으킨 태풍 때문에 진나라는 형편없이 약화
되어 멸망의 길을 재촉해 갔다.

중국에서는 이런 「리이하이」한 여성들이 벽을 무너뜨리고 밖
으로 뛰쳐나와 설치면 많은 사람들이 수난을 겪고 나라까지 멸망
했다. 그리하여 유교 사상은 여성들에게 오랜 세월동안 「삼종(三
從)의 굴레」를 씌워 놓았다.

그러나 여성들에게서 「삼종의 굴레」가 벗겨져 나간 오늘날에
는 남성과 대등한 입장에서 서로 존중하고 서로의 능력을 복돋우
면서 조화를 이루어 나가고 있다. 문명이 우리 인간의 의식을 완전
히 환골탈태(換骨奪胎)시켜 놓았기 때문이다.

이제는 여성이 대통령이 되고, 국회의원이 되고, 수상이 되고, 판
사가 되어도 옛날 중국의 여후나 측천무후나 고비와 같은 행동은
하지 않는다.

그리고 이제는 수탉도 변해서 새벽이 되어도 잘 울지 않는 놈이
많아졌다고 한다.

13. 정치가의 진실

　공자(孔子)가 자공(子貢)이라는 제자로부터,
　"지금 정치를 하는 사람들을 어떻게 보십니까?"
라는 질문을 받았다.
　그 질문에 대한 공자의 대답은 간단했다.
　"두소지인(斗筲之人)뿐이니 그들이 무엇을 하겠느냐?"
　두소(斗筲)란 한 말(一斗)들이 대나무 그릇이란 뜻을 가진 말이
다. 따라서 두소지인이란 도량 좁은 사람, 다시 말해서 그릇이 작
은 사람을 가리킨다. 공자는 당시에 정치를 하는 사람들은 하찮은
소인배들뿐이기 때문에 이야깃거리도 안 된다고 대답한 것이다.
　정치가들에 대한 이미지는 2천 5백 년 전이나 지금이나 별로 달
라지지 않은 모양이다.
　어떤 시대에나 정치의 세계에 「두소지인」들이 우글거린 것은
사실이지만 그렇지 않은 사람들도 있었다. 오직 그 수가 적었을 뿐
이다. 그리고 그 정치의 세계에서도 「악화가 양화를 구축한다」는
원칙이 살아 있었던 모양으로 언제나 「두소지인」의 존재만 두드
러졌던 것이다.
　공자가 탄식한 것처럼 중국의 역사에는 「두소지인」들이 압도
적으로 많았지만 뛰어나게 걸출한 위정자(爲政者)들도 적지 않았다.

그처럼 뛰어나게 걸출한 정치가들 중에서 몇 사람을 골라 그들이 위정자로서 어떤 점을 고심했고, 그들의 특징은 무엇이었는지를 살펴 보기로 한다.

공자는 정치에 뜻을 두었으나 결국 뜻을 펴지 못한 채 제1선에서 물러난 사람이다. 그렇기 때문에 같은 시대의 정치가에 대한 비판이 날카로웠는지도 모른다. 그랬던 그가 이상적인 정치가로 숭앙했던 사람이 주공단(周公旦)이었다.

주공단은 주왕조(周王朝)를 창건한 무왕(武王)의 동생이며, 조카인 성왕(成王)이 왕위에 오르자 그의 섭정이 되어 주왕조의 기초를 굳힌 인물이었다. 주왕조의 문물(文物)과 제도(制度)는 이 주공단에 의해서 확립되었다고 한다.

공자가 주공을 이상적인 정치가로 평가하는 것도 그와 같은 업적이 컸기 때문이다. 그러나 업적 이상으로 공자는 주공의 사람됨에 경복하고 있다. 주공이라는 사람은 많은 장점을 지니고 있었던 모양이다.

주공에 대한 이런 이야기가 전해오고 있다.

주공이 그 공적을 인정받아 노(魯)의 제후로 봉해졌다. 그러나 그는 성왕의 섭정을 해야 했기 때문에 도읍을 떠날 수 없다고 생각했다. 그래서 주공은 자기 대신 아들인 백금(伯禽)을 보내게 되었는데, 보낼 때 다음과 같은 훈계를 했다.

"나는 문왕의 아들인 무왕의 동생이며 지금 왕의 숙부이다. 그러나 나는 목욕을 할 때 세 번 그것을 중지해야 하고, 한 끼 식사를 하다가 세 번 수저를 놓고 일어서야 하며, 항상 일어나 선비를 기다리면서 천하의 어진 사람을 잃을까 걱정하고 있다. 네가 노나라로 가거든 겸허하게 처신하고 위세로써 교만하게 행동하지 말라."

식사를 하는 중에 사람이 방문했을 때는 식사가 끝날 때까지 기다리게 하는 것이 보통이다. 그러나 주공은 즉시 식사를 중지하고 만났으며, 그런 일이 식사를 하는 중에 세 번이나 있었다고 한다. 그리고 목욕을 하고 있을 때도 손님이 오면 즉시 중지하고 만났으며, 그런 일도 역시 목욕을 하는 동안 세 번이나 일어났다는 것이다.

이 고사에서「토포악발(吐哺握髮:먹던 음식을 뱉고 감던 머리를 쥔다)」이란 말이 생겨났다. 그런데 주공은 왜 그렇게 했을까. 주공은 자신이 '선비를 기다린다'고 말했듯이, 상대방으로부터 치세에 참고가 될 의견을 들을 수 있지 않을까, 또는 만나 보아 쓸모있는 사람이라면 즉시 등용하여 그 능력을 발휘해야겠다는 생각이 간절했기 때문이다.

주공의 이 같은 겸허함은 비단 위정자뿐만 아니라 윗자리에 있는 관리자(管理者)로서 반드시 갖추어야 할 조건이라고 생각된다.

중국의 역사책을 읽으면 몇만, 몇십만이라는 군대가 단 한 번의 싸움에 패하여 흔적도 없이 흐트러져 버리는 예가 자주 나온다. 조직체로서는 너무 허술하다.

그것은 중국인들은 본래 조직을 위한다든가 회사를 위한다는 방상이 극히 희박하기 때문이다. 집단으로서 움직이는 것을 무척 싫어하고 방치해 두면 개개인으로 돌아가 버린다. 그 대신에 개인이 되면 강해진다. 그런 점이 중국인의 특성이라고 말할 수 있다.

그러므로 중국의 위정자들은 옛날부터 어떻게든 하나하나 흩어지기 쉬운 국민을 하나로 뭉치게 하는 방법이 없을까 하는 문제로 고심해 왔다. 그런 상황 속에서 중국의 위정자들이 생각한 조직 관리(組織管理)의 요체는 「관용(寬容)」과 「사나움」의 균형을 어떻게 취해 나가느냐 하는 점이었다.

예를 들면 명군주(名君主)로 유명한 송(宋)나라의 태종(太宗)이.

"나라를 다스리는 길은 관용과 사나움의 중간을 취하는 데 있다."

라고 말한 것이 좋은 예라고 할 수 있다.

송나라 태종이 말한 이 「관용과 사나움의 중간을 취하는 정치」에 태종보다 먼저 관심을 보인 정치가로서 정(鄭)나라 재상인 자산(子産)을 들 수 있다.

자산은 공자보다 약간 선배에 해당되는 정치가로서 당시의 정나라는 나라로서의 굳은 기반을 굳히지 못하고 있었다. 북쪽의 진(晋)나라, 남쪽의 초(楚)나라라는 두 강대국의 압력을 받아 존립의 위기에 서 있었다. 그러나 자산이 재상에 등용된 뒤부터 국내 정치와 외교에 적절한 대책을 세워 시행했기 때문에 작은 나라이기는 하지만 국제사회에서 비중 있는 나라가 되었다.

정나라를 그렇게 만든 비결은 「관용」과 「사나움」의 균형이 잘 잡힌 정치를 한 것이었다.

20년이라는 오랜 세월 동안 재상으로 일한 뒤 병들어 눕게 된 자산은 자신의 후계자인 자대숙(子大叔)이라는 사람을 머리맡에 불러 놓고 이렇게 말했다.

"내가 죽으면 반드시 그대가 정치를 맡게 된다. 오직 유덕한 사람만이 너그러움(寬)으로 백성을 복종케 할 수 있다. 너그러움으로 다스리기 어려울 때는 사나움(猛)을 따를 수밖에 없다. 사나움은 불이며 그것은 뜨겁다. 백성들은 그것을 보고 두려워한다. 그러므로 불에 타 죽는 사람은 적다. 물은 유약하고 부드럽다. 그러므로 백성들은 그것을 두려워하지 않다가 물에 빠져 죽는 사람들이 많다. 그러니 그대는 다스리기 어려운 「관용」으로 백성을 다스리지 말라."

「관용」의 정치는 이상적인 정치 형태로 그것은 물(水)과 같다. 얼핏 보면 부드러운 것 같지만 오히려 그 물에 익사하는 사람들이 많다. 그것과는 반대로 「사나움(猛)」의 정치는 차선책(次善策)이지만 불(火)과 같은 것이기 때문에 국민들은 조심하며, 따라서 다치는 일이 적다. 그러니까 그대는 내 뒤를 이어 정치를 할 때 어려운 「관용」쪽으로 택하지 말고 무난한 「사나움」의 정치를 하는 것이 좋다는 내용의 유언이었다.

그러나 자대숙은 그 충고를 따르지 않았다. 「사나움」의 정치는 구속이 심한 엄격한 정치이다. 그러므로 보통 정치가들은 국민의 반발을 두려워하여 「관용」의 정치 쪽으로 기울기 쉽다.

자대숙 역시 예외는 아니었다. 그 결과 정나라는 얼마 못 가 치안이 혼란하게 되어 무력으로 진압하지 않을 수 없는 지경에 이르렀다. 그 때가 되어서야 자대숙은,

"내가 일찍 자산 선생의 말을 따랐더라면 이런 지경에 이르지는 않았을 것이다."

라면 탄식했다.

그 이야기를 두고 공자는 다음과 같이 말하고 있다.

"관용의 정치를 하면 백성들은 방만해진다. 방만해진 백성들을 채찍질할 수 있는 것은 사나움의 정치이다. 사나운 정치를 하면 백성들은 곧 위축된다. 백성들이 위축되면 관용을 베풀어야 한다. 관용으로 사나움을 구제하고, 사나움으로 관용을 구제한다. 정치에서는 이것을 조화롭게 행해야만 한다."

공자의 말은 「관용」과 「사나움」의 균형을 잘 취하면 정치는 잘 되어 나간다는 뜻을 가지고 있다. 그것은 또 간접적으로 자산의 정치를 칭송한 말이다.

윗자리에 있는 사람이 갖추어야 할 필요 조건 중의 하나로 「기쁨과 분노를 얼굴에 나타내지 않아야 한다」는 말이 있다. 윗자리에 있는 사람은 모든 일의 시작에서 끝까지 세심하게 신경을 쓰며, 조직의 움직임을 바라보고 있어야 한다. 따라서 한 순간도 편안할 틈이 없다. 그러면서 괴롭다든가, 힘이 든다는 것을 절대로 밖으로 나타내서는 안 된다. 언제나 담담한 태도로 사태에 대처해야 된다.

윗사람의 태도가 위력을 발휘하는 것은 조직이 위기에 몰렸을 때이다. 이 때 윗자리에 있는 사람이 당황해하거나 불안해하고 동요하는 빛을 얼굴이나 태도에 나타내면 무너지지 않을 조직도 무너져 버리는 수가 많다. 반대로 윗자리에 있는 사람이 어려운 국면을 태연하고 담담하게 대처한다면, 조직의 동요도 가라앉고 어려운 국면을 극복하는 데 반드시 도움이 될 것이다.

이것을 전형적으로 실천한 사람이 동진(東晋)의 사안(謝安)이라는 재상이었다.

동진은 지금의 남경(南京)에 도읍을 두었던 나라였다. 당시 황하

유역 북쪽에는 전진(前秦)이라는 이민족이 세운 국가가 세력을 확장하고 있었다. 동진은 그 압력을 전면으로 받아 존립마저 위협당하고 있었다.

드디어 중국 전토를 통일하겠다고 나선 전진은 서기 383년, 1백만이라는 대군을 동원하여 동진의 영내로 침입해 왔다. 맞서 싸운 동진의 군대는 겨우 8만 명으로 누가 보아도 열세였다. 1백만의 진나라 군대가 공격해 온다는 소문에 동진의 조야(朝野)가 모두 들끓었다.

그런 소식 속에서도 재상인 사안만이 침착한 태도로 일관했다.

선봉장군(先鋒將軍)에 임명된 사현(謝玄)이 지시를 받기 위해 재상 관저로 찾아갔을 때도 재상인 사안(謝安)은 평소와 다름없는 태도로,

"내가 이미 생각하고 있으니 차분하게 마음을 가다듬고 기다리시오."

라고만 말할 뿐 그 이상은 말하지 않았다.

할수없이 사현은 그대로 지휘본부로 돌아갔다. 그러나 걱정이 되지 않을 수 없었다. 이번에는 참모를 재상 사안에게 보내 지시를 청했다. 참모가 찾아갔을 때, 재상은 별장에 가서 친구들을 모아 놓고 연회를 벌이고 있었다. 참모로부터 그러한 소식을 들은 사현은 참지 못하고 별장으로 사안을 찾아갔다. 그러자 사안은 전쟁 이야기는 꺼내지 않고,

"장군의 바둑 실력이 나보다 강한데 지금 한 판 두어 볼까요. 내가 지면 이 별장을 장군께 주겠습니다."

라면서 바둑을 두자고 했다. 실제로는 사현의 바둑 실력이 뛰어났다. 그러나 그 바둑에서는 사현이 패했다. 무리가 아니었다. 사현의

머리 속은 바둑을 두면서도 전쟁에 관한 일로 가득 차 있었기 때문이다.

그 바둑에서 재상 사안의 침착한 대국이 사현 장군의 머리를 식히는 데 큰 효과를 나타냈다. 사현이 동진의 백만대군을 맞아 싸워 기적적으로 승리를 한 것이다. 이 전쟁을 중국 역사에서는 「비수(肥水)의 싸움」이라고 한다.

승리의 소식은 즉시 재상 관저로 전달되었다.

그 때도 사안은 손님과 바둑을 두고 있었다. 승전을 알리는 서장(書狀)을 훑어본 서안은 그것을 탁자 위에 던져 놓고 다시 아무런 일도 아니라는 듯이 바둑을 계속해서 두었다. 함께 바둑을 두던 손님이 궁금하여,

"무슨 보고입니까?"

하고 물었다. 그러자,

"젊은 장군이 적을 격파했다는군요."

하고 의례 있을 수 있는 일인 것처럼 가볍게 대답했다.

여기에서 보는 것처럼, 리더의 진가(眞價)가 발휘되는 것은 위기관리(危機管理)의 순간이다. 당황하지 않고, 떠들지 않고, 담담하게 위기를 극복한 동진의 사안도 그런 의미에서 명재상의 자격이 충분했다고 말할 수 있다.

14. 술

　동진(東晉) 왕조 때의 실력자 환온(桓溫) 밑에서 일한 참모로 맹가(孟嘉)라는 사람이 있었다. 이 맹가는 굉장한 애주가였던 모양이다.
　어느 날 환온이 이 맹가에게 다소 빈정대는 투로,
　"경은 술의 어디가 좋아서 그것을 즐기는가?"
하고 물었다. 그러자 맹가는 이렇게 대답했다.
　"공께서는 아직 술의 정취를 체득하지 못했을 따름입니다."
　당신은 아직 술의 정취(情趣)를 모르기 때문에 그런 질문을 하십니다, 라는 말이다. 맹가는 술 자체보다도 오히려 그 정취를 사랑했는지도 모른다. 그가 술을 마시는 방법은 「천천히 많이 마시되 흐트러지지 않는 것」 이었다고 한다.
　중국에는 옛날부터 미주(美酒)가 많았다. 그리고 지방에 따라 그 지방에서 자랑하는 술이 있었다. 요즘에는 우리나라에도 서양의 와인이나 위스키 종류가 많이 들어와서 그 술들이 세계 제일이라고 생각하고 있지만 술은 옛날부터 중국의 술이 으뜸이었다. 중국 요리가 다양하고 유명하듯이, 중국에서는 옛날부터 수많은 술이 지방마다 특색있게 개발되어 있었다.
　인생은 짧고, 그 짧은 인생 역시 살아가기가 힘들다. 걱정 근심에서 해방되어, 즐거운 한때를 보내기 위해서도 술은 필요했다. 술 없는 인생은 삭막하다. 〈삼국지〉의 조조(曹操)도 「단행가(短行歌)」라는 시에서 다음과 같이 노래하고 있다.

술을 대하고 노래를 부른다.
인생이란 무엇인가
그것은 아침 이슬과 같은 것
지난날엔 고생도 많았네
슬픔을 당하여 한탄하고
조용히 생각하면 떠오르는 일들
무엇으로 그 우수를 풀까
오직 두강(杜康)으로 달랠 수밖에

「두강」이란 술의 별칭이다. 조조와 같은 영웅도 술을 마심으로 써 인생의 우수를 풀었던 것이다.

이와 같이 인생에는 술이 따른다고 할 수 있지만 지나치게 마셔서 추태를 보이고 남에게 피해를 끼친다면 사회인으로서는 실격이다.

공자(孔子) 같은 사람도 술을 좋아했지만 흥겨운 나머지 도를 지나치는 정도의 음주는 하지 않았다.

〈논어(論語)〉의 「향당편(鄕黨篇)」에는 공자가 실천한 예의범절을 소개하고 있는데 공자의 술 마시는 법도를 이렇게 기록하고 있다.

「고기는 아무리 많아도 밥의 분량을 넘지 않았고, 주량(酒量)은 일정치 않았지만 정신이 어지러워질 지경까지 마시지는 않았다」

공자는 술을 많이 마실 수 있는 주량이었지만 정신을 잃을 정도로 마시지 않았다고 한다. 기분이 좋다고 해서 많이 마시지 않았고, 기분이 나쁘다고 해서 많이 마시지 않았으며, 항상 맑은 정신으로 술을 즐겼다는 것이다.

공자 자신도 직접 이렇게 말하고 있다.

"관청의 일을 할 때에는 상사(上司)를 살피고, 집에서는 부형(父兄)을 살피고, 장례(葬禮)를 소홀히 하지 않으며, 술을 마셔도 흐트러지지 않는다. 이 정도는 나도 할 수 있다."

술의 한계를 체득하는 방법이 사회인으로서 술을 마시는 방법이며, 이렇게 하면서 충분히 「술의 정취」를 알 수 있어야 하는 것이다.

〈십팔사략(十八史略)〉에 의하면 아득한 옛날 중국에는 술이 없었다. 우(禹)임금 시대까지 「예락(醴酪)」이라는 단물(甘水)밖에 없었다. 그런데 마침 누군가가 의적(儀狄)이라는 술을 만들어 우임금에게 바쳤다. 우임금은 그것을 마셔 보았다. 이렇게 맛있을 수가 있을까 하고 생각하고 한 잔, 두 잔 마시는 동안에 어느덧 기분좋게 취했다. 얼마 후 정신이 맑아진 우임금은,

"이것은 정말 맛있구나. 후세에 반드시 이 술로 나라를 멸망시키는 사람이 생겨날 것이다."

라고 말하고는 그 후부터는 술을 일체 가까이 하지 않았다. 그것이 중국 역사에 나타난 술에 대한 최초의 기록이다.

우임금이 예언했던 대로 하(夏)의 걸왕(桀王)이나 은(殷)의 주왕(紂王)처럼 「주지육림(酒池肉林)」의 즐거움에 탐닉하여 나라를 멸망시킨 일이 실제로 나타났다. 그러므로 인생의 우수(憂愁)를 달

래고 즐거움을 찾아서 술을 마시는 것은 좋지만 역시 절도있게 체득해 두는 것이 좋다.

　전국시대의 제(齊)나라에 순우곤(淳于髡)이라는 사람이 있었다. 제나라가 초나라의 공격을 받았을 때 그는 제나라의 왕명을 받고 조(趙)나라에 사신으로 가서 구원군(救援軍)을 요청하여 데리고 왔다.

　조나라의 구원군이 출병하자 왕은 대단히 기뻐하여 즉시 후궁에서 성대한 연회를 베풀고 순우곤을 초대하여 술을 권하면서 물었다.

　"나도 술을 좋아하는데 경은 술을 어느 정도 마시면 취하는가?"

　"한 말 술에도 취하고, 한 섬 술에도 취합니다."

　"한 말 술에 취하는데 어떻게 한 섬이나 마실 수 있단 말인가? 그 이유를 말해 줄 수 없겠는가?"

　순우곤의 대답은 다음과 같았다.

　"대왕 앞에서 술을 하사받아 마신다고 생각해 보십시오. 그 때는 옆에 사법관(司法官)이 있고 뒤에는 감찰관(監察官)이 지키고 있기 때문에 저는 겁이 나서 한 말도 마시기 전에 취해 버립니다. 그리고 아버지를 찾아온 소중한 손님이 있다고 생각해 보십시오. 저는 의관을 바로 하고 말 역시 조심스러워야 하기 때문에 이 때는 두 말 정도면 취합니다. 친하게 지내는 친구가 오랜만에 찾아와서 허물없이 이야기하며 마신다고 생각해 보십시오. 그 때는 다섯 말이나 여섯 말은 마실 수 있습니다. 만일 마을에서 모임이 있어 남녀가 섞여 앉아서 술을 마시며 논다고 생각해 보십시오. 서로 잔을 권하며 마십니다. 그리고 투호(投壺:옛날 중국에서 술자리에서 하던 놀이)를 하여 짝을 정하기도 합니다. 그렇게 되면 여자의 손을 잡든, 마음에 드는 여자와 눈짓을 하든, 아무도 신경을 쓰지 않습니다. 여기저기서 여자들의 귀걸이가 부딪치는 소리와 웃음소리가 들립니다. 그런 때는 저도 유쾌하게 술을 마십니다. 이런 분위기에서 마시는 술은 여덟 말 정도이며 그렇게 마시면 취할 때도 있습니다. 그리고 날이 저물어 이 연회도 파했다고 가정합시다. 술동이들이 모아지고 서로 부르며 남녀들은 같은 곳에 모입니다. 흐트러진 술상을 그대로 둔 채 불이 꺼집니다. 그리고 마지막에 주인이 저만은 붙들어 앉혀 둡니다. 그리고 제 옆에 있는 얇은 속옷이 만져지고 여자의 향기로운 살냄새가 느껴집니다. 그렇게 되면 저도 완전히 흥분하여 한 섬은 마십니다."

순우곤은 장황하게 술과 여자를 좋아하는 왕을 기쁘게 해 놓고 다시 이렇게 말했다.

"옛날부터 '술이 지나치면 흐트러지고, 즐기는 것이 극에 달하면 슬픔이 따른다'는 말이 있습니다. 옳은 말이라고 생각합니다. 그러므로 무슨 일이든지 극에 달하면 좋지 않습니다. 나라까지 망치는 수가 있습니다."

술과 쾌락이 극단에 이르면 개인의 경우는 패가망신을 하고 나라일 경우는 존망이 위태로워진다는 진리를 제나라왕에게 간접적으로 간언한 것이다. 제나라 왕도 멍청한 사람은 아니었다. 순우곤의 그 말에 깨달은 바가 있었던 모양으로,

"잘 말해 주었소,"

라고 말하고는 밤낮없이 벌이고 있던 연회를 그만 두었다.

〈예기(禮記)〉에도 「즐기는 것이 지나치면 안 된다」고 기록되어 있다.

그리고 언제나 즐기는 일에만 탐닉해 있으면 나라를 망치고 몸을 망치는 데까지는 가지 않는다고 하더라도, 「환락(歡樂)이 극하면 그만큼 슬픔이 많아진다」는 〈추풍사(秋風辭)〉의 한 귀절처럼 환락 뒤에는 반드시 비애가 따르게 마련이다.

옛날부터 영웅 호걸에게는 술이 따라다녔다. 그 전형적인 예로 항우(項羽)의 경우가 있다. 항우가 유방의 군대에게 쫓겨 해하(垓下)에서 「사면초가(四面超歌)」의 상태에 빠져 있을 때를 기록한 〈항우본기(項羽本紀)〉에,

「항왕(項王:항우), 밤중에 일어나 장막 속에서 술을 마시다」

라는 기록이 있다. 술을 마시면서 우미인(虞美人)을 안고 "우(虞)야, 우야. 너를 어쩌면 좋으냐" 라면서 자신의 멸망을 한탄했던 것이다.

그리고 〈삼국지〉의 관우(關羽)에 얽힌 이런 이야기도 있다.

관우는 전에 화살을 맞아 왼팔을 부상당한 일이 있었다. 그 후로도 그 상처는 완치되지 않았고, 장마철만 되면 반드시 뼈가 쑤시고 아팠다. 의원이 말했다.

"활 촉에 독이 묻어 있어 그 독이 뼈에 들어갔습니다. 팔을 절개하여 뼈를 긁어내지 않으면 그 통증은 낫지 않습니다."

그러자 관우는 즉시 팔을 내밀고 절개하라고 명령했다. 때마침 관우는 부하 장군들을 초대하여 연회를 베풀고 있었다. 절개가 시작되자 피가 흘러 주발에 넘쳐흘렀지만 관우는 구운 고기를 뜯으면서, 슬을 마시고 권하며 태연히 담소를 계속했다.

호걸다운 모습이 아닐 수 없다.

이와 다른 것이 송(宋)나라 태조 조광윤(趙匡胤)의 술이다.

조광윤은 「오대십국(五代十國)」이라고 불리우던 난세에 종지부를 찍고 천하를 통일하고 송왕조(宋王朝)를 일으킨 영웅이었다. 철저한 술꾼이었던 그는 황제로 옹립되는 순간에도 술에 잔뜩 취해 있을 정도였다.

그가 황제가 되기 전 조정의 명을 받고 군사령관이 되어 거란(契舟) 토벌을 떠났을 때의 일이다. 도성에서 40리 정도 거리인 진교(陣橋)라는 곳에서 하룻밤을 묵게 되었다. 조광윤이 술에 잔뜩 취해서 깊이 잠들어 있는데 부하 참모들이 그를 억지로 깨웠다.

그는 눈을 비비며,

"무슨 일이냐?"

라고 물었다. 그랬더니 참모들로부터,

"저희 참모들이 상의한 결과 장군님을 황제로 등극시키기로 했습니다."

라는 대답이 들려오는 것이 아닌가. 정신을 차리고 보니 무장을 한 장병들이 무수히 모여서 조광윤의 승낙을 기다리고 있었다.

술에 취해 잠을 자고 있는 동안에 참모들이 모여 그를 황제로 모시자는 반란 모의를 끝내고 있었던 것이다.

조광윤이 대답도 하기 전에 부하들은 그에게 황포(黃袍:천자가 입는 옷)를 입히고 그대로 도성으로 되돌아가 황제로 옹립해 버렸다. 술에 곯아떨어져 자고 있는 동안에 황제의 자리가 굴러떨어진 것이다. 이런 예기치 않은 행운이 실제로 있을 수 있는 것인가. 그러나 조광윤은 분명히 그런 행운을 잡은 사람이었다.

그는 황제가 된 뒤에도 술을 좋아하는 버릇을 버리지 못했다. 즉

위한 지 2년째의 일을 「송사 〈宋史〉」에서는 이렇게 기록하고 있다.

「황제, 옥진원(玉津園)으로 행차하시었다. 황제가 시신(侍臣)에게 말하기를 '침면(沈湎)하는 것은 법도에 어긋난다. 나는 연회를 열어 자주 취하는데 그것을 언제나 후회한다'고 말했다」

「침면」이란 술에 빠진다는 뜻이다. 술독에 빠져서 이취(泥醉)한 다는 것은 황제답지 않다는 것을 알면서도 참지 못해 술을 마시고, 그 뒤에는 후회한다는 지탄에 가까운 독백이다. 술에 취해 있는 동안에 생각지도 않은 황제 자리가 굴러떨어진 사람이 한 말이고 보면 애교로 받아들일 수도 있다. 그러나 언제나 술에 취해 취생몽사한다는 것은 그게 누구이든 옳다고 볼 수 없다.

조광윤은 술을 좋아한 나머지 나라를 망치는 일은 없었으나, 수명은 단축될 수밖에 없었다. 그는 49세의 나이에 급사(急死)했다. 알콜 종독 때문에 뇌출혈을 일으켰는지도 모른다.

〈한서(漢書)〉에,

「술은 백약 중의 으뜸이다.(酒百藥之長)」

라는 말이 있다. 그러나 그것은 적당히 마셨을 때의 일이고, 정도가 지나치면 「독약」으로 둔갑하지 않는다고 그 누구도 장담할 수 없다.

옛날부터 술을 가장 많이 즐긴 사람은 시인들이었는지도 모른다. 그들에게는 사회적 책임 같은 것이 없었기 때문에 마음 편하게 술을 즐기고, 그것을 즐김으로써 인생의 우수를 달랠 수 있었다. 때문에 우리는 오늘날 그들이 지은 훌륭한 시(詩)를 많이 감상할 수 있는 것이다.

당대의 시인들이 읊은 술에 대한 시 몇을 감상하며 술의 진미를 맛보기로 한다.

　기쁨을 얻어 즐김에
　말술로 가까운 이웃을 모은다
　젊은 시절은 다시 오지 않으며
　그 날의 아침은 다시 오지 않는다
　때를 놓치지 말고 면려(勉勵)해야 하느니
　세월은 사람을 기다려 주지 않는다

여기서 말하는 「면려」는 학문을 부지런히 하고 책을 읽으라는 「면려」가 아니다. 이 시에서는 술을 마시며 열심히 인생을 즐기라는 뜻으로 해석하면 된다.

다음은 자기 자신을 「주선(酒仙)」이라고 말했다는 이백(李白)의 「장주가(將酒歌:술을 권하는 노래)」라는 시를 소개한다.

　너는 알지 못한다, 황하의 물이 하늘에서 시작된다는 것을
　그 물은 흘러서 바다에 이르고 다시 돌아오지 않는다.
　너는 알지 못한다, 고당(高堂)에 걸린 거울을 보며 백발을
　슬퍼하는 것을
　아침에 푸른 실(靑絲)과 같지만 저녁에는 눈처럼 희어진다
　인생이란 뜻을 얻고 즐거움을 다해야 하는 것
　금잔을 들고 하늘의 달을 쳐다보지 말라

하늘이 재물을 준 것은 반드시 쓸모가 있기 때문이다
천금을 다 써 버린다 하여도 다시 생겨날 것이니
양고기를 굽고 쇠고기를 삶아 오래오래 즐기자
만남도 잠깐이니 한 번 마시는데 삼백 배는 해야지

도연명의 시이다.
「산중에 숨어 사는 사람과 술을 마신다(對酌山中幽人)」는 이백
의 시 한 수를 소개한다.

우리가 마주 앉아 술을 마시니 산에는 꽃이 피었네
한 잔 한 잔 또 한 잔 취하도록 마셔 보세
나는 술이 취해 잠이 오니 이제 돌아가게나
내일 아침 가야금을 가지고 다시 오는 것을 잊지 말아 주게

도연명의 시나 이백의 시나 술을 주제로 한 시이지만 격이 높다.
술을 마셔도 이 정도의 경지에 이르면 수준급 이상이다.
예나 지금이나 술을 제대로 마시는 사람은 아주 적다. 정신없이
술에 취해 마음에도 없는 말을 해서 오해를 사고, 객기를 부려 남
을 괴롭히는 일이 우리 주변에는 너무나도 많다.

15. 은자의 세계

소나무 아래 동자에게 물으니
선생은 약을 캐러 갔다고 말한다
이 산중에 계시기는 하겠지만
구름이 깊어 어디에 계신지 알 수가 없다

당나라 때의 시인 가도(價島)의 「심은자불우(尋隱者不遇):은자를 찾아가서 만나지 못하다)」라는 오언절구(五言絶句)이다. 이 시는 「당시선(唐詩選)」에 수록되어 있기 때문에 아는 사람이 많을 것이다. 이 시에서 노래한 은자(隱者)는 심부름을 하는 소년과 함께 산 속에서 약초를 캐며 생활하고 있었던 모양이다.

은자(隱者)를 「일민(逸民)」이라고도 하고 「은밀(隱逸)」이라고도 일컫는다. 중국 역사를 보면 이와 같은 유명 무명의 일민들이 끊임없이 있어 왔다.

역사란 공을 세운 업적을 기록하는 것이며, 인간의 일생은 「공명」을 죽백에 기록함으로써 완결된다고 한다. 「공명을 죽백에 기록한다」는 것은 공명을 역사에 기록하여 후세에 남긴다는 뜻이다. 옛날에는 종이가 없던 시대였으므로 대(竹)를 쪼개 다듬은 것을 엮어 거기에 모든 기록을 했다.

사관(史官)들이 역사를 기록하는 것도 이 대를 쪼개서 엮은 「죽백」이었다. 다시 말하자면 훌륭한 일을 하여 그 이름을 후세에 남기는 것이 「남자가 품은 뜻」이었으며, 이런 사람들의 활약을 기록한 것이 역사였다. 그러나 남자가 공명을 남긴다는 것은 쉽지 않은 일이며 한낱 이상에 불과할 때가 많았다.

실제로 품은 뜻을 달성한 사람들은 극소수에 지나지 않았다. 대부분의 사람들은 실패자나 또는 패잔자(敗殘者)가 되어 역사의 그늘에 파묻혀 사라져 갔다.

은자란 이처럼 공명의 세계에서 낙오된 사람들이다. 그러나 누구도 자신을 패배자라고 생각하고 싶어하지 않는다. 더 나아가 적극적으로 자기들이 사는 방법을 긍정하고, 공명을 등지고 별도의 가치관을 발견하려고 했다. 〈논어〉에도,

"도(道)가 있으면 벼슬하고 도가 없으면 숨는다"

라는 말이 있다. 도(道)가 행해지는 사회(국가)면 나가서 벼슬길에 올라 일을 하고, 정의가 행해지지 않는 사회라면 초야에 숨는 것이 올바른 삶의 방법이라는 뜻이다.

그러나 도가 행해지고 있는 사회, 즉 정의사회가 존재하는 것은 그렇게 쉽지 않다. 따라서 은자들은 자기네의 삶을 정당화하기 위하여 세상의 무도(無道)함을 탓했던 것이 아니었을까.

중국 사회는 지리적으로나 인간적으로나 그와 같은 은자들의 삶의 방법을 감싸 줄 수 있는 포용력을 지니고 있었다. 「공명(功名)」의 세계에 몸을 담고 있는 사람들도 은자들의 존재를 인정하고, 때로는 그들의 삶의 방법에 강한 공감을 표시하기도 했다.

공명을 등지고 세속적인 가치관을 초월하는 것을 「육침(陸沈)」이라고 한다. 「땅 속에 가라앉는다」는 이 뜻이 갖는 의미는 무척이나 중국적(中國的)이다. 이 말의 출전(出典)은 〈장자(壯子)〉이다.

〈장자〉에는 공자(孔子)의 언행을 비판하고 야유하는 많은 일화와 〈논어〉·〈맹자〉등에 나오지 않는 공자의 말이 인용되어 있다.

공자가 초(楚)나라를 여행하다가 어느 마을에 들른 적이 있었다. 그 곳 사람들은 열심히 논밭 일을 하고 있었다. 제자인 자로(子路)가 그것을 보고,

"저 사람들은 어떤 사람들입니까?"

하고 물었다. 그러자 공자가 이렇게 대답했다.

"그들은 성인(聖人)과 한 패거리이다. 그들은 자진해서 백성들 속에 숨어서 자기를 밭두렁 속에 감추고 있다. 목소리는 녹아 없어졌고 뜻은 사라졌다. 그들의 입은 비록 말한다 할지라도 그들의 마음은 말하지 않는다. 그들은 진실로 세상과 등을 지고 마음을 세상과 함께 하려 하지 않는다. 이런 그들이야말로 육침(陸沈)한 사람들이다."

이 공자의 말은 은자의 본질을 잘 표현하고 있다.

이와 같이 육침자들의 존재는, 존재하는 것 자체가 체제(体制)에 대한 침묵의 비판이 되기도 했다. 반대로 체제측의 입장에서 그들의 존재를 시인함으로써 적지 않은 긴장과 부담감을 느끼게 되는 효과도 있다.

〈논어〉에는 여러 사람의 은자(隱者)들이 등장한다. 그리고 이

은자들은 사회 개혁을 하겠다고 동분서주하는 공자를 비웃고 또 비판한다. 공자는 그들의 비판에 귀를 기울이면서 그것을 극복해 나간다.

　그러므로 서로 입장을 달리하는 공자와 은자들의 대응이 약간의 긴장감을 느끼게 만든다. 그러면서도 그들의 대응은 우리에게 깊은 생각을 갖게 한다.

　공자가 여러 나라를 유세차 돌아다닐 때의 일이었다. 접여(接輿)라는 초나라의 미치광이가 노래를 부르면서 공자의 수레 앞을 지나갔다.

　　"봉황새야, 봉황새야.
　　이렇게 어지러운 세상에 잘못 나왔으니 가엾구나.
　　지나간 옛날은 잊는 것이 좋다. 내일을 생각하자.
　　발버둥치며 날갯짓을 한들 무슨 소용이 있느냐.
　　지금은 정치를 하겠다고 나설 때가 아니다."

　공자가 마차에서 내려 접여와 이야기를 하려 했으나 그가 빠른 걸음으로 도망쳤으므로 이야기를 하지 못했다. 공자는 접여와 무슨 이야기를 하려고 했을까. 그들이 만나 이야기를 했다 하더라도 정치 개혁(政治改革)의 가능성을 철저하게 믿고 있던 공자와, 정치를 체념하고　자기세계에 자족(自足)하고 있는 은자와의 사이에는 깊은 단절이 있었을 것이다.

　또 〈논어〉에는 이런 이야기도 기록되어 있다. 이 이야기도 역시 공자가 유세차 각국을 돌아다니고 있을 때 일어난 일이다.

어느 날 공자가 강가에 이르렀을 때 그 근처 밭에서 일을 하고 있던 장저(長沮)와 걸익(桀溺)이라는 두 사나이를 만났다. 공자가 자로에게 시켜 나루터가 어디인지 묻게 했다. 그러자 묻는 말에는 대답하지 않고 장저가 자로에게 되물었다.

"저 마차에서 고삐를 잡고 있는 사람이 누구요?"

자로가 대답했다.

"공구(孔丘)라는 분입니다."

"그럼 노나라의 공구란 말인가?"

"그렇소."

"그 사람이라면 나루터가 어디 있는지는 알고도 남을 사람 아니오."

신통한 대답을 듣지 못한 자로는 이번에는 옆에서 일하는 걸익에게 물었다. 걸익도 역시 묻는 말에 대답하는 대신에 이렇게 되물어 왔다.

"그럼 당신은 누구요?"

"중유(仲由:자로)라는 사람입니다."

"그럼 공구의 제자로군?"

"그렇습니다."

"내 말을 들으시오. 도도히 흐르는 것을 막을 수 없는 것은 이 강물뿐만 아니라 천하가 다 그렇소. 도대체 이 난세를 사람의 힘으로 바로 잡을 수 있다고 생각하시오? 이래도 안 된다, 저래도 안 된다, 하고 모든 사람들에게 시비를 걸고 다니는 스승을 따르기보다 차라리 세상만사를 모두 버리고 우리를 따르는 것이 어떻겠소?"

그렇게 말하고 밭에 뿌린 씨에 흙을 덮어 나갔다. 자로는 할 수 없이 돌아와서 공자에게 보고했다. 공자는 낙담한 듯 이렇게 말했다.

"그렇다고 해서 짐승들은 상대하며 살 수는 없다. 사람은 사람의
무리 속에서 살아야 한다. 천하의 질서가 바로잡혀 있지 않은 것이
사실이지만, 나는 그것이 바로 잡힐 것이라고 믿고 싶다."

공자는 어디까지나 현실 참여주의자이며 개혁의 의지를 굽히지
않았다. 그런 면에서 은자와는 그 뜻을 달리한 현실 주의자였던 것
이다.

〈논어〉에 등장하는 은자들은 대륙의 대지(大地)에 굳게 뿌리를
내린 생활인의 면모를 보여 주고 있다. 그들은 모두 일을 하면서
세상과 등지고 살았다.

그러나 공자가 생존했던 춘추전국시대가 지나고 시대가 흐르면
서 은자들도 변하고 그 수도 줄어들었다.

〈후한서(後漢書)〉의 「일민전(逸民傳)」에는 16명의 은자에 대
한 기록이 있는데, 그 중의 한 사람인 향장(向長)이라는 은자에 대
해서 다음과 같이 기록하고 있다.

「향자의 자(字)는 자평(子平)이며 하내조(河內朝)의 가인(歌人)이
다. 그는 은거하며 벼슬을 하지 않았고 성품은 중화(中和)를 숭상
했다. 그는 노역(老易)을 좋아했으며 그것에 통달하고 있었다」

「노역」이란 〈노자〉와 〈역경(易經)〉을 가리킨다. 이 고전은
모든 은자들이 탐독하는 책들이었던 모양이다.

향장은 가난하여 먹을 것이 없었다. 마음이 착한 사람들이 가끔

음식을 갖다 주면 그것을 받아먹었다. 먹다가 남는 것이 있으면 돌려 주었다. 왕망(王莽)의 대사공(大司空)인 왕읍(王邑)이 그를 해마다 찾아가, 추천할 테니 벼슬을 하라고 했다. 그러나 그는 끝내 거절했다. 초청받기도, 추천받기도 했으나 사양한 것은 그가 은자였기 때문이다.

향장은 집에 숨어서 〈역경〉을 열심히 읽었다. 〈역경〉에서 손익(損益)에 대한 점(占)을 설명한 것을 읽고 그는 탄식하며 말했다.

"나는 이제 부자가 가난한 자와 같다는 것을 알았으며, 고귀한 것이 비천한 것과 같다는 것을 알았다. 오직 사는 것과 죽는 것이 어떻게 다른지를 모를 뿐이다."

죽는 것보다는 사는 것이 좋은 것인지 그것만은 모르겠다는 이 말은 향장이 이제 은자 노릇까지도 할 필요가 없다고 고백한 것이 아닌가 생각된다.

〈후한서〉보다 뒤의 책인 〈진서(晉書)〉의 「은일전(隱逸傳)」에는 유명한 도잠(陶潛) 이하 40명의 은자들의 전기가 기록되어 있다. 그 중에서 손등(孫登)이라는 은자를 소개해 보겠다.

「손등의 자는 공화(公和)이며 급군(汲郡)의 공(共) 지방 사람이었다. 가족은 없으며, 고향의 북쪽에 있는 산에 토굴을 파고 그 속에서 살았다. 여름에는 풀을 엮어서 옷을 만들어 입고 겨울에는 가지의 긴 머리털로 몸을 덮고 지냈다」

손등의 시대에는 은자의 이미지가 일단 자리를 잡은 모양이었다. 그리고 손등은 이 고정된 이미지에 충실하기 위하여 매우 열심히 노력한 것 같다.

〈진서〉에서는 손등을 다음과 같이 묘사하고 있다.

「손등은 〈역경(易經)〉을 읽고 현금(絃琴)을 탔다. 구경하는 사람들은 모두 그것을 좋아하고 즐거워했다. 손등의 성품은 착하여 원망하거나 성내는 일이 없었다. 어떤 사람이 현금을 물에 던져 그가 화내는 것을 보려고 했다. 그러자 손등은 나와 보고는 큰 소리로 웃었다. 그는 가끔 사람들과도 어울렸다. 가까이 사는 집에서는 옷과 먹을 것을 갖다 주기도 했다. 그는 거절하지 않고 그것을 받기는 했지만 가지고 온 사람이 돌아가면 모두 버렸다. 숯을 굽는 사람이 그것을 보고 보통 사람이 아니라는 것을 알았다. 그래서 그는 손등과 이야기를 하고 싶어 했지만 응해 주지 않았다」

손등의 소문은 조정에까지 알려지게 되어 당시의 문제(文帝)가 완적(隅籍:뒤에 죽림칠현(竹林七賢)으로 유명해짐)을 보내서 설득해 보았지만 손등은 한 마디 대답도 하지 않았다. 그 뒤 조정에서는 다시 「죽림칠현」의 한 사람인 혜강(稽康)을 보냈다. 혜강은 손등이 있는 곳으로 가서 3년 동안 기거를 같이 했지만 그는 역시 3년 동안 한 마디의 말도 하지 않았다. 헤어지면서 혜강이,
"선생님 끝까지 말 한 마디도 해 주지 않으시렵니까?"
하고 간청했다. 그러자 손등은 이렇게 간단하게 한 마디를 했다.
"자네는 성품이 불 같고 재주가 뛰어나다. 그것을 잘 감추어야지 그렇지 않으면 큰일이 날 거야."
성격이 격하고 재능도 뛰어나기 때문에 아마도 무사하지는 못할 것이라는 말이었다. 과연 혜강은 뒷날 권력자로부터 미움을 받아 죽음을 당하고 만다. 그것을 꿰뚫어본 손등은 보통의 야인이나 은

자가 아니었던 모양이다.

"작은 은자는 깊은 산 속에 숨고 큰 은자는 조정과 시정에 숨는다(小隱陵藪隱 大隱朝市隱)"는 말을 한 사람은 왕강거(王康琚)이고 "큰 은자는 조정과 저잣거리에서 살고, 작은 은자는 언덕 울타리에 산다(大隱朝市主, 小隱丘樊)"라고 말한 것은 시인 백낙천(白樂天)이다. 이 두 사람의 말에 의하면 향장이나 손등은 「소은」에 지나지 않는다.

그렇다면 「조시(朝市:조정과 시장)」에 숨은 은자들 중에는 어떤 인물이 있었는가. 그 대표적인 인물로 〈사기(史記)〉의 「골계열전(滑稽列傳)」에 나오는 동방삭(東方朔)을 들 수 있다.

동방삭은 한(漢)나라 무제(武帝)의 시종으로 있던 사람이다. 황제의 시종이라면 무척 점잖을 빼는 인물이라고 생각하겠지만, 동방삭은 그런 타입과는 정반대였다. 그는 때때로 무제의 식사 때 배립(陪立)하기도 했는데, 식사가 끝나면 무제가 먹나 남긴 고기를 모두 주머니에 넣어 집으로 가져가곤 했다. 물론 옷이 모두 더러워졌다.

황제가 자주 비단을 내려주었는데, 그 때마다 어깨에 메고 물러갔다. 그는 하사받은 돈과 비단을 헛되게 썼다. 장안의 미녀들 가운데 젊은 여인을 사서 부인으로 맞았다. 그리고 1년쯤 데리고 살다가는 버리고 새로운 여자를 구했다.

이렇게 자유분방하게 행동하면서도 무제의 신임을 두텁게 사고 있었다. 황제의 좌우에 있던 낭관들 중의 절반쯤은 그를 미치광이로 취급했다 하지만, 황제는 오히려 동방삭을 비호했다.

"동방삭에게 일을 맡기면 어떤 일이든 틀림없이 해낸다. 너희들은 절대로 그에게 미치지 못한다."

어느 날 동방삭이 궁중을 걸어가고 있을 때 동료가 그에게 말했다.

"사람들은 모두 선생을 미치광이라고 합니다."

동방삭은 이렇게 대답했다.

"나는 말하자면 조정 안에서 속세를 피하고 있는 거요. 옛날 사람들은 깊은 산 속에 숨어 속세를 피했지만 말이오."

그는 때때로 술자리에서 술이 거나하게 취하면 두 손을 땅에 짚고 이런 노래를 부르기도 했다.

"세속에 묻혀서 살며
세상을 금마문(金馬門)에서 피한다
궁중 안은 세상을 피하고
몸을 보전하게 할 수 있는데
쑥대 움막 아래냐"

「금마문」이란 환관들이 관리하는 부서의 대문을 말하는데, 그문 곁에 동으로 만든 말이 있으므로 금마문이라고 했다.

동방삭에 의하면 몸을 두는 곳은 어디든지 상관없는 것이다. 세상의 명리(名利)나 세속적인 가치관에서 벗어나 초연하게 사는 것이은자의 조건일 뿐, 형식에 구애받을 필요가 없다는 것이다. 반드시깊은 산 속으로 들어가야 한다는 것은 수준이 낮은 은자들의 생각이라는 것이다.

그러나 「수준이 높은 은자」로서 몸을 보전하기 위해서 보통 이상으로 신경을 써야 했었던 모양이다. 동방삭은 자기 아들에게 다음과 같이 훈계했다.

"남의 미움을 사지 않는 것이 첫째 조건이다. 백이(伯夷)·숙제(叔齊)가 수양산(首陽山)에서 굶어죽은 것과 같은 방법은 좋지 않다. 노자(老子)가 말단 관리로 몸을 보전한 것과 같은 방법이야말로 가장 훌륭한 처세술이다. 조정에서 일하며 배불리 먹고 안전하게 사는 것은 초야에 숨어서 논밭을 갈며 배불리 먹는 것과 같은 것이라고 생각하면 된다. 높이 오르지도 말고 쫓겨나지도 말며, 깊은 산에 은둔하는 대신 조정에 은둔하여 편안한 마음으로 세상을 바라보고, 시류(時流)에 초연하면서 화를 입지 않도록 해야 한다."

동방삭의 아들에 대한 이 훈계는 그 자신의 은둔생활의 사상을 그대로 나타내 주고 있다.

16. 유협의 윤리

중국의 오랜 역사에서 사회의 저류(底流)를 형성하면서 지하수의 수맥처럼 흘러온 것이 「유협(遊俠)」들이다. 그들을 「임협(任俠」 또는 「호협(豪俠)」이라고 부르기도 한다.

「유협」은 의리를 중히 여기고 죽음을 가볍게 여기는 사람들을 말하며, 「임협」은 체면을 소중히 여기고 강자를 물리치고 약자를 돕는 사람을 말한다. 그리고 「호협」은 호걸스럽고 협기가 있는 사람들을 말한다. 이들에 있어서 공통되는 점은 「협(俠)」으로, 의리와 체면과 호걸스러움을 갖춘 사나이들 중의 사나이라는 것이다. 이들은 모두 의기를 신봉하며 목숨을 걸고 그것을 실천하는 사나이들이다.

이와 같은 「유협」들은 야(野)에 있던 사람들이다. 그러나 단순한 서민들과는 완전히 다른 사람들이었다. 서민은 뿔뿔이 흩어진 상태, 즉 조직과 구심점이 없는 사람들이었지만, 이 「유협」들은 강한 동료의식과 연대의식으로 굳게 뭉쳐져 있었다. 「유협」들은 이와 같은 연대감을 발판으로 제도적인 규범과는 별개의 사회를 형성하고 있으면서 때로는 제도권(制度圈), 즉 권력에 협조하는가 하면 권력과 대립도 하며 오랜 중국의 역사 속에서 살아 꿈틀거리고 있있다.

그들이 비장하고 있는 에너지는 매우 강력한 것이었다. 그리고 그들의 행동 수칙(行動守則)과 의리는 조금도 강요된 것이 아니었다. 그들에게는 자신들을 강요할 어떤 힘과 어떤 제도도 존재하지 않았으며, 비록 강요되는 일이 있다고 해도 강요에 의해서 행동하지는 않았다. 그들의 행동은 모두가 자발적인 것이었다. 그들의 존재와 행동 양식에 대해서 일반 서민들은 물론 권력자들까지도 때로는 존경하기도 했다.

그리고 그들은 역사의 표면에 적극적으로 나서기도 했고 역사의 그늘에서 역사의 흐름을 이끌어가기도 했다. 따라서 그들 「유협」들의 존재를 무시하고서 중국의 역사를 말할 수 없다고 해도 과언이 아니다.

예를 들자면, 〈삼국지(三國志)〉의 유비(劉備)와 그를 둘러싼 명장들 역시 「유협」 출신들이었다. 〈삼국지〉의 「선주전(先主傳)」에서는 유비의 젊은 시절의 생활을,

「유비는 유협과 교분을 맺었고, 연소(年少)한 사람들이 다투어 그를 따랐다」

라고 기록하고 있다. 「연소한 사람」이란 유비보다 나이가 적은 사람을 가리킨다.

그리고 그 무렵 유비의 품격을 다음과 같이 기록하고 있다.

「유비는 말이 적고 아랫사람에게 관대했으며, 희노(喜怒)를 겉으로 나타내지 않았다」

유비는 그처럼 젊어서부터 거물의 품격을 지니고 있었던 모양이다.

그와 같은 유비를 흠모하여 모여든 「연소한 사람」들 중에 관

우(關羽)와 장비(張飛)가 있었다. 유비를 정점으로 한 관우와 장비의 강력한 연대의식이 연출하는 행동들은 〈삼국지〉의 볼 만한 장면들인데, 이들의 활약상을 재미있게 묘사한 나관중(羅貫中)의 〈삼국지연의〉 뿐만 아니라 정사(正史)인 진수(陳壽)의 〈삼국지〉에서도,

「관우와 장비는 선주(先主:劉備)를 보살피며 선주를 위한 일이라면 아무리 어려운 일이라도 마다하지 않았다」

라고 기록하고 있다. 관우와 장비는 유비를 위하는 일이라면 아무리 어렵고 위험한 일이라도 서슴지 않고 뛰어들었다는 뜻이다.

유비를 정점으로 한 장비와 관우의 강력한 결합은 단순한 주종관계(主從關係)로만 생각한다면 이해하기가 어렵다. 따라서 그들의 결합은 「유협」의 연대의식에 의해서 이루어진 것이라고밖에 설명할 수가 없다.

「유협」의 연대의식이 얼마나 강력한 것인가를 설명하기 위하여 하나의 예를 더 들기로 한다.

항우(項羽)와 유방(劉邦)의 대결에서 유명한 장면의 하나로 「홍문(鴻門)의 회견」이 있었다.

항우와 유방은 함께 진(秦)에 반기를 든 반진 연합군(反秦聯合軍)으로 다 같이 진나라의 도성 함양(咸陽)을 공격하기 위해 떠났다. 그러나 함양을 공격하여 진나라의 항복을 받은 것은 유방이 지휘하는 별동대(別動隊)였다. 주력군을 지휘하는 항우는 함양 함락에 뒤진 것에 화가 나서 유방의 별동대를 공격할 계획을 세웠다.

그 때 해상(覇上)에 주둔하고 있던 유방의 군단은 10만 명이었고 홍문(鴻門)에 포진한 항우의 군단은 40만이었다. 더구나 항우의 군

단은 정예부대로 편성되어 있었다. 공격을 받는다면 유방의 군단은 승리할 수 없는 형편이었다. 뿐만 아니라 유방은 이와 같은 항우의 계획을 까마득히 모르고 있었다. 그러므로 기습을 받을 경우 유방의 군단은 전멸을 면하기 어려웠다.

이 때 유방을 구한 것은 참모 장량(張良)에게 전해진 정보였다. 항우의 군대가 총공격을 하기 전날 밤 항우의 숙부인 항백(項伯)이 은밀하게 장량을 찾아와서 항우의 계획을 알려 준 것이다.

항우가 공격해 온다는 말에 장량은 깜짝 놀랐다. 장량의 보고를 받은 유방이 놀란 것은 말할 것도 없다. 같은 연합군인 항우가 그들을 공격하리라고는 꿈에도 생각하지 못했기 때문이다.

유방은 항백을 만나 항우 쪽에 대한 일을 부탁하고 다음 날 아침 약간의 호위병과 함께 홍문까지 직접 찾아가서 항우에게 무조건 잘못했다고 사죄했다. 그렇게 하여 유방은 일단 위기를 면하게 되는데 그것이 바로 유명한 「홍문의 회견」이다.

그런데 이 때 항백은 왜 조카인 항우를 배신하면서까지 귀중한 정보를 적군의 참모인 장량에게 알려 주었을까? 전후 사정을 모르는 사람은 이해할 수 없다고 생각할 것이다. 항백과 장량은 그보다도 훨씬 옛날에, 같은 「유협」의 세계에 몸을 숨기고 있던 친한 사이였다.

옛날에, 장량은 진시황제(秦始皇帝)를 암살하려다가 실패하고 하비(下邳)라는 곳으로 가서 유협의 세계에 몸을 숨겼다. 그 후에 그곳에 찾아 든 사람이 역시 죄를 짓고 쫓기던 항백이었다. 〈사기〉에는 이렇게 기록되어 있다.

「장량, 하비로 와서 임협(任俠)이 되다. 항백 역시 사람을 죽이고 장량 밑에 숨다」

그런 인연이 있었기 때문에 항백으로서는 죽게 된 옛날의 동료를 버려 둘 수가 없었던 것이다. 장량의 신상을 걱정한 그는,

"이대로 있으면 그대까지 함께 죽게 될 테니까 오늘밤에 도망치라."

라고 충고하기 위하여 찾아왔던 것이다. 항백은 친조카 항우를 배신하면서까지 옛날 「유협」의 동료에게 의리를 지킨 것이었다.

「유협」들은 이처럼 강력한 연대의식을 가지고 보이지 않는 세력을 형성하면서 중국 역사에 큰 작용을 했다. 만일 항백이 적군의 참모로 있는 「유협」 동료인 장량에게 정보를 주지 않고 항우의 기습이 실현되었다면 중국 역사에서 수백 년 동안 계속된 거대한 한제국(漢帝國)은 탄생되지 못했을지도 모르기 때문이다.

유협들은 그늘진 곳에서 산 사람들이다.

따라서 권력이 안정되고 체제가 다져진 평화로운 시대에는 사회의 표면에 전혀 나타나지 않고 땅 속의 지하수처럼 눈에 띄지 않게 살아갔다.

그러나 일단 동란(動亂)의 시대가 되면 갑자기 표면으로 밀려나와서 난세를 지휘하는 존재가 되곤 했다.

〈삼국지〉의 유비를 정점으로 한 집단이 그러했고, 항우와 유방도 역시 그 이전에는 유협의 세계에 몸을 담고 있던 사람들이다.

이 「유협」들의 존재에 깊은 공감을 표시한 것이 역사가인 사마천이었다. 사마천의 표현에 의하면 유협의 행동 원리는,

「말한 것은 반드시 행하고 행한 것은 반드시 성과를 올린다(言必信, 行必果)」

라는 것이었다. 일단 약속한 것은 반드시 지키고, 일단 시작한 일

을 단호하게 해낸다는 뜻이다.

사마천은 「유협」들에 대해 계속해서 이렇게 말하고 있다.

「유협은 그가 행하는 것이 정의에 어긋나는 일일지라도 약속은 반드시 지키고 시작한 일은 반드시 해내며 승낙한 일에는 열성을 다한다. 그리고 자기 몸을 아끼지 않고, 남의 괴로움을 보면 자신의 생사를 생각지 않고 돕는다. 그러면서도 자기의 능력을 자랑하지 않으며 자신이 베푼 덕(悳)을 내세우는 것을 수치로 안다」

유협들은 곤란한 처지에 놓인 사람을 보면 몸을 아끼지 않고 돕지만, 자기의 공을 자랑하거나 은혜를 입혔다는 태도를 취하지 않았다는 것이다. 「정의에 어긋나는 일」이란 권력, 즉 체제 쪽의 규범(規範)을 따르지 않았다는 뜻이다. 다시 말하자면 법(法)을 어기면서까지 신의를 지켰다는 뜻이다.

사마천은 이 「유협」들에 대해서 상당히 호의적이었던 모양으로 유협의 두목 몇 사람의 행적을 기록하면서 그들의 행동을 변호하고 있다.

「그들은 언제나 법을 어기는 행동을 했지만 그 행동은 어디까지나 자신의 신조를 관철하기 위해서였다. 또한 그들은 언제나 청렴하고 겸손한 인물이었다. 따라서 그들의 행동은 칭찬할 가치가 있는 것이다. 패거리를 모아서 도당을 만들고, 가난한 사람을 혹사하여 부정한 돈을 모으며, 상대방이 약하다고 생각되면 괴롭혀서라도 자기의 욕망을 충족시키는 행동은 그들 유협들이 가장 수치스럽게 생각하는 것이었다. 그러나 세상 사람들은 이런 좋은 점을 이해하지 못하고 다른 폭력배들과 같이 취급하고 고소하는 적이 있었다. 그것은 실로 슬픈 일이다.」

이와 같이 사마천은 유협들을 변호하기 위하여 그들을 지나치게 미화(美化)한 느낌까지 든다. 그러나 사마천이 실례로 든 유협에 대한 기록을 보면 그의 생각에 수긍이 가기도 한다.

한 예로 유협의 두목에 주가(朱家)라는 사람이 있었다.

주가는 유방과 같은 시대의 사람으로 노(魯)나라의 유협이었다. 그가 은밀하게 목숨을 건져 준 사람은 이름이 널리 알려진 인물만도 몇백 명이나 된다. 그 밖에도 그는 수많은 사람들을 구해 주었다. 하지만 그는 죽을 때까지 자신의 능력을 과시하거나 도와 준 사람이 은혜를 갚아 주기를 기대하는 일이 없었다.

그뿐이 아니었다. 도와 준 뒤에는 상대방에게 부담을 주지 않기 위하여 두 번 다시 만나지 않도록 노력했다.

〈한서(漢書)〉에서는 「자신의 능력을 자랑하지 않았다」 또는 「겸손한 태도를 취했다」라고 유협의 인품을 기록하고 있는데, 그것이 유협들의 본질이며 주가도 역시 철저하게 그런 사람이었던 모양이다.

그런 사람이었기 때문에 주가의 집에는 여유 있게 살 수 있는 재산이 전혀 없었다. 몸에 걸치는 실용적이고 소박한 옷뿐이었으며, 먹는 것은 밥 한 그릇에 죽 한 그릇과 채소 한 접시뿐이었다. 그리고 그가 타고 다니는 것은 작은 소(牛)가 끄는 수레였다. 주가는 자기 자신을 위해는 이처럼 최소한도로 만족해하면서 다른 사람의 일이라면 침식마저 잃고 뛰어다닌 사람이었다.

사마천은 또 곽해(郭解)라는 유협들 중의 큰 두목에 대해서 다분히 공감하는 감정을 섞어서 소개하고 있다. 곽해와 사마천은 한(漢)나라 무제 때의 같은 시대 사람으로 직접 만난 적도 있다.

사마천은 곽해에 대해서 〈사기〉에서 이렇게 쓰고 있다.

「나는 곽해를 만난 적이 있다. 그의 풍모는 보통 사람에게도 미치지 못하는 초라한 모습이었고, 이야기할 때도 특별히 두드러진 면을 발견할 수 없는 사람이었다. 그러나 그에 대한 세상의 실제적인 평판은 대단한 것이었다. 그와 면식이 있는 사람이든 없는 사람이든, 그리고 상당히 지위가 높은 사람까지도 모두 그의 명성을 사모했다. 또한 협객이라고 하면 반드시 곽해와 비교되었다」

나아가서 사마천은 곽해의 인물됨을 무척 생생하게 묘사하고 있다. 사마천의 표현에 의하면 곽해는 2천 년 전에 활약했던 「유협」들의 수준을 넘어 현대에도 통용될 수 있는 측면을 가지고 있는 사람이었다. 사마천이 직접 만나 보았다고 하니 그의 설명은 사실일 것이라고 생각된다.

사마천의 기록에 의하면 곽해는 몸집이 아주 작았다. 인상은 예리하고 날카로웠다. 술은 마시지 못했다고 한다. 그러나 곽해도 처음부터 그런 인물은 아니었다.

젊었을 때의 그는 사람을 사람으로 생각하지도 않는 난폭한 자로서 조금만 기분이 언짢아도 참지 못하고 화를 냈다. 사람을 죽인 것도 한 두 번이 아니었다. 동료들 사이에서는 의리가 강했고 동료가 당하면 용감하게 복수를 하고, 의지하고 찾아온 사람은 비록 범죄자일지라도 서슴지 않고 감싸 주었다. 강도질을 일삼고 화폐의 위조, 묘지 도굴 등 헤아릴 수 없을 정도로 나쁜 짓을 많이 했다.

〈한서(漢書)〉에서는 유협의 본질(本質)을,

「겉으로는 부드럽고 인자하며 겸손하다. 안으로는 사람을 죽이는 것을 좋아하는 성질을 숨긴다」

라고 지적하고 있다 곽해도 젊었을 때는 「죽이는 것을 좋아하는」 면이 정면으로 노출되어 있었던 모양이다.

그런 곽해가 나이가 들면서 달라졌다. 옹고집을 부리는 일이 없어지고 멋대로 놀아나는 행위도 없어졌다. 원한에 대해서는 덕(悳)으로 보상하고 많은 사람들에게 은혜를 베풀면서도 보은(報恩)은 기대하지 않았다. 그러면서도 타고 난 협기(俠氣)는 조금도 변하지 않았으며, 사람의 목숨을 구해 주고도 자랑하지 않았다.

그러나 기분 나쁜 상대가 나타났을 때는 옛날의 무서운 눈초리로 되돌아갔다. 그러면 곽해를 흠모하고 있는 젊은이들이 눈치를 채고 곽해 몰래 그 사람을 죽여 없애는 것이었다.

겉으로나 안으로나 부드럽고 인자(仁慈)한 사람이라면 단순한 호호야(好好爺)에 지나지 않는다. 「부드럽고 인자한」 이면에 무시무시한 면을 감추고 있는 것이 유협의 본질인 것이다.

유협은 필요할 경우 법을 어기는 행동을 하는 것도 서슴지 않았다. 권력자측에서 보면 그런 유협들이 당연히 눈엣가시와도 같았을 것이다. 따라서 그들은 때로는 무서운 탄압의 대상이 되기도 했다.

그 같은 상황 속에서 유협들이 존속하기 위해서는 사회의 지지가 필요했다. 때문에 사회의 지지를 획득하기 위한 보통 이상의 고심과 배려가 그들에게 필요했으리라는 것은 두말할 필요도 없다.

곽해에 대한 일화들은 수없이 많이 전해져 오고 있다.

그의 조카들 중에 매우 난폭한 자가 하나 있었다. 그는 아저씨인 곽해의 위세를 믿고 난폭한 짓을 많이 했다. 어느 날 그는 자기가 미워하는 상대를 술집으로 데리고 가서 억지로 술을 마시게 했다. 이제 더는 먹지 못하겠다고 거절하는데도 불구하고 협박을 하면서 술을 마시라고 강요했다. 상대방은 벌컥 화를 내면서 비수를 뽑아 갑자기 그를 찔러 죽이고 도망쳤다.

아무리 난폭한 자라고 해도 조카는 조카였다. 살해된 것을 보고서 그냥 놔 둘 수가 없었다. 곽해는 수하의 사람들을 이곳 저곳으로 풀어서 조카를 죽인 원수가 숨은 곳을 찾게 했다. 그러자 도저히 숨어서 살 수가 없겠다고 판단한 상대방이 자진해서 곽해에게로 와서 조카를 죽이게 된 전후 사정을 자세히 설명했다.

곽해는 이야기를 듣더니,

"그랬다면 당신이 그 애를 죽인 것도 무리가 아니다. 나쁜 쪽은 내 조카다."

라고 말하며 조카의 잘못을 인정하고 상대방을 보내 주었다. 그 이야기가 사방에 전해지자 곽해의 협기를 칭찬하는 소리가 점점 높아졌다.

그리고 이런 이야기도 있다.

곽해가 외출하면 사람들은 모두 앞에서 가기를 사양하며 길을 양보했다. 그런데 어느 날 한 남자가 다리를 내밀고 서서 곽해가 지나가는 것을 바라보고 있었다. 곽해는 부하를 시켜 그 남자의 이름을 알아 오도록 했다.

부하 한 사람이 그 남자를 죽이려고 했다. 그러자 곽해는 만류했다.

"이 곳 사람들로부터 가벼운 대접을 받는 것은 내가 모자라는 사람이기 때문이다. 그 사람이 나쁜 것은 아니다."

그리고 곽해는 그 곳의 관리에게 가서 슬며시 부탁했다.

"내가 생각하는 선한 마음을 알아 주시고 부탁하는 사람을 모병(募兵)명부에서 빼 주시기 바랍니다."

그 결과, 그 남자는 병사들을 징집할 때 면제되었다. 이상하게 생각한 그 남자가 조사해 보니 곽해가 부탁을 했기 때문에 면제되었다는 것이었다.

뒤늦게 그 같은 사실을 알게 된 남자는 즉시 곽해를 찾아가서 엎드려 지난날에 저질렀던 무례한 행동에 대해서 사과했다. 그 이야기가 전해지자 근교에 사는 젊은이들은 더욱 곽해를 사모하게 되었다.

또 이런 이야기도 전해지고 있다.

낙양(洛陽)에 사는 한 남자도 남의 원한을 사서 곤경에 처해 있었다. 낙양의 유지들이 10명이나 차례로 중재하기 위해 나섰으나 상대방은 용서하지 않았다. 원한을 사고 있는 남자가 곽해를 찾아가 중재를 해 달라고 부탁했다.

곽해는 밤에 아무도 모르게 상대방의 집으로 찾아가 화해할 것을 설득했다. 곽해의 간곡한 설득에 상대방도 가까스로 원한을 풀기로 약속했다.

그러자 곽해가 말했다.

"이 문제로 이 지방의 유지들이 중재에 나섰지만 당신이 듣지 않았다는 것이 널리 알려져 있습니다. 그러나 다행히 당신은 내 중재에 응해 주셨습니다. 그러나 이 고장 사람이 아닌 내가 이 고장의 유지들을 젖히고 중재에 성공했다는 소문이 나면 유지들의 체면이 깎이고 당신 자신도 고장 사람이 아닌 타관 사람의 말을 들은 결과가 됩니다. 그것은 도리에 맞지 않습니다."

라고 말하고는 다음과 같은 묘안을 냈다.

"그러니까 일단 내 설득에 응하지 않은 것으로 하고 내가 돌아간 뒤에 이 곳 유지 한사람이 다시 한 번 찾아오거든 그 때 화해에 응하는 것이 좋을 것입니다."

정말로 수긍이 가는 세심한 배려가 아닐 수 없다.

〈노자(老子)〉에서도,

「적에게 언제나 이기는 사람은 싸우지 않으며, 사람을 잘 부리는 사람은 언제나 공손하다. 이것이 바로 부쟁(不爭)의 덕(德)이다(善勝敵者不與 善用人者爲之下 是爲不爭之德)」

라고 말하고 있다. 유협들의 몸에 배어 있는 좋은 면은 바로 이 「부쟁의 덕성」, 즉 싸우지 않는 덕성이었다.

〈한서(漢書)〉에서도 유협들의 특성을 「겸퇴(謙退)의 풍(風)」이라고 했는데 그것은 곽해와 같은 행동을 두고 한 말이라고 생각된다. 「겸퇴」란 겸손한 태도로 사양한다는 뜻이며, 「풍」은 풍속·풍습이라는 뜻으로도 쓴다.

결국 이 유협들은 아무리 큰 세력을 가지고 있더라도 사회의 그늘에서 산 사람들임에는 분명하다. 잘난 체하며 사회의 표면에 나타난다면 그 때부터 유협의 범주에 들지 않는다.

이와 같이 중국 역사에서 유협들은 의리와 신의와 용기에 행동력, 그리고 겸손을 행동 수칙으로 삼고 사회의 그늘에서 맥을 이어왔다. 따라서 백성들로부터 흠모와 존경을 받고 권력으로부터는 두려움의 대상이 되기도 했다. 또한 그들은 가끔 역사의 표면에 떠올라 그 물줄기를 바꾸어 놓기도 했다.

요즘 말로 표현하면 이들은 「사나이 중의 사나이」들이었다. 사욕을 버리고 명예를 탐내지 않고 사회의 저변에서 권력과 악의 세계에 대한 견제 세력으로, 오랜 중국 역사의 물줄기를 따라 지하수처럼 명맥을 유지해 온 존재들이었다.

17. 폭군들의 폭주

　중국 대륙과 우리 한반도는 그 규모에 있어서 비교가 되지 않는다. 그 넓이에 있어서는 두말 할 것도 없고 자연 경관도 역시 규모가 완전히 다르다. 우리나라의 한강(漢江)은 홍수가 나더라도 2, 3일 후에 비가 개고 물이 빠지기 시작하면 대개 일 주일 후에는 원래의 상태로 돌아간다. 그리고 강의 폭도 그다지 크지 않다.

　그러나 중국의 강은 그 규모면에서부터 엄청난 차이가 난다. 중국에서는 홍수가 나면 황하(黃河)가 범람한다. 황하가 한 번 범람하게 되면 지역에 따라서는 그 홍수가 빠지는 데 2개월이나 걸린다고 한다. 강의 폭도 바다처럼 넓어서 이쪽 기슭에서 저쪽 기슭이 보이지 않는 곳도 있다고 한다. 황하와 한강을 비교하면 실로 바다와 작은 강에 비유될 정도이다.

　그래서 옛날 삼황오제(三皇五帝) 시대의 요(堯), 순(舜)임금도 치수 사업(治水事業)을 매우 잘 했기 때문에 통치자로 받들어졌다고 한다.

　규모의 차이는 이와 같은 자연 조건에만 적용되는 것이 아니다. 옛 전장(戰場)을 비롯하여 모든 유적(遺跡)들에 이르기까지 중국의 모든 것은 대부분 규모가 크다. 그러므로 우리가 생각하는 척도로 시 싱싱하면 실제와는 맞지 않는다.

규모면에서 볼 때 중국 역사에 나타나는 권력(權力)의 규모도 또한 우리와는 판이하게 다르다.

북경(北京) 교외에 명(明)나라 때의 유물인 십삼릉(十三陵)이 있다. 이 십삼릉 중에서 발굴된 단 하나의 능이 있는데, 그 당시의 권력의 상징인 능의 호장(豪壯)함에 관광객들은 혀를 내두른다고 한다. 그리고 서안(西安) 교외의 건릉(乾陵)이나 소릉(昭陵) 등의 모양이나 분위기도 우리의 감각으로는 상상할 수 없을 정도라고 한다.

이 서안의 교외에는 진시황의 능묘도 있다. 〈사기〉의 「진시황본기(秦始皇本紀)」에 의하면 진시황의 능묘는 여산(驪山)에 조영되었다고 기록되어 있다. 여산이라면 우리나라 왕릉처럼 작은 산이라고 생각하기 쉽지만, 실제로는 해발 1천 m급의 산봉우리들이 줄지어 늘어선 산맥(山脈)과 같은 곳이다.

이와 같은 규모의 장대함은 당연한 일이겠지만 그 곳에서 살고 있는 인간들의 감성(感性)이나 발상(發想)에까지 영향을 미치게 된다.

대부분의 전쟁에서는 아무리 강한 적이 공격해 오더라도 그 지점이 전략적으로 필요한 곳이면 전원이 전사하더라도 사수하려고 한다. 그러나 중국인들은 불리하면 우선 도망갈 생각을 한다. 일제(日帝)가 중국 대륙을 침략했을 때도 중국군은 도망치는 것을 능사로 삼았다고 한다. 〈손자(孫子)〉의 병법에도 「승산이 없으면 싸우지 말라」고 했다. 말하자면 일단 후퇴하여 전력을 낭비하지 말라는 뜻이다.

이와 같은 전술관(戰術觀)도 그 나라의 땅이 무한대로 넓기 때문에 생겨난 것이다. 우리나라와 같은 작은 땅덩어리에서는 조금만 후퇴해도 더 이상 도망갈 곳이 없다. 6.25동란 때 서울을 빼앗긴 국군과 유엔군이 며칠 만에 낙동강까지 후퇴했던 것을 보기만 해도, 좁은 땅에서는 싸우지 않고 후퇴하여 전력을 보강한다는 것이 얼마나 어려운 일인가를 알 수가 있다.

그러나 중국에서는 얼마든지 도망쳐 다닐 수 있는 땅이 있으며 수만 명이나 되는 군대일지라도 감쪽같이 숨어 버릴 수 있는 곳이 얼마든지 있다. 따라서 추격하는 쪽에서 보면 철저하게 추격할 수가 없다. 일본 군대가 중국을 침략했을 때에도 10년 가까이 중국 군대를 추격하다가 결국 2차대전의 종결과 함께 뜻을 이루지 못했고, 약 2천 년 전의 유방(劉邦)도 역시 5년 동안이나 항우에게 쫓겨 다니는 동안에 승기(勝氣)를 잡아 항우의 군대를 격멸했던 것이다.

이와 같이 넓은 땅에서 수천 년 동안 살아온 중국인들은 그 규모면에서 우리와는 전혀 다르다. 우리는 섬세하고 성급하며 소심한 데 비해서 중국인들은 일반적으로 느긋하며 생각이 깊다. 이와 같은 그들을 두고 대륙적 기질이라고 하는데, 그들의 기질과 속마음도 역시 우리가 생각하는 것보다 규모가 크다. 그리고 악한 사람은 악한 사람대로, 착한 사람은 착한 사람대로 선과 악의 규모도 또한 역시 크다.

우리나라 역사에서 폭군이라고 하면 연산군(燕山君)을 꼽는 사람들이 많다. 그러나 이 연산군이 죽인 사람은 불과 수십 명에 지나지 않는다. 그러나 중국 역사에서 폭군이라고 불리워지는 사람들은 수만 명을 죽인 경우도 있다. 그것도 전쟁을 해서 죽인 것이 아니다. 모반했다고 누명을 씌우던가, 명령을 거역했다던가. 듣기 싫은 말을 했다던가……, 그런 구실을 붙여 한 사람의 제왕이 사형에 처한 사람이 수만 명이었다면 아연실색할 수밖에 없다. 그처럼 중국의 악인(惡人)들은 하는 일도 철저하지만 그 규모도 크다.

그런 폭군으로 중국 역사에서 가장 오래 된 사람은 은(殷)나라의 주왕(紂王)이다.

중국 역사에서 폭군이라고 하면 제일 먼저 듣게 되는 것이 이 인물인데 주왕의 포학성은 우리의 상상을 뛰어넘는다. 그는 달기(妲己)라는 미녀를 너무 사랑하여 그녀가 원하는 것은 무엇이든지 들어 주었다. 넓은 궁전을 짓고 사치스럽게 단장한 뒤 정치는 돌보지 않고 마음껏 즐기기만 했다.

놀며 즐기는 방법도 파격적이었다. 연못에 술을 부어서 채우고 주변의 나무들에 고기를 걸어 놓고는 그 사이를 남녀가 모두 벌거벗고 서로 뒤쫓으며 뛰어다녔다. 이런 연회가 밤낮을 가리지 않고 계속되었다고 한다. 주왕의 이와 같은 기상천외한 연회에서 「주지육림(酒池肉林)」이라는 말이 생겨났다.

그렇게 즐기기 위해서는 막대한 비용이 필요했다. 그 비용을 조달하기 위해서 주왕은 가렴주구(苛斂誅求)를 일삼았다. 그와 같은 가혹한 정치를 하자 제후(諸候)와 백성들 사이에서 학정을 원망하는 소리들이 높아질 수밖에 없었다. 그 같은 불평 불만에 대해서 주왕은 「포락(炮烙)의 형벌」이라는 잔혹한 처형으로 대처했다.

「포락의 형벌」이란 〈십팔사략〉에 의하면 구리기둥(銅柱)에 기름을 바른 뒤 숯불 위에 그것을 걸쳐 놓고 죄인을 걸어서 건너게 하는 형벌이었다. 당연히 죄인은 발이 미끄러져 숯불 속에 떨어져서 버둥거리게 된다. 주왕은 달기와 함께 몸부림치며 숯불에 타서 죽는 죄인들의 모습을 보고 손뼉을 치며 좋아했다고 한다.

이 주왕의 숙부(叔父)로 비간(比干)이라는 인물이 있었다. 그는 이와 같은 주왕의 무도함에 참지 못했다. 그는,

'군주에게 잘못이 있을 때 죽음을 무릅쓰고 간(諫)하는 것이 신하의 책임이다. 그렇게 하지 못한다면 어찌 신하들의 모범이 될 수 있겠는가'

라고 생각하고 어느 날 죽음을 각오하고 주왕에게 간언을 했다. 그러자 주왕은 자기 숙부의 간언에 귀를 기울이기는 고사하고 반대로 화를 내며 이렇게 말했다.

"그대는 성인(聖人)과 같은 말을 하는군. 성인의 심장에는 일곱 개의 구멍이 나 있다고 들었다. 그게 사실인지 조사를 해 보아야겠다."

주왕은 즉시 비간을 죽이고 그의 심장을 도려 냈다.

그와 같은 비도(非道)를 감히 저지르던 주왕은 바보였는가 하면 그렇지는 않았다. 오히려 머리가 확 트인 예민한 사람이었던 모양이다. 〈십팔사략(十八史略)〉에 쓰여진 기록은 주왕의 지혜를 이렇게 전해 주고 있다.

「신하에게 자기가 훌륭하다는 것을 설득하는 데 능했고, 천하에서 자기가 가장 높다고 호령했다. 자기만이 훌륭하고 모든 사람은 자기 아래에 있다고 했다」

천하에 자기 이상 가는 사람이 없다고 자만하며 신하들을 무능하다고 규정했다는 것이다.

「춘추오패(春秋五霸)」의 한 사람인 초(楚)나라 장왕(莊王)은 조의(朝議) 때 신하들에게서 자기보다 훌륭한 의견이 나오지 않으면

슬퍼했다고 한다. 따라서 주왕은 자기가 최고라는 과대망상에 빠진 극단적인 자기 도취형의 군주라고 말할 수밖에 없다. 그리고 그 같은 자기도취가 자기 조절을 불가능하게 만들었고 악(惡)의 방향으로 멈출 줄 모르고 폭주하게 만들었는지도 모른다.

은나라의 주왕이 나타난 것은 지금으로부터 3천여 년 전의 일이며 거의 전설적인 인물이다. 그러나 중국에서는 후에도 자주 그와 같은 폭군들이 나타나 역사를 휘젓고는 했다.

청(淸)나라 때의 사가(史家)인 조익(趙翼)은 그가 쓴 〈이십이사차기(二十二史箚記)〉에서 이렇게 기록하고 있다.

「옛부터 무도한 임금으로서 사람 죽이기를 좋아한 군주는 석호(石虎)·부생(苻生)·제(齊)나라의 명제(明帝)·북제(北齊)의 문선제(文宣帝)·금(金)나라의 해릉양왕(海陵煬王)이 있다」

그들 중에서 우선 부생에 대한 이야기를 알아 보기로 한다.

부생은 오호십육국시대(五胡十六國時代) 전진(前秦)의 2대 황제였다. 그는 철저하게 난폭한 군주였던 모양으로 2년밖에 제위에 머무르지 않았다.

<진서(晉書)> 「부생전」에서는 그의 난폭성을 이렇게 기록하고 있다.

「부생은 웅용(雄勇)하고 살생을 좋아했다. 손수 맹수와 싸우고, 뛰어가서 달리는 말을 따라잡았으며, 칼 쓰는 것과 말 타는 일에 뛰어났다」

그리고 또,

「광폭하게 술을 마시기를 좋아했다」

라고 기록하고 있다. 그리고 이 부생의 전기를 읽다가 보면,

「부생, 화를 내고 그를 죽였다」

라는 말이 자주 나온다. 그는 화를 잘 내고 화가 날 때마다 사람을 죽였던 모양이다.

따라서 불과 2년 동안의 재위 기간(在位期間)에,

「측근으로 뜻을 거슬러 죽음을 당한 사람이 헤아릴 수 없이 많고 종실(宗室)·훈구(勳舊)·친척·충신(忠臣)은 모두 살해되어 남아 있는 자가 거의 없었다」

라는 기록이 남을 정도로 수많은 사람들을 죽였다.

그러나 부생은 근본적으로 얼간이 노릇을 한 것은 아니었다. 이런 일도 있었다. 측근에 있는 사람 하나가,

"폐하께서 영명하시기 때문에 천하가 태평합니다."

라고 말하자,

"내게 아부하는구나."

라고 대꾸하고는, 그의 목을 자르게 했다.

그리고 한 측근이,

"형벌이 너무 엄격하다고 생각되지 않으십니까?"

하고 묻자,

"그대는 나를 비방하고 있다."

라면서 그 사람도 역시 목을 자르게 했다.

그처럼 부생은 확실한 판단을 할 수 있으면서도 행동은 언제나 정상적인 궤도에서 벗어나고는 했다.

군주가 그처럼 무궤도한 행동을 일삼고 있으면 그 밑에서 받드는 신하들이 큰 어려움을 겪게 된다. 부생은 드디어 신하들의 반란으로 살해되지만, 죽는 순간에도 정상적인 궤도를 벗어나고 있다.

「부생은 죽을 때 술을 여러 말 마셔서 정신을 잃을 정도로 취해 있었기에 죽음을 깨닫지 못했다」
라고 〈진서〉에서는 그의 최후의 장면을 기록하고 있다.

그러나 중국 역사에서 폭군이라고 하면 가장 유명한 사람은 수(隋)나라의 양제(煬帝)였다. 그는 주왕이나 부생처럼 신하들을 마구 죽이거나 술에 빠지지는 않았다. 그런데도 양제가 폭군이라고 말하는 이유는 주로 다음 두 가지 이유 때문일 것이다.

첫째는 계속해서 큰 토목공사를 시행하여 백성들을 도탄에 빠뜨렸고, 둘째는 고구려(高句麗) 원정을 무리하게 3회에 걸쳐 강행했다는 사실 때문이다. 그리고 이와 같은 폭주(暴走)를 하게 된 것은,
「끊임없이 욕심을 부리고 자기 재능을 믿고 자만했다」
라는 것이 그 원인이라고 한다.

그러므로 신하의 간언(諫言)에 귀를 기울이지 않고 자기의 뜻대로 폭주했다는 점에서는 확실히 폭군이라고 말할 수 있다.

양제는 만년에 각지에서 반란이 일어나자 남쪽에 있는 강도(江都)로 난을 피해 갔다. 자기 재능만 믿고 폭주하던 그도 이 때부터는 정치에 대한 관심을 완전히 버리고 말았다.

양제는 궁중에 백 개 이상의 방을 만들어서 방마다 각지에서 뽑아 온 미녀들을 살게 하고, 날마다 차례로 방을 옮겨 다니며 성대한 연회를 베풀며 미녀들과 즐겼다고 한다. 그쯤 되면 그의 황음(荒淫)도 역시 규모가 크다고 할 수밖에 없다.

그런 그도 역시 신하의 반란으로 잠을 자다가 죽음을 당하고 말았다.

파괴적이라는 점에 있어서는 수나라의 양제보다 명(明)나라의 태조 주원장(朱元璋) 쪽이 훨씬 더할지도 모른다. 이 주원장에 대해 조익(趙翼)은 〈이십이사차기〉에서 다음과 같이 평하고 있다.

「영명한 군주로서 사람을 즐겨 죽인 군주는 명(明)나라의 태조 (太祖)이다」

그리고 태조를 이렇게 평하기도 했다.

「명나라 태조는 확실히 성현(聖賢)·호걸·도적의 성품을 한몸에 지니고 있었던 사람이다」

조익의 평은 주원장이라는 인물의 개성을 잘 표현하고 있다. 우선 「영명한 군주」와 「성현」이라는 측면부터 살펴 보기로 한다.

주원장은 여기저기 떠돌아다니는 거지 중 출신이었다. 중국 역사를 아무리 잘 살펴 보아도 이렇게 철저한 밑바닥 인생이 황제가 된 예는 달리 없었다. 이와 같은 출신이었기 때문에 젊었을 때의 주원장은 거의 문맹(文盲)에 가까웠다. 그러나 후에 선천적인 자질과 후천적인 노력으로 학문에 정통했고, 훌륭한 문장(文章)을 쓸 수 있게 되었다.

「사신(詞臣:문장이 뛰어난 신하)의 윤색이 없더라도 그의 문장에는 영위(英偉)의 기풍이 있었다」

조익이 이렇게 말한 것만 보아도 그의 문장은 제법이었던 모양이다.

주원장은 천하를 평정하는 과정에서는 사리에 어긋나게 사람을 죽이는 것을 엄격하게 금지하고 있다.

「명조(明朝)는 베옷을 입고 제업(帝業)을 성취했다. 이 힘을 얻게 된 것은 '누구나 사람을 마구 죽이면 안 된다'라는 말 때문이었다」

　이 원칙을 지켰기 때문에 그는 사람들의 지지를 얻는 데 성공했던 것이다. 그것은 민심을 얻기 위한 주원장의 주도면밀한 배려라고 말할 수있다.

　황제가 된 뒤에도 그것을 끝까지 지켰다면 그는 창업의 명군으로 역사에 이름을 남겼을 것이다. 그러나 황제가 된 후에 그는 「사람 죽이기를 좋아하는 사람」 또는 「도적」이라는 평을 받게 되었다. 그는 창업공신들을 차례로 죽였다. 확실한 증거도 없이 모반의 죄를 뒤집어씌워 죽인 고관들의 수만 해도 실로 5만 명이 넘었다고 한다.

　전쟁에서 5만 명을 죽였다고 해도 굉장한 숫자인데 하물며 한 사람의 제왕이 이렇게 많은 신하와 고관들을 사형에 처했다면 도저히 믿어지지 않는 숫자가 아닌가. 그리하여 조익도 그 같은 사실을 기록하면서,

　「그 잔인함은 천고(千古)에 없는 일이다」

라고 탄식하고 있다. 그렇다면 그렇게 많은 사람들을 죽인 결과는 어떻게 되었을까?

　「재능 있는 사람으로서 수 년 동안에 다행히 살아남은 사람은 백에 한둘뿐이었다. 그러므로 관직에 임명할 수 있는 사람은 우유(迂儒:쓸모 없는 학자)와 속리(俗吏:쓸모없는 관리)뿐이었다」

　그렇게 참담한 인재 고갈 현상이 뒤따르게 되는 것은 두말 할 필요도 없다.

　그렇다면 명태조는 어째서 그렇게 마구 사람을 죽였을까?

　자기 손으로 얻은 천하를 자신의 피를 이어받은 자손에게 전하기 위해 그런 짓을 했다고 하지만, 아무래도 그것은 미치광이 짓이

라고밖에 생각할 수 없다.

이와 같이 주원장을 비롯한 중국 역사의 폭군들은 그 포악한 면에서도 스케일이 크다. 여기에서는 주왕·부생·수양제·주원장밖에 소개하지 못했지만 이들 이외에도 스케일이 큰 폭군들이 수없이 많다.

여기에 비하면 우리 역사상의 폭군들이 저지른 포악한 짓은 소꿉장난처럼 느껴진다. 역시 자연 조건의 차이에서 오는 스케일의 차이이다.

그러므로 우리는 중국인들과 거래를 하거나 협상을 할 때 이와 같은 규모의 차이에서 오는 그들의 본심을 읽을 줄 알아야 할 것이다.

18. 명장들의 지략

지략(智略)이라는 것은,
첫째, 정황(情況)에 대한 깊은 지식과
둘째, 적절한 대응 능력을 바탕으로 성립된다.

싸움에 이기기 위해서는 두말 할 것도 없이 이 지략이 필요하다. 그런데 이 지략은 반드시 전쟁에서만 필요한 것이 아니다. 냉혹한 경쟁이 벌어지고 있는 현실에서 낙오되지 않고 살아가기 위해서도 필요한 것이다.

지략은 그것이 우수한 것일수록 시대를 초월하고 국경도 초월하여 보편성을 갖게 된다. 따라서 옛날 중국의 명장(名將)들이 사용했던 훌륭한 지략들은 우리가 현대를 살아가는 데 있어서도 시사하는 바가 적지 않다. 그런 의미에서 중국의 명장들의 뛰어난 지략을 소개하기로 한다.

이 세상을 살아가는 데 있어서 지략을 갖고 있지 않은 인간은 현실이라는 파도 위에서 목각인형(木刻人形)처럼 이리 밀리고 저리 밀리는 존재밖에 되지 못한다. 특히 리더의 위치에 있는 사람이 지략을 갖고 있지 못하다면, 그것으로 인해 야기되는 피해 현상은 상상할 수 없을 만큼 크다. 정직과 우직 일변도의 리더가 있다면 그런 리더는 무능한 안간이라고밖에 말할 수 없다.

따라서 윗자리에 있는 사람일수록 뛰어난 지략을 지니고 있어야 한다.

중국 역사에 나타난 수많은 사례(事例)들 중에서 뛰어난 지략 하나를 소개한다면,

「위나라를 포위하여 조나라를 구한다(圍魏救趙)」

라는 유명한 고사에 얽힌 지략일 것이다.

지금으로부터 2천 수백 년 전 전국시대(戰國時代)에 있었던 일이다. 위(魏)나라의 대군이 조(趙)나라의 도성 한단(邯鄲)을 포위했다. 필사적으로 방위하던 조나라는 아무래도 견딜 수 없다고 판단하고 제나라에 구원을 청했다.

제나라에서는 요청을 받아들이기로 했다. 왕족인 전기(田忌)를 총사령관에 임명하고 손빈(孫臏)을 군사(軍師)로 임명하여 구원군을 편성했다.

총사령관 전기는 즉시 군대를 이끌고 한단으로 달려가려고 했다. 위기에 처해 있는 곳이 조나라의 도성 한단이었기 때문이다. 그래서 전기는 한단을 구하기 위해서는 당연히 군대를 이끌고 한단으로 달려가야 한다고 생각했던 것이다. 그 같은 전기의 생각은 누구나 수긍할 수 있는 상식적인 발상이었다.

그러나 그 의견에 반대하고 나선 것이 군사 손빈이었다. 그는 이렇게 주장했다.

"엉킨 실을 풀 때도 억지로 잡아당기면 풀어지지 않습니다. 싸움을 말릴 때도 중간에 뛰어들어 양쪽을 마구 때리든가 어느 한쪽만을 때리면 그 싸움은 멈추어지지 않습니다. 상대방의 허(虛)를 찔

러야만 형세가 자연히 유리해지는 것입니다. 위나라는 지금 조나라와의 싸움에 전군(全軍)을 투입하고 있기 때문에 국내에는 노약(老弱)한 병사들만 남아 있습니다. 이 기회를 이용하여 방비가 허술해진 위나라 도성인 대량(大梁)을 침공하는 전법을 써야 합니다. 그렇게 하면 위나라의 군대는 반드시 조나라 공격을 중지하고 자기나라로 철수할 것입니다. 그러므로 위나라의 도성을 먼저 공격하는 전법은 조나라 도성의 포위를 풀게 하고 위나라의 군사를 피폐해지게 만드는 일석이조(一石二鳥)의 방책이라고 생각합니다."

전기는 손빈의 작전에 따르기로 했다. 그는 즉시 대규모의 군대를 이끌고 진군해서 위나라의 도성인 대량을 공격했다.

그 사실을 알게 된 위나라 군대는 즉시 한단의 포위를 풀고 급히 귀국길에 올랐다. 전기의 제나라의 군대는 계릉(悷陵)에서 그들을 맞아서 싸워 크게 이겼다.

이 같은 손빈의 지략은 당면한 쟁점(爭點)과는 다른 곳에서 돌파구를 찾는 책략이었다. 그리고 찾아 낸 돌파구가 상대방의 급소일 경우는 그 효과가 한층 더 크게 마련이다. 이 때의 손빈의 전술은 이면전술(裏面戰術) 또는 헌점공격전술(軒点攻擊戰術)이라고 말할 수 있다.

훗날, 〈삼국지〉의 조조(曹操)도 손빈이 사용한 전술과 같은 전략을 구사하여 여러 곳의 전투에서 승리했다.

고사성어에 「배수의 진(背水之陣)」이라는 유명한 말이 있다.
「배수의 진」이라고 하면 일반적으로 끝까지 쫓긴 상태에 놓인 사람이 더 이상 도망갈 수 없는 궁지에 몰렸을 때 사용하는 마지막 방법이라고 생각하기 쉽지만 본래의 뜻은 그렇지 않다.

유방과 항우가 황하(黃河) 유역에서 천하를 놓고 겨루는 사투를 되풀이하고 있었을 때의 이야기이다. 고전(苦戰)을 거듭하고 있던 유방은 어떻게 해서든지 전황(戰況)을 타개하기 위해 부하인 한신(韓信)에게 군대를 주고 북방(北方)을 공격하도록 했다. 이 때 한신은 유방의 기대에 어긋나지 않게 위(魏)와 대(代)를 공략한 뒤 조(趙)를 공격했다. 그러나 막상 조나라를 공격했을 때 한신의 군대는 1만도 되지 않았고 상대방 군대의 수는 20만이나 되었다. 그리고 조나라 군대는 견고한 성을 쌓고 수비를 완벽하게 하고 있었다. 그런 상황이고 보면 웬만한 전략으로는 도저히 이길 수가 없었다.

그러나 한 가지 계략을 짜낸 한신은 우선 2천 명의 경기병(輕騎兵)을 선발하여 그들 전원에게 붉은색인 한나라 깃발을 나누어 주었다. 그리고 그들에게 조나라군을 내려다볼 수 있는 산 속에 숨어 있으라고 명령했다.

"거기 숨어서 기다려라. 내일 우리 군대는 싸우다가 거짓으로 패주(敗走)할 것이다. 그러면 적은 성채를 비우고 추격해 올 것이다. 그 틈을 타서 너희 경기병들은 적의 성채로 들어가 우리 한(漢)나라의 붉은 깃발들을 모조리 세워 놓도록 하라."

이어서 한신은 나머지 주력부대를 이동시켜 조나라 군대가 진을 치고 있는 성채가 정면으로 바라보이는 강을 등지고 포진했다. 다음 날 아침 강가에 진을 친 한신의 군대를 본 조나라 군사들은,

"병법(兵法)의 정석(定石)도 모르는 놈들이다."

라면서 비웃었다. 강을 등지고 포진한 한신의 포진 방법은 병법의 정석에는 없는 것이었기 때문이다.

그러나 한신은 개의치 않고 일개 부대만을 이끌고 성채를 공격했다. 그러자 한신의 군대를 깔본 조나라 군대가 일제히 성 안에서

나와 응전했다. 한신은 한동안 열심히 싸우다가 장군기(將軍旗)를 버리고 강가에 있는 본진으로 달아났다. 기세등등해진 조나라의 대군이 그 뒤를 추격해 왔다. 강가에 포진해 있던 한신의 군대는 조나라의 20만 대군을 맞아 열심히 싸웠다. 그러나 강을 등지고 있었기 때문에 도망갈 수도 없었다. 전군이 죽음을 각오하고 싸울 수밖에 없었다. 기세가 등등했던 조나라 군대도 그처럼 필사적인 저항에는 어쩔 수가 없었다.

그러는 동안에 텅 빈 성채는 한신 측의 별동기병대(別動騎兵隊)에 의하여 점령되고 한나라의 붉은 깃발 2천 개가 성채를 뒤덮었다. 그것을 본 조나라 군대는 불안해졌다. 중요한 본거지가 적에게 점령되었다는 불안감은 동요로 바뀌고 얼마 후에는 싸울 용기마저 잃고 말았다. 결국 그들은 도망치기 시작했고, 도망치던 조나라 군대는 한신의 군대에게 협공을 받아 산산이 무너지고 말았다.

한신의 교묘한 작전이 적의 대군을 무찌르고 승리를 가져다 준 것이다.

그러나 한신의 부하 장군들은 대승리를 했는데도 불구하고 한신의 이 작전에 납득이 가지 않았던 모양이다. 전투가 끝난 뒤 한 장군이 한신에게 물었다.

"병법(兵法)에는 산을 등지고 물을 앞으로 하고 싸우라고 했습니다. 그런데 이번 싸움에서 우리는 물을 등지고 싸웠는데도 불구하고 크게 이겼습니다. 저희들은 그 까닭을 알 수 없습니다."

그러자 한신은 이렇게 대답했다.

"그렇지 않다. 이번 전략도 병법에 있는 전략이다. '나 자신을 사지(死地)에 몰아넣음으로써 비로소 살아남을 수 있다'는 말이 병법에 있다는 것을 그대들은 모르고 있었군. 그 병법을 그대로 이용하기 위해서 생각해 낸 것이 「배수의 진」이었다. 우리 군대는 훈련이 덜 된 신병들이 많기 때문에 생지(生地:도망치면 살 수 있는 곳)에 포진을 하면 적의 대군이 공격해 올 경우 모두 흩어져 도망치기 쉽다. 그래서 죽을 때까지 싸우지 않을 수밖에 없는 사지(死地)에 진을 친 것이다.”

한신의 설명을 듣자 모든 장군들은,

“정말로 놀라운 병법입니다. 저희들은 감히 미치지 못한 생각을 하셨습니다.”

라면서 머리를 숙였다고 한다.

여기서 한신이 이용했다는 병법은 〈손자(孫子)병법〉을 가리킨다. 〈손자병법〉의 「구지편(九地篇)」에서는,

「병사를 망지(亡地:죽을 수밖에 없는 절대절명의 땅)에 투입하면 멸망하지 않으며, 병사를 사지(死地)에 빠뜨려야 비로소 살아남을 수 있다. 모든 군사들을 위태로운 전지(戰地)에 빠지게 한다면 결사적으로 싸워 승리할 수가 있다」

라고 가르치고 있다.

한신의 「배수의 진」은 이 손자병법 「구지편」을 응용한 것으로서 죽음 속에서 활로를 찾는 술책이었다. 그러나 만에 하나라도 이 병법을 요행을 바라는 최후의 궁여지책이라고 오해해서는 안 된다. 이 병법을 도입하려면 한신처럼 적의 정황(情況)을 충분히 읽고 정확한 계산을 한 뒤라야 성공할 수 있다는 점을 잊어서는 안 된다.

여기서도 우리는 한신의 비범한 면을 발견할 수 있는 것이다.

위축된 심리는 폭발력을 가지고 있다.

오기(吳起)가 초나라에 발탁되기 전, 그러니까 위나라의 무후(武
侯)를 섬기고 있었을 때의 일이다. 이웃나라인 진(秦)나라가 5십만
대군을 이끌고 쳐들어온다는 급보가 들어왔다.

위나라와 진나라는 항상 충돌을 거듭해 오기는 했지만 이번 사
태는 심상치 않았다. 때문에 당황한 위왕은 오기를 임지인 서하(西
河)에서 급히 불러들여서 말했다.

"장군, 우리나라에는 지금 5십만 대군을 맞아서 싸울 군대가 없
으니 큰일이오."

오기가 침착한 어조로 대답했다.

"5십만 대군 정도라면 놀라시지 않아도 됩니다. 우리의 군대 5만
명만 있으면 족합니다. 하지만 지금까지 공적이 별로 없었던 장졸
들로 모아 주십시오."

「공적이 있는 자」가 아니라 「공적이 없는 자」들을 원했다. 위
나라에서는 전부터 오기의 건의에 따라 공적 평가를 엄격하게 실
시하고 있었던 것이다.

설명하자면 싸움이 끝난 후에 연회를 베풀게 되면 사대부들은
신분에 관계없이 세 줄로 나누어 앉게 되어 있었다. 맨 앞줄에는
최고의 공적이 있는 자들을. 다음 줄에는 중간치를 앉히고 공적이
없는 자들은 맨 뒷줄에 앉혀 술상과 음식 그릇까지도 차별을 두었
던 것이다.

때문에 위왕은 오기의 말이 너무나 뜻밖이라고 생각하며 자기의
귀를 의심했다.

'도대체 그런 자들만을 모아서 어쩌겠다는 것인가?'

하기만 오기가 노리는 점은 다른 데에 있었다. 지금까지 아무런

평가를 받지 못하고 있는 그들의 굴욕감을 역이용하자는 것이었다.

"그들을 아마도 틀림없이 사력을 다해서 싸울 것입니다. 불명예와 수치를 씻겠다는 생각을 가진 5만의 군대는 능히 5십만의 적군을 물리칠 수 있을 것입니다."

위왕은 그 말에 수긍하면서 5만 명의 군대를 내어주면서 출진케 했다. 그리고 오기는 그들을 이끌고 싸워 진나라의 5십만 대군을 크게 격파했는데, 실은 오기 자신도 그 무렵에 다소 불우한 처지로 밀려나 있었다. 때문에 그 자신의 심정이 평가를 받지 못한 사람들의 그 같은 심정을 이용하게 한 것이 아닐까 하고 분석하는 사람들도 있다.

어쨌든 그의 작전은 역학적으로 볼 때 압축된 에너지의 폭발력을 이용한 뛰어난 지략이었다고 말할 수 있다.

〈삼국지〉의 시대는 그보다 훨씬 뒤이지만 이 시대에도 여러 명장(名將)들이 뛰어난 지략을 보여 주고 있다. 그것들 중의 대표적인 예가 오(吳)나라의 명장 육손(陸遜)이다.

촉(蜀)나라의 유비(劉備)가 대군을 이끌고 장강(長江)의 급류를 따라 내려와 오(吳)나라를 침범했다. 그들을 맞아 싸운 오나라의 총사령관이 육손이었다.

처음에 촉나라 군대가 공격해 온다는 말을 들었을 때 오나라의 장군들은 모두 흥분하여 '빨리 출전해야 한다'면서 서둘렀다. 그러나 육손은 조금도 서두르지 않았다. 오히려 다음과 같이 말하며 출전을 서두르는 부하 장군들을 제지했다.

"기다려야 한다. 유비는 전군을 총동원하여 공격해 왔다. 또한 그

기세는 당할 수 없을 만큼 대단하다. 더욱이 상대방은 요해(要害)의 땅에 포진해 있기 때문에 공격해서 격파하기가 어렵다. 다행히 공격해서 격파했다고 하더라도 전멸시킬 수는 없다. 반대로 공격하여 실패할 경우 돌이킬 수 없는 사태가 일어난다. 그러니 우리는 잠시 동안 병사의 사기를 높이며 만반의 준비를 갖추면서 정세의 변화를 기다려야 한다. 느긋하게 허리를 펴고 적이 피곤해질 때를 기다리는 것이 현명한 방법이다."

그러나 부하 장군들은 육손의 뜻을 이해하지 못하고,

"육손 장군은 적의 기세에 두려움을 느끼고 있다."

라고 말하며 불평했다.

오나라 군대가 공격해 오지 않고 느긋하게 수비만 하고 있자 곤란해진 것은 유비쪽이었다. 날이 갈수록 그의 원정군에게는 피로가 쌓였다. 그렇게 서로 버티기를 수 개월, 전선은 완전히 교착 상태에 빠졌다.

육손은 그렇게 되기를 기다리고 있었던 것이다.

'드디어 때가 왔다.'

라고 판단한 육손은 부하 장군들을 몰아 반전공세(反戰攻勢)를 시도했다. 그러자 부하 장군들은 이렇게 말하며 반대했다.

"때가 늦었습니다. 공격을 하려면 적이 공격해 왔을 때 즉시 했어야 합니다. 지금의 적은 5,6백 리나 깊숙이 우리 영토 안에 들어와 여러 곳에 진을 치고 수비 태세를 굳혔습니다. 또 그렇게 한 지 이미 7,8개월이나 됩니다. 그러므로 지금 공격을 하더라도 승산이 없습니다."

그러자 육손은 이렇게 말했다.

"유비는 천군만마(千軍萬馬)를 거느린 노련하고 강력한 사람이다.

그런 그가 대군을 이끌고 공격해 왔을 당시에는 충분히 작전 계획을 세우고 있었을 것이다. 그런 때에는 싸움을 걸더라도 승산이 없다. 그러나 지금은 전선이 교착 상태에 빠져 있다. 적의 병사들은 지쳐 있고 사기는 땅에 떨어져 있다. 그들은 어려운 국면을 타개할 묘책도 없이 그날 그날을 보내기만 하고 있다. 적을 포위하여 섬멸할 기회는 지금밖에 없다."

육손은 그렇게 말하고는 일제히 공격하라고 명령했다. 그리고 작전 계획대로 적의 주둔 병영에 화공(火攻)을 하여 승리를 거두었다.

이 육손의 전략도 〈손자〉의 병법에 있는 것이었다.

「도망을 함으로써 적이 피로해질 때를 기다린다」

자기 병력을 온존(溫存)하면서 적이 피로해질 때를 기다린다는 뜻이며, 육손의 작전도 그것이었다.

이 싸움에서 주의할 점은 육손과 부하 장군들의 정황(情況)에 대한 판단이 완전히 달랐다는 점이다. 결과적으로 육손의 작전을 따랐기 때문에 승리했으므로 육손의 판단이 옳았던 것이다. 그런 의미에서 보면 육손의 승리 역시 정확한 정황 판단에 의한 승리였다고 할 수 있다.

「손자」의 병법에 다음과 같은 내용이 있다.

「싸움에 능숙한 사람은 무리하지 않고도 자연스럽게 이긴다. 그러므로 승리하더라고 그 지략은 사람의 눈에 띄지 않으며, 그 용감한 공(功)은 사람들로부터 칭찬받는 일이 없다」

이 말의 뜻은 야구(野球)에 비교하면 이해하기 쉬울 것이다. 훌륭한 외야수(外野手)는 처음부터 타자(打者)의 버릇을 알고 수비 위치를 바꾼다. 그리고 '딱' 하는 소리와 함께 재빨리 공이 날아가는 방향을 판단하고 그쪽으로 달려간다. 그렇게 하기 때문에 아무리 어려운 타구라도 쉽게 공을 잡을 수 있다. 반대로 서투른 외야수는 공이 날아가는 방향으로 달리는 출발이 늦기 때문에 잡기 쉬운 타구까지도 제대로 잡지 못한다.

「손자」에 의하면 수준 높은 지략은 유능한 외야수의 경기와 같은 것이다. 정확한 판단력을 발휘해 재빨리 대책을 세우기 때문에 사태가 악화되기 전에 문제를 해결하고 만다.

그러므로 수준 높은 지략은 다른 사람의 눈에 잘 띄지 않는다.

이와 같은 지략의 실례를 하나 더 소개한다.

유방이 항우를 멸망시키고 천하를 통일한 뒤의 일이다. 부하 장군들에 대한 논공 행상을 해야 하는데 공로의 우열 때문에 쉽사리 결정을 내리지 못하고 있었다.

그러던 어느 날, 유방이 궁전 복도에서 정원 끝을 바라보니 장군들이 모여서 무엇인가 열심히 이야기를 하고 있었다. 유방은 자기 뒤에 서있는 군사(軍師) 장량을 돌아보며 물었다.

"저들은 지금 무슨 이야기를 저렇게 열심히 하고 있는 것인가?"

"그걸 모르시겠습니까? 그들은 지금 반란을 계획하고 있는 것입니다."

장량이 대답했다. 반란이라는 말을 들자 유방은 놀랐다.

"천하가 완전히 평정되어 편안해졌는데 무엇 때문에 반란을 생각한단 말인가?"

그러자 장량이 다시 대답했다.

"폐하께서는 일개 서민으로서 군대를 일으키고 그들로 하여금 싸우게 하여 천하를 손에 넣으셨습니다. 그러나 이번 논공 행상에서 은혜를 입은 사람은 일부의 측근들뿐입니다. 그리고 주벌(誅罰)을 받은 것은 평소에 폐하의 미움을 받던 사람들뿐입니다. 지금 폐하의 명을 받들어 모든 사람의 공적을 평가하는 일이 진행되고 있지만, 그들에게 봉지를 나누어 주려면 천하를 모두 나누어 주어도 부족합니다. 그렇기 때문에 저들은 영지를 받기를 고사하고 오히려 누명을 쓰고 벌을 받을지도 모른다고 생각하고 저렇게 모여서 반란을 꾀하고 있는 것입니다."

"그렇다면 어떻게 해야 좋겠는가?"

"폐하께서 평소에 미워하시면서 아직 주벌을 가하지 않은 사람들 중에서 폐하가 미워한다는 것을 누구나 다 알고 있는 인물이 있으면 말씀해 주시기 바랍니다."

"그런 인물을 말하라면 옹치(擁齒)가 있다. 옹치에게는 옛날부터 원한이 있었지만 공적이 크기 때문에 지금까지 참고 있다."

"그렇다면 옹치에게 당장 영지를 주고 모든 사람들에게 그 사실을 알리시기 바랍니다. 폐하의 미움을 사고 있는 옹치가 제후에 봉해졌다면 다른 장수들도 모두 안심하고 기다리게 될 것입니다."

유방이 장량의 진언을 받아들여 옹치에게 영지를 준다고 발표하자 모든 장수들은 일제히 환호성을 올리며 말했다.

"옹치에게까지 제후 자리를 주셨다. 그렇다면 우리는 모두 안심해도 될 것이다."

그 뒤부터 장군들의 불만은 완전히 가라앉았다. 악화되어 가던 문제를 아무렇지도 않게 간단히 해결해 버린 장량의 이 지략이야말로 지략 중의 지략이었던 것이다.

이와 같이 옛날이나 지금이나 인간에게 있어서 지략은 위기를 극복하는 데 있어서 필수적인 도구가 된다. 지략이 없는 인간은 상황의 변화에 이리 밀리고 저리 밀리는 부평초와 같은 존재밖에 되지 못한다.

따라서 우리는 복잡한 현대사회에서 살아나가기 위해 모든 상황에 대처할 수 있는 수준 높은 지략을 짜내고 실천할 수 있어야 한다.

19. 황로의 술(術)

　오늘날에도 지구상에는 자기 나라 국민을 제대로 먹여 살리지 못하는 위정자들이 많이 있다. 그러나 모든 국민이 굶주리지 않고 하루 세 끼를 먹게 된 것은 몇몇 나라를 제외하고는 얼마 전까지만 해도 그렇게 많지 않았다.

　과학이 발달하고 농업 기술이 발달하면서 식량이 급속도로 증산되기 시작한 20세기 후반기를 넘어서야 비로소, 굶주림에서 해방되는 나라들이 늘어났다.

　우리나라도 불과 수십여 년 전만 해도 「보릿고개」라는 것이 있었다. 농민들과 영세민들은 하루 세 끼 밥을 먹지 못하는 경우가 허다했다. 이제는 농업 기술의 발달로 식량이 증산되고 쌀의 자급자족이 가능해졌지만, 불과 수십여 년 전까지만 해도 절대량의 식량이 부족해 굶주리는 사람이 많았고 해마다 쌀값 파동이 일어나곤 했었다. 그러나 이제는 우리나라도 밥을 굶는 사람들은 없게 되었다.

　중국도 마찬가지였다. 오랜 중국의 역사를 보면 국민들을 굶기지 않고 고루 고루 먹여 살린 위정자는 드물었다. 지배계급은 잘 먹고 잘 살았지만 대다수의 국민들은 제대로 먹지도 못하고 입지도 못하는 어려운 생활을 유지해 왔던 것이다.

이런 어려운 중국의 역사 속에서도 모든 사람이 골고루 배불리 먹고 근심 걱정이 없는 태평시대를 구가한 이상적인 시대가 있었다.

이와 같은 태평시대를 상징하는 것으로 「고복격양(鼓腹擊壤)」이라는 말이 전해져 내려오고 있다. 이 말은 「배를 두드리고 땅을 구르면서 노래한다」는 뜻을 가지고 있으며 풍요를 즐기는 태평시대를 상징하는 말이다.

「고복격양」이라는 말의 출전은 〈십팔사략〉이다. 〈십팔사략〉에 의하면 이 말과 관련된 다음과 같은 고사가 소개되어 있다.

옛날 중국에 성인에 가까운 요(堯)라는, 임금이 있었다. 요 임금은 천하를 다스린 지 50년이 되었지만 도대체 천하가 잘 다스려지고 있는지, 또는 잘 다스려지지 않고 있는지 자기 자신도 알 수가 없었다. 그리고 백성들이 자신을 천자로 받드는 것을 좋아하고 있는지 싫어하고 있는지도 알 수가 없었다. 그래서 측근의 신하에게 그것에 대해서 물어 보았다. 그러나 신하들도 잘 모르겠다는 것이었다. 조정에서 근무하는 관리들과 나라의 유지들에게 같은 내용을 물어 보았다. 그러나 그들의 대답도 한결같이 잘 모르겠다는 것이었다.

그리하여 요 임금은 변장을 하고 나가서 자기가 직접 확인해 보기로 했다. 그는 거리로 나갔다. 그러자 아이들의 노랫소리가 들려왔다.

"우리가 이렇게 편한 것은 천자님(임금님) 때문이다.
머리를 써서 생각할 필요도 없이

이끌어 주시는 대로 살아가면 된다."

그리고 얼마를 더 가 보았더니 이번에는 한 늙은이가 입을 오물오거리며 「고복격양」을 하면서 노래를 부르고 있었다.

"해 뜨면 나가서 농사를 짓고
해 지면 집으로 돌아와 쉰다
우물을 파서 물을 마시고
밭을 갈아 곡식을 거두어 먹으면 되는데
임금님의 권력 같은 게 내게 무슨 소용인가."

노인의 노래 소리를 들은 요 임금은 안심하고 궁전으로 돌아왔다.

이 「고복격양」의 「고복」이란 배를 두드린다는 뜻이지만 「격양」에는 다음과 같은 3가지의 해석이 있다.

첫째, 「양(壤)」이란 흙으로 만든 악기라는 의미를 가진 글자이다. 따라서 「격양」이라는 것은 악기를 두드린다는 뜻이다.

둘째, 「양」이란 목제(木製) 깔개(방석과 같은 것)처럼 생긴 것이라는 의미를 가지고 있다. 따라서 「격양」이란 이 「양」을 땅 위에 놓고 멀리 떨어진 곳에서 다른 「양」을 던져 맞추는 놀이라는 뜻이다.

셋째, 「양」은 대지(大地)라는 의미를 가지고 있다. 따라서 「격양」은 발로 땅을 구르면서 박자를 맞추는 것이라는 뜻이다.

이 세 가지 해석은 제각기 일리가 있지만 여기서는 「발로 땅을 구른다」로 해석하는 것이 옳을 것이다. 그러므로, 「고복격양」이란 「배를 두드리며 발을 굴러 박자를 맞추어 노래를 부르다」로 해석하는 것이 자연스럽다.

그러나 우리가 관심을 가져야 할 것은 「고복격양」 자체가 아니라 발을 굴러 박자를 맞추며 부른 노인의 노래 가사라고 생각된다.

물론 해가 뜨면 일어나서 밭을 갈아 가족이 오순도순 모여 앉아 배불리 먹고, 우물을 파서 맑은 물을 먹도록 백성들에게 자유를 주는 임금이 있으니까 그 권력을 두려워할 필요가 없다는 뜻으로 해석할 수도 있다. 그러나 이 노래 가사의 끝 부분을 볼 때, 착한 임금이 백성을 귀찮게 하지 않고 자유롭게 살게 하여 고맙다는 뜻과 함께, 제발 이렇게 거리낌 없이 자유롭게 사는 우리들을 임금님의 권력(權力)이 간섭하지 말아 달라는 뜻도 포함되어 있다고 볼 수가 있다.

중국인들은 옛날부터 정치 권력이 생활의 구석구석까지 개입해 오는 것을 싫어하는 습관이 있었다. 그들의 오랜 경험에서 권력의 작용은 백성의 생활에 손해밖에 가져다 주지 않는다고 믿었기 때문이다. 따라서 '우리들의 일은 우리가 알아서 하겠으니 간섭하지 말라'는 것이 그들의 오랜 바람이었다. 「고복격양」의 노래를 부른 노인의 노래 가사에서도 그와 같은 원망(願望)이 짙게 풍기고 있다고 해석할 수도 있다.

사실 중국에서는 권력이 강권을 발동하면 잘 되던 일도 제대로 되지 않는다. 무슨 일이든지 민간인의 자발적인 활력(活力)에 맡기고 그것을 뒤에서 도와 주는 방향으로 정책을 전개하는 쪽이 더 효과적이라고 해석할 수도 있다.

얼마 전에 중국에서 의욕적으로 조직했던 인민공사 제도(人民公社制度)의 실패 역시 이와 같은 중국인들의 기질에서 오는 것으로 보는 학자들이 많다. 인민공사 제도를 실시하자 국민들은 의욕을 잃어 생산의 정체를 초래했었다. 그래서 당국은 이 제도를 폐지하고 책임생산제를 채용하여 민간의 활력을 북돋웠으며, 그 결과 생산이 급상승했다는 보도가 있었다.

이와 같은 중국인들의 기질에 공산주의가 맞을 리 없다. 모택동이 중국을 적화한 뒤 37년 동안 온갖 통제와 조직을 동원하여 공산주의를 완벽하게 실현하고자 했으나 결국 국민성에 한계를 느꼈다. 또한, 근래에 와서 개방정책을 취하며 자유주의 경제체제를 도입한 것은 이런 맥락에서 해석할 수도 있을 것이다.

이와 같은 중국인들의 기질을 염두에 두고 생각할 때 '임금의 권력 같은 게 내게 무슨 소용인가'라는 노인의 노래 속에서 흐르는 사상이 오늘날의 중국인들에게도 남아 있다고 보아도 크게 잘못은 아닐 것이다.

그리고 그것은 수천 년 전 태평성대였던 요·순시대부터 내려오는 중국인들의 소원인지도 모른다.

이런 중국인들의 소원을 정치적인 이론으로 체계화한 것이 「황로(黃老)의 술(術)」이다. 「황제(黃帝)와 노자(老子)의 술(術)」을 생략하여 「황로의 술」이라고 부른다.

이 「황로의 술」은, 실은 노자가 주장한 정치 이론인데 노자 위

에 황제라는 뜻인 「황」이 붙은 것은 노자의 추종자들이 자기의
학설에 권위를 부여하기 위하여「황제(黃帝)」의 이름을 빈 것에
지나지 않는다.

그렇다면 「황로의 술」이란 어떤 것인가. 〈노자〉에서는 그것
을 이렇게 말하고 있다.

「대범한 정치를 하면 백성들은 스스럼없이 순박하게 살 수 있
다. 세밀하고 빈틈없는 정치를 하면 백성들은 순박함을 잃고 간교
해진다」

모든 것을 있는 그대로 인정하고 인위적으로 고치려고 하지 않
는 정치가 「대범한(閻閻) 정치」라고 노자는 말했다.

〈노자〉에서는 최고 지도자를 네 가지 등급으로 나누고 그 특
징을 이렇게 규정하고 있다.

「최상의 제왕이란 백성들이 그가 있는 것조차 알지 못하는 존재
이며, 그 다음은 친근감을 느끼고 칭찬하는 제왕이다. 그 다음은
백성들이 두려워하는 제왕이며, 마지막으로는 백성들이 경멸하는
제왕이다」

이것을 좀더 알기 쉽게 해석하면 다음과 같다.

「가장 이상적인 지도자는 부하들이 그 지도자가 존재한다는 사
실조차 의식하지 못할 정도로 그늘에서 완벽하게 조정을 하는 지
도자이다. 부하로부터 존경받고 사랑을 받는 지도자는 가장 이상적
인 지도자보다 한 단계 아래에 속한다. 두 번째 지도자보다 못한
것은 부하들이 두려워하는 지도자이고 가장 저질의 지도자란 부하
로부터 경멸당하고 멸시를 당하는 지도자이다」

＜노자＞는 이와 같이 지도자를 그 우열에 따라 네 단계로 구분한 뒤에 이렇게 덧붙이고 있다.

「훌륭한 지도자는 변명도 하지 않고 자기 선전도 하지 않는다. 그리고 훌륭한 업적을 남겼더라도 자신의 노력 때문이라고 부하들에게 인식시키지 않는다. 이런 지도자상이 가장 이상적이다」

그야말로 '제왕의 권력 같은 것이 내게 무슨 소용인가'라고 노래한 노인의 바람처럼 ＜노자＞는 제왕의 이상적인 존재 양식을 무위(無爲)의 경지에까지 끌어올려야 한다고 주장하고 있는 것이다.

이와 같은 ＜노자＞의 주장이 민중편에 서 있는 주장인지, 또한 권력편에 서 있는 주장인지 확실하지 않다고 말하는 학자들이 있다. 그러나 ＜노자＞는 약자(弱者)의 입장에서 난세(亂世)를 살아가는 데 필요한 처세의 지혜를 설명해 주고 있다는 점은 부정할 수가 없다. 따라서 ＜노자＞는 「제왕학(帝王學)」도 아니고 「출세학(出世學)」도 아니다. 오직 '제왕의 권력 같은 것이 내게 무슨 소용인가'하고 노래한 노인의 기분을 설명하고, 그런 경지야말로 우리 인간의 참모습이라는 것을 열심히 설파하고 있는 것이다.

＜노자＞를 쓴 사람은 노담(老聃)이라는 인물이라고 하지만, 이 인물에 대해서는 제각기 설이 다르기 때문에 단정을 내리기는 어렵다. 그러나 사마천의 ＜사기＞에 소개되어 있는 그의 인물됨은 무척 매력적이다.

＜사기＞에 기록된 노자의 전기를 간추려 보면 다음과 같다.

노자는 초(楚)나라 고현(苦縣)의 여향(勵鄕), 곡인리(曲仁里) 사람이다. 성은 이(李)씨이고, 이름은 이(耳), 자(字)는 담(聃)으로 주(周)

나라 왕조의 수장실(守藏室:지금의 도서관 같은 것)에서 근무하는 하급 관리였다.

공자(孔子)는 젊었을 때 노자를 찾아가 가르침을 청했다. 노자는 공자의 태도와 처세에 대하여 날카로운 충고를 해 주었다. 공자가 고향에 돌아갔을 때 제자들이 노자의 가르침이 어떠했느냐고 묻자 훌륭한 인물이었다고 극구 칭찬했다.

노자는 도(道)와 덕(德)을 쌓았다. 그는 학문과 재능을 감추고 평생 동안 무명의 인사로 살았다. 오랫동안 주(周) 왕조의 녹을 받고 살았지만 주나라의 덕(德)이 쇠퇴했다는 것을 알고 그 나라를 떠났다. 그가 함곡관(函谷關)에 도달했을 때 그 곳을 지키는 윤희(尹喜)가 청하는 대로 상·하(上下) 두 편의 책을 쓰게 되었다. 노자는 도(道)와 덕(德)에 관한 그의 생각 5천 어(五天語:한문자의 5천 자)를 써서 윤희에게 주었다. 그리고 정처없이 그 곳을 떠나 모습을 감추었다. 그 후 그가 어디서 무엇을 하다 죽었는지 아는 사람은 아무도 없다.

함곡관의 관리 윤희에게서 떠나간 뒤 영원히 미궁 속으로 사라진 노자의 최후는 무위(無爲)의 사상가다운 마지막 모습이라고 생각된다.

앞서 밝힌 것처럼 공자를 만났을 때 날카로운 충고를 했다고 한다. 그 충고의 내용이 〈사기〉의 「공자세가(孔子世家)」에 다음과 같이 기록되어 있다.

「총명하고 통찰력이 풍부하면서도 죽음의 위험을 항상 안고 있는 것은 남을 지나치게 비판하기 때문입니다. 말을 잘 하고 박식하면서 그 몸을 언제나 위태롭게 하는 사람이 있는데 이는 그가 남의 잘못을 폭로하기 때문입니다. 그러므로 다른 사람과 관계를 가지고 사는 사람은 자기 주장을 삼갈 줄 알아야 합니다」

이 말은 공자의 제국유세(諸國遊說)를 빗대어서 말한 노자의 날카로운 충고였다.

그리고 공자가 노자를 찾아가 예(禮)에 대한 의견을 묻자 노자는 다음과 같이 말했다고 〈노장신한열전(老莊申韓列傳)〉에 기록되어 있다.

「당신이 말하는 것은 모두 옛날 사람이 한 말입니다. 그 사람들은 오랜 옛날에 모두 죽어 없어지고 말만 남아 있을 뿐입니다. 군자란 때를 만나지 못하면 비참해지는 것입니다. 훌륭한 장사꾼은 좋은 물건이 있으면 숨겨 두고 그것이 없는 것처럼 보이게 합니다. 그처럼 진실한 군자는 훌륭한 덕(德)을 쌓았더라도 남에게는 어리석게 보이는 것입니다. 다신은 교만하고 야심만만한 근성과 거만한 태도와 방자한 마음을 버려야 합니다. 그것들은 모두 당신의 신상에 이롭지 못합니다. 내가 당신에게 말하고 싶은 것은 이것뿐입니다」

이 말은 역시 공자의 유세 행각과 각국을 돌아다니며 좋은 정치를 실현하여 바로잡아 보겠다는 현실 참여 행각을 꾸짖는 말이었다. 노자의 이 말을 보면 젊었을 때의 공자는 아마도 자기 능력과 사상을 남에게 설득하기 위하여 무척이나 적극성을 보였던 모양이다.

노자가 한곡관을 떠날 때 윤희에게 써 준 5천 어의 책이 오늘날까지 전해오는 〈노자〉이다. 이 정도의 책을 써서 남긴 노자는 훌륭한 지식인이었을 것임에 틀림없다. 그러면서도 공자나 당시의 수많은 세객들처럼 출세를 하려고 하지 않았다. 주나라의 일개 수장실의 말단직원으로 근무하면서 최소한의 생활만 해결하며 살다가, 주나라가 쇠하자 그것마저 버리고 〈노자〉5천 어를 써 놓고 무(無)와 허(虛)와 자연(自然)과 무위(無爲)의 철학을 체득한 사람답게 자신의 자취를 남기지 않은 것이다.

그렇다면 「황로의 술」이란 무엇인가? 「최상의 지도자란 백성들이 그가 있는지 없는지도 알지 못하는 존재」, 즉 명색뿐인 제왕의 자리를 지키고 있어도 나라가 잘 다스려지는, 그런 이상적인 제왕의 술(術)을 일컫는다. 그러나 아무리 이상적인 것이라 하더라도 그것이 전부라면 제왕은 멍청한 꼭두각시에 지나지 않는다.

그러므로 이것은 어디까지나 표면적인 현상으로의 제왕의 존재 방식에 그쳐야 할 것이다. 겉으로는 그렇게 보이면서도 안으로는 끊임없이 정치에 신경을 쓰고 나라를 생각하는 제왕이라면 이상적인 태평성대를 만드는 데 부족함이 없을 것이다.

이런 제왕은 겉으로는 「아무것도 하지 않는 것(無爲)」처럼 보이지만 안으로는 죌 것은 죄고 풀어 줄 것은 풀어 주면서 모든 일에 세심한 배려를 하고 있다. 이처럼 주도면밀한 배려를 하지 않고서는 조직의 우두머리가 될 수 없다. 그러나 철저하게 안으로 숨겨 두고 밖으로는 절대로 나타내지 않기 때문에 밖에서 보면 「무위」로밖에 보이지 않는 것이다.

따라서, 이 「황로의 술」은 굉장한 고등 정치기법(高等政治技法)이라고 말할 수 있다.

이 술(術)을 직접 체현(體現)한 사람이 진평(陳平)이라는 인물이다.

진평은 유방(劉邦) 밑에 있던 참모로서 후에 재상이 되어 한왕조(漢王朝)를 지탱한 인물이다. 진평은 젊었을 때 이 술을 익혔다고 〈한서(漢書)〉에 기록되어 있다.

「진평은 양무(陽武)의 호유향(戶牖鄕) 사람이다. 어릴 때는 집이 가난했다. 그는 책 읽기를 좋아했으며 황제 노자의 술을 익혔다」

「황로의 술」을 익힌 그는 항우에게 가서 벼슬을 했지만 중용되지 않았다. 그래서 항우를 체념하고 유방에게로 가서 재능을 인정받아 참모가 되어 활약했다. 그가 유방 밑에 있는 동안 여섯 번 기묘한 계책을 세워 여섯 번 유방을 결정적인 위기에서 구했다. 참모로서는 두뇌 회전이 상당히 빠른 인물이었다.

「황로의 술」이란 내부에 강력한 지략을 감추고 있는 것을 말한다. 젊었을 때의 진평은 언제나 그 지략을 발휘하여 유방을 보좌했다. 그러나 만년에 한왕조의 재상이 된 뒤부터는 지략은 안으로 감추어지고 언제나 「무위」의 면만을 겉으로 나타냈다.

진평이 재상이 된 것은 조참이 죽은 뒤 그 공석을 메우기 위해서였다. 진평은 좌승상이었고, 그보다 윗자리인 우승상에는 직언지사(直言之士되)로 알려진 왕릉(王陵)이 기용되었다. 2년 후 혜제가 죽자 여후(呂后)의 전제정치가 시작되었다. 여후는 여씨의 세력을 확고히 하기 위하여 유씨(劉氏)를 내쫓고 친정집 여씨들로 제후왕을 봉하려 했다. 이 때 우승상 왕릉은 직언지사답게 강경하게 반대했지만, 진평은 시종여일하게 여후의 뜻에 반대하지 않았다. 왕릉은 여후의 누여움을 사서 좌천되고 진평이 우승상으로 승진했다.

여후의 전제는 그 후 8년 동안 계속되었다. 그 동안 조정에서는 여씨 일족이 권력의 중요한 자리를 계속 차지하고 전횡을 자행하고 있었다. 그러나 우승상인 진평은 미녀들을 옆에 두고 밤낮으로 술을 마시며 세월을 보냈다.

그러나 진평은 여후가 죽자 즉시 전광석화처럼 행동에 나섰다. 태위(태위:太尉:군사장관)였던 주발(周勃)과 함께 반란을 일으켜 여씨 일족을 쓸어 버렸다.

상대방의 세가 오를 때는 처음부터 손을 쓰지 않는다. 이런 때는 무위 속에서 때를 기다리고, 때가 왔다고 판단되면 즉시 행동으로 옮긴다. 그런 점이 진평의 만만찮은 처세 방법이었다.

여씨 일족이 타도된 뒤 문제(文帝)가 제위에 올랐다. 그러나 진평은 여씨 일족을 몰아낸 공을 주발에게 돌려서 그를 윗자리인 우승상에 추천하고 자신은 좌승상으로 내려앉았다. 그리고 재상론을 말할 때 반드시 인용되는 일화가 생겨난 것은 그로부터 얼마 후의 일이었다.

문제가 취임한 지 얼마 후의 일이었다. 어느 날 조회 석상에서 문제가 주발에게 물었다.

"1년에 옥사가 몇 번 있었습니까?"

주발은 알 수 없었다. 그러나 솔직히 대답할 수 밖에 없었다.

"황송하오나 소신은 알 수 없습니다."

문제는 다시 물었다.

"1년에 걷히고 쓰이는 전곡(錢穀)이 어느 정도나 됩니까?"

주발은 더욱 몸둘 바를 모르면서

"그것도 알지 못하고 있습니다."

라고 대답하고는 용서를 빌었다. 그의 등에서는 식은땀이 비오듯 했다.

잠시 후 문제는 그것을 진평에게 물었다. 진평은 이렇게 대답했다.

"그 문제는 그 일을 맡은 담당자에게 각각 하문해 주셔야 합니다."

"담당자라니, 그게 누구인가?"

"옥사 문제는 법무장관, 국고의 수지에 대해서는 재무장관이 소상히 알고 있습니다."

"제각기 담당자가 있다면, 도대체 재상이 하는 일은 무엇인가?"

"황송하오나 말씀드리겠습니다. 폐하께서는 저의 어리석음을 모르시고 재상으로 임용해 주셨습니다. 무릇 재상의 임무는 위로는 천자를 보좌하고, 음양이기(陰痒二氣)의 조화를 살펴 사계(四季)의 순환을 순조롭게 하며, 아래로는 만물이 적절함을 유지하도록 하는 데 있습니다. 그리고 밖으로는 사방의 야만국가와 제후들을 진무(鎭撫)하고, 안으로는 만민을 사랑하며 관리들에게 그들이 맡은 직책을 완수하도록 하는 것이 그 임무라고 생각합니다."

문제는 그 때 23세였다. 그런 문제에게 원로 정치가가 차분하게 깨달을 수 있도록 하나하나 가르쳐 주는 것과 같은 대답이었다.

문제는,

"역시 그렇군. 잘 알았소."

라고 말하며 진평에게 고맙다는 표시를 했다. 그 일이 있은 후 주발은 자신의 정치적 능력이 진평에게 미치지 못한다는 것을 깨닫고 사임을 청했다. 그 뒤부터는 진평 혼자서 재상으로 일하기 시작했으며, 1년 후 죽을 때까지 재상직에 있었다. 그가 재상으로 일하는 방법은 아마도 문제에게 말한 것과 같은 것이었을 것이다. 이런 진평을 당시 사람들은 현명한 재상(宰相)이라고 칭송했다.

「황노의 술」이란 본래 무위자연(무위자연) 속에 만만치 않은 권모술수를 감춘 정치철학이다. 이 양면을 모두 가지고 있던 진평은 이 철학을 완전히 재현한 사람인지도 모른다.

20. 현처와 조강지처

〈통속편(通俗篇)〉이라는 기록에,

「집안에 현처(賢妻)가 있으면 장부는 횡사(橫事)를 만나지 않는다」

라는 말이 있다.

「현처」란 현명한 아내이고, 「장부」는 남자, 「횡사(橫事)」란 예기치 않은 사고나 나쁜 일에 말려드는 것을 말한다. 「현명한 아내를 가진 남자는 예기치 않은 재난이나 불행한 일에 말려들지 않는다」는 뜻이다. 이 말은 부부의 유대가 해이해지기 쉬운 오늘날에도 그대로 적용될 수 있는 교훈적인 명언이다.

집에 현명한 아내가 있으면 남편은 왜 「횡사」를 당하지 않을까? 그 이유는 첫째 마음에 언제나 평온함과 안정감이 깃들어 있기 때문일 것이다. 만일 악처(惡妻)가 집에 있어서 언제 무슨 일을 저지를지 모르는 상태라면, 남편은 밖에서 안심하고 일에 열중할 수 없을 것이다. 머릿속에 약간의 불안감이 있어도 그것이 커다란 실수와 연결될 가능성은 얼마든지 있게 마련이다. 아침에 집을 나서는 남편에게 불평을 늘어놓고 바가지를 긁는 아내가 있다면 그런 아내의 남편은 일을 대하는 자세가 유쾌하지 못할 것이다.

남자기 안심하고 일에 전념하기 위해서는 역시 집에 현처(賢妻)

가 있어야 한다는 것은 하나의 필요 조건이다. 이것은 옛날이나 지금이나 변하지 않는 진리이다.

물론, 아내 쪽에만 일방적으로 현처이기를 요구하는 것은 너무 이기적이다. 아내에게 현처이기를 요구하려면 남편 쪽에서도 그만큼 도리를 다해야 한다.

이 남자가 지켜야 할 도리 중에서 하나를 든다면 〈후한서(後漢書)〉「송홍전(宋弘傳)」에 기록된,

「조강지처는 당하에 내려놓지 않는다(糟糠之妻不下堂)」

라는 말일 것이다. 「조강지처」란 젊어서 가난할 때 술지게미와 쌀겨를 함께 먹던 아내라는 뜻으로 고생을 같이 한 아내를 가리키며, 「당하에 내려놓지 않는다」는 말은 아내의 자리에서 쫓아내지 않는다는 뜻이다. 그러므로 이 말은 어려울 때 동고동락한 아내를 출세했다고 해서 버리거나 소홀히 대하지 말라는 경구(警句)이다.

현대 여성들은 이 글을 읽으면 도대체 여자를 어떻게 보고 그런 소리를 하느냐고 분개할지도 모른다. 그러나 이 이야기는 어디까지나 여성의 인권 같은 것은 조금도 인정하지 않았던 옛날 중국의 이야기라는 점을 이해해 주기 바란다.

이런 옛날의 일이고 보면 이 「조강지처 불하당」이라는 말은 아내의 입장을 상당히 옹호한 말이라고 생각된다.

이 말은 다음과 같은 이야기에서 나왔다.

후한(後漢) 왕조를 창립한 광무제(光武帝)에게 호양공주(湖陽公主)라는 누이동생이 있었다. 그녀는 어떤 이유에서인지 이혼하고 친가인 광무제에게 돌아와 있었다.

광무제는 마음이 착하고 자상한 인물이었다.

그래서 광무제는 누이동생에게 좋은 배필을 마련해 주려고 했다. 광무제는 누이동생에게 중신(重臣)들의 인물평을 들려 주고 반응을 기다렸다. 그러자 누이동생은,

"송홍(宋弘)은 용모에 위엄이 있고 덕이 있습니다. 군신 중에서 그를 따를 사람이 없을 것입니다."

라고 말했다. 송홍이란 중신들 중의 한 사람으로서 강직하기로 소문이 나 있었으며 풍채도 당당했다. 누이동생은 '송홍이라면 남편으로 삼기에 적당한 사람입니다'라는 뜻으로 광무제에게 그처럼 말했던 것이다.

그러자 광무제는,

"기회를 보아 그의 의양을 물어 보겠다."

라고 했으며 얼마 후 송홍을 불러들였다.

광무제는 누이동생이 병풍 뒤에 숨어서 엿듣게 하고 송홍에게 이렇게 물었다.

"속담에 '사람이 귀해지면 사귀는 친구를 바꾸고, 부자가 가난했을 때의 아내를 바꾼다'는 말이 있다. 그것이 인간의 상정이라고 생각하지 않는가?"

그러자 송홍은 이렇게 대답했다.

"신이 듣기로는 가난했을 때의 친구는 잊지 말아야 하며 조강지처는 버리지 말아야 한다고 알고 있습니다(臣聞, 貧賤之交不可忘, 糟糠之妻不下堂)."

광무제는 송홍이 물러간 뒤 병풍 뒤에서 엿듣고 있던 누이동생에게,

"저렇게 말하는 것을 보니 일은 틀렸다."

라고 말했다. 절대로 자기 아내를 버리지 않을 사람이니 체념하라

는 뜻이었다. 송홍의 아내가 어떤 여자였는지는 기록에 남아 있지
않지만 고생을 함께 한 「조강지처」였음에 틀림없다.

「조강지처」라는 말은 이 송홍의 대답에서 생겨난 말이다. 왕의
누이동생과 결혼하라는 권유를 피하기 위하여, 송홍은 이 「조강지
처」라는 말을 만들어 완곡하게 거절했던 것이다.

조강지처는 여권이 조금도 인정되지 않던 시대에 한 가닥뿐인
여권 존중의 상징이 되어 모든 남자들의 윤리의식을 붙잡아 맸다.

이 조강지처는 한낱 동정적(同情的)인 동기에서 존중되었지만,
능력 면에서 남성들의 존경과 인정을 받은 것이 「현처」 즉, 현명
한 아내들이었다.

「현처」란 「내조의 공」이 있는 여자들을 말한다. 이 「내조의
공」이 높이 평가되는 여성으로 우선 꼽을 수 있는 사라은 문덕황
후(文德皇后)이다. 문덕황후는 유명한 당(唐)나라 태종(太宗)의 황
후였다. 당나라 태종은 중국의 오랜 역사에서도 드문 명군(名君)이
었다. 이 태종의 그늘에 있었던 문덕황후의 내조의 공이 컸다.

문덕황후의 「내조의 공」은 많은 이야기로 전해져 오고 있다.

태종은 한 마리의 준마(駿馬)를 기르고 있었다. 일부러 이 준마
를 위하여 전용 마구간을 지을 정도로 특별히 아끼고 소중히 생각
하고 있었다. 그런데 어느 날, 갑자기 이 말이 죽었다. 화가 난 태
종은 말을 담당한 관인(官人)을 사형에 처하려고 했다.

황후가 이 소식을 듣고 태종에게 간했다.

"옛날 제나라 경공(景公)도 애마(愛馬)가 죽었을 때 그 말을 담당
한 관인을 죽이려고 했습니다. 그러자 재상인 안영(安嬰)이 경공의

승낙을 받고 그 관인의 죄상을 열거하며 이렇게 꾸짖었습니다. '잘 들거라. 네가 어떤 죄를 지었는지 내가 가르쳐 주겠다. 첫째 주군 (主君)께서 아끼는 말을 돌보는 일을 소홀히 하여 그 말을 죽게 했다. 둘째, 우리 군주가 고작 말 한 필 때문에 사람을 죽이게 했다는 사실이 백성들에게 알려지면, 백성들은 말 한 필 때문에 사람을 죽였다고 군주를 원망할 것이다. 셋째, 제후들이 그 사실을 알면 반드시 중앙정부를 비웃을 것이다. 너는 말 한 필을 죽이고 너도 죽으면서 그런 엄청난 죄까지 짓게 되는 것이다. 그것을 알겠느냐?' 안영이 관인에게 죄상을 밝히는 것을 듣고 난 경공은 그 관인을 용서했다고 합니다. 폐하께서도 그런 이야기를 책에서 읽어 알고 계시지 않습니까? 설마 잊었으리라고 생각되지는 않습니다.."

황후의 말을 듣자 태종의 분노는 가라앉았다. 후에 태종은 측근에게 이렇게 말했다.

"황후는 내가 미처 생각하지 못한 점을 잘 지적해 주곤 했다. 정말로 나에게는 소중한 존재다."

어느 날 태종이 신하의 상벌(賞罰)에 대하여 황후에게 의견을 물었다.

그러자 황후는,

"새벽에 암탉이 울면 그 집은 망한다"

라고 〈서경(書經)〉의 말을 인용하고 나서 더 이상 아무런 말도 하지 않았다. 여자가 바깥 일에 나서는 것은 집안을 망치는 원인이 되기 때문에 신하들의 상벌에 대한 의견을 말할 수 없다는 것이었다. 황후로서의 분수를 철저하게 알고 있었던 것이다.

또 태종이 황후의 친정 오빠인 장손무기(長孫無忌)를 재상에 임용하려고 했을 때에도,

"제 오라비를 재상에 임용하면 안 됩니다."
라고 끝까지 반대하고 나섰다. 그것은 중국 조정에서 흔히 일어나는 외척의 전횡을 미리 걱정했기 때문이다.

황후는 일상 생활도 소박했던 모양이다. 태자(太子)의 유모가 동궁의 살림을 좀더 늘려 달라고 황후에게 청했을 때도,

"태자를 위하여 신경을 써야 할 일은 덕을 쌓게 하는 것이다. 어찌 살림 도구가 적다는 것에 신경을 쓴단 말이냐?"
면서 허락하지 않았다고 한다.

문덕황후는 36세의 젊은 나이에 병으로 죽었다. 그녀는 죽으면서도 자기를 후하게 장사지내지 못하도록 하기 위하여,

"소첩이 살아 있을 때 아무런 쓸모가 없었습니다. 내가 죽은 뒤에도 많은 재물을 낭비하며 성대하게 장사지내지 말아 주십시오."
라는 유언을 남겼다. 정말로 모든 면에서 철저하게 빈틈이 없는 여성이었다.

태종은 황후가 죽자,

"한 사람의 좋은 보좌관을 잃었다."
라고 말하며 크게 슬퍼했다고 한다. 이 정도의 아내였다면 태종의 그런 기분도 이해할 수 있을 것 같다.

문덕황후는 태종이 진왕(秦王)일 때 맞아들인 여자이기 때문에 명문 출신이었다. 그러므로 현처이기는 했지만 「조강지처」라고 말할 수는 없었다.

그러나 명(明)나라 태조 주원장(朱元璋)의 처 마황후(馬皇后)는 현처와 조강지처를 겸한 여성이었다.

주원장은 일개 떠돌이 중에서 성공하여 천하를 얻은 사나이로서

성현과 호걸과 도적의 세 가지 요소를 지니고 있다는 평을 받고 있었다. 그는 영걸임에는 틀림없지만 복잡한 개성을 지닌 인물이었다.

이 주원장을 안에서 뒷받침한 것이 바로 마황후였다.

마황후는 문덕황후와 달리 이름없는 서민 출신이었다. 아버지는 마공(馬公), 어머니는 정온(鄭媼)이라고 불렀는데 둘 다 이름은 알려져 있지 않다. 어머니가 일찍 죽었기 때문에, 어린 그녀는 아버지의 친구인 곽자흥(郭子興)에게 맡겨져 그의 양녀로 자랐다.

곽자흥은 원말(元末)에 대란(大亂)이 일어나자 근처에 있는 농민들을 설득하여 반란을 일으키고 그들의 대장이 되었다. 거기에 뛰어든 것이 거지 중인 주원장이었다. 주원장은 반란의 깃발을 올리기 위해 풍운의 뜻을 품고 이 반란군에 참가했던 것이다. 곽자흥이 주원장을 받아들이고 보니 쓸 만한 사람이었다. 곽자흥은 주원장의 인품을 높이 보고 양녀인 마 씨를 그에게 시집보냈다. 그러므로 마황후의 첫출발은 반란군에 참가한 일개 병졸의 아내였다.

그 후 주원장은 타고 난 재능을 발휘하여 차츰 두각을 나타내 얼마 후에는 곽자흥 휘하의 유력한 장수가 되었다. 또 곽자흥이 죽고 난 뒤에는 그 군대를 자기 휘하에 편입시켜 반란 세력의 중추적인 존재로 부상했다. 이 과정에서 마황후는 많은 「내조의 공」을 발휘하여 남편을 도왔다.

마황후가 주원장을 도운 내조의 기록을 몇 가지 소개하면 다음과 같다.

「태조(太祖:주원장)는 차기(箚記)할 것이 있으면 황후에게 명하여 그것을 기록했다. 황후는 창졸간(倉卒間)에도 그것을 정확하게 했다」

「차기」란 책 같은 것을 읽고 중요한 부분을 메모한다는 뜻이고 「창졸간」이란 급작스러운 동안이라는 뜻이다.

마황후는 아무리 바쁜 때라도 남편이 하라는 것은 정확하게 했다. 주원장과 마황후는 출신이 비천했기 때문에 별로 교양이 없었다. 그러나 이들은 이처럼 열심히 메모하면서 공부했다는 점에서 호감이 가기도 한다.

천하를 손에 넣기 전까지 주원장은 많은 세월을 전장에서 보냈다. 이 때에도 마황후는 주원장과 함께 전장에 있으면서, 「친히 군사(軍士)들의 옷을 꿰매 주면서 군사들을 도왔다」는 것이며, 「궁중의 황금과 비단을 징발하여 군사들을 위로했다」는 것이다.

그리고 그녀는 항상 주원장에게,

"천하를 평정하려면 사람을 죽이지 않는 것을 근본으로 해야 합니다."

라고 충고했다.

천하를 얻을 때까지 주원장은 군사들이 까닭 없이 사람을 죽이는 것을 엄격하게 금(禁)하고 있었다. 이와 같이 사람을 까닭없이 죽이지 않는 기강이 엄하게 섰기 때문에, 주원장은 천하를 얻을 수 있었다. 여기에는 마황후의 간곡한 뜻이 많이 작용했다고 보여진다.

주원장이 황제의 위에 올랐을 때 마씨도 당연히 황후가 되었다. 그녀는 황후가 된 뒤에도 계속하여 「내조의 공」으로 주원장을 뒷받침했다.

그녀는 이렇게 주원장에게 말한 적이 있었다.

"소첩, 폐하와 함께 비천한 몸으로 뜻을 이루어 오늘에 이르렀습니다. 언제나 교만한 방종(放縱)은 사치에서 생기며, 위험과 멸망은

아주 작은 일에서 비롯된다는 것을 알고 두려워해야 합니다. 제가
폐하께 부탁드리고 싶은 것은 현명한 인사를 얻어 그와 함께 천하
를 다스리시는 것입니다."

어느 날 주원장이 마황후에게,

"그대의 현명함은 당나라의 문덕황후에 필적하오."

라면서 칭찬한 일이 있었다. 그러자 그녀는 이렇게 대답했다.

"소첩이 알기로는 부부가 서로 의좋게 지내는 것은 쉽지만 임금
과 신하가 사이좋게 지내기는 어렵다고 합니다. 폐하께서는 소첩과
함께 비천하게 살았던 일을 잊지 않고 계십니다. 군신들과 고난을
함께 했던 일도 잊지 않으시기 바랍니다. 비천했던 소첩은 감히 장
손(長孫·文德皇后)과는 비교될 수가 없습니다."

마황후는 자신을 추켜세우는 주원장의 칭찬에 대답할 때에도 반
드시 좋은 말로 충고하기를 잊지 않았다.

천하를 얻은 주원장은 자기의 권력 기반을 확립하기 위해서 고
생을 함께 한 공신들을 차례로 죽였다. 이 경우에도 마황후는 공신
들을 죽이지 말라고 열심히 간했다. 그녀는 언제나 다른 일과 연관
시켜 주원장에게 넌지시 간하곤 했다.

「황후는 황제가 궁궐에 돌아오기를 기다리고 있다가 언제나 조
심스럽게 간했다. 황제의 성격이 엄격하기는 했지만 황후의 간함을
듣고 처형을 멈춘 일도 가끔 있었다」

이 기록에 의하면 마황후의 간언으로 죽음을 면한 공신들이 여
러 사람 있었다는 것이다.

주원장이 공신들을 본격적으로 죽인 것은 마황후가 죽고 난 뒤

였다.

　마황후는 51세로 죽었다. 주원장보다 16년 먼저 죽은 것이다. 마황후가 죽을 때 주원장이,

　"마지막으로 할 말이 있으면 하시오."

하고 말하자 황후는,

　"폐하, 바라옵건대 현명한 사람을 구하고, 옳게 간하는 것을 받아들여 한결같이 조심하셔야 합니다. 그러면 자손들이 모두 현명해지고 신하와 백성들은 안심하고 자기 자리를 지킬 것입니다."

라고 마지막으로 간언을 했다.

　주원장은 마황후가 죽자 통곡을 했고 그 뒤에는 황후를 맞아들이지 않았다.

　마황후가 좀더 오래 살았다면 주원장의 「광기」도 그처럼 심하게 폭발하지 않았을 것이 틀림없다.

　마지막으로 이번에는 「조강지처」가 되지 못한 여성 한 사람을 소개하겠다.

　그것은 〈고문진보(古文眞寶)〉에서,

　「계자(季子)는 그 형수에게 예의를 갖추지 못했고, 매신(買臣)은 그 아내로부터 버림을 받았다.」

라고 기록한 주매신(朱買臣)의 아내이다.

　주매신은 한(漢)나라에서 벼슬을 한 고관이었다. 그는 젊었을 때 가난하여 산에서 나무를 베어다가 장작을 만들어 팔아서 근근히 생계를 유지했다. 그러면서도 책을 읽는 것을 게을리하지 않았으며, 장작을 짊어지고 시장에 갈 때에는 반드시 책을 읽으며 걸어갔다.

이렇게 그는 언제나 손에서 책을 놓지 않았다.

책을 읽는 것은 좋았지만 주매신에게는 괴상한 버릇이 있었다. 그것은 가끔 큰 소리를 지르며 노래를 부르듯이 책을 읽는 것이었다. 그의 아내는 주매신의 이런 행동이 가난하게 사는 것을 이웃에 선전하는 것 같았기에 무척 부끄러워하며 싫어했다.

그래서 어느 날 남편에게,

"그 노래만은 그만 두어 주세요."

하고 사정했다. 그러자 주매신은 노래를 그치기는 고사하고 더 큰 소리로 노래를 부르는 것이었다.

참을 수 없이 된 그의 아내는 이혼을 요구했더니 주매신은 웃으면서,

"내 나이 50이 되면 부귀해질 것이오. 지금 나이 40이니까 당신이 고생할 날은 10년밖에 안 남았소. 그러니 참고 기다려 주기 바라오. 내가 부귀해지면 그것을 당신의 공으로 생각하고 보답하겠소."

라고 말했다.

그러나 그의 아내는 이미 애정이 식어서인지 주매신의 만류도 듣지 않고 다른 남자와 재혼하고 말았다.

그 후 주매신은 도성으로 가서 무제(武帝)에게 발탁되어 고향인 회계군(會稽郡)의 태수가 되어 고향에 금의환향하게 되었다.

주매신이 마차를 타고 고향에 갔을 때 그의 전처의 남편은 새로 부임하는 태수를 맞기 위한 도로 청소에 동원되어 있었다.

그리고 주매신이 태수가 된 것을 본 그 여자는 한 달 후에 자살을 했다. 자신의 어리석었음을 부끄러워했기 때문인지도 모른다.

이 주매신의 아내는 조금만 참았으면 「조강지처」로 부귀영화

를 누릴 수 있었지만 참지 못했기 때문에 불행해진 경우이다. 때문에 현처가 된다는 것도 어려운 일이지만, 이 주매신의 아내처럼 조강지처가 된다는 것도 쉽지는 않은 일이다.

오늘날에도 주매신의 아내처럼 한때의 어려움을 참지 못하고 남편을 버리고 집을 뛰쳐나가는 여성들이 많다. 그리고 곧 그렇게 뛰쳐나간 행동을 후회하지만 이미 돌이킬 수 없게 된 경우도 많다.

예나 지금이나 남녀간의 문제는 그렇게 단순한 것이 아닌 모양이다. 그래서 수많은 어려운 문제들이 생겨나고, 그러는 가운데서 후회하고 눈물을 흘리게 되는 것이다.

그러나 한 가지 분명한 것은 문덕황후나 마황후처럼 훌륭하지는 못하더라도 「현처」의 범주에 드는 아내와 함께 산다는 것은 남자에게 있어서 커다란 행운이며 행복이라는 사실이다.

21. 불로 장생의 술(術)

우리나라 사람의 평균 수명도 이제는 옛날에 비해서 상당히 신장되었다.

인간은 누구나 오래 살기를 간절히 바라지만 무조건 오래 산다고 좋은 것은 아닐 것이다. 정신 상태가 정상이 아니든가 신체가 부자유스러우면서 오래 살고 있다면, 주변 사람들에게 고통을 줄 뿐만 아니라 오래 사는 본인 자신도 고통스러울 것이다.

오래 살려면 건강하게 오래 살아야 장수하는 보람이 있다. 그러므로 오래 살기 위해서는 거기에 알맞는 생활 계획을 세워 건강한 몸을 유지할 수 있도록 노력해야 한다.

옛날부터 중국에서는 인생의 이상(理想)으로 삼는 세 가지로 「복(福)·녹(祿)·수(壽)」를 들었다. 무조건 「수(壽:오래 사는 것)」만 누린다고 좋은 것이 아니라, 장수하기 위해서는 반드시 「복(福:행복)」과 「녹(祿)」이 따르지 않으면 바람직한 인생이 아니라는 것이다.

이를테면 「불로장수(不老長壽)」라는 말에도 「장수」 위에 「불로(언제까지나 젊은)」가 따르고 있다는 점을 유념해야 한다. 다행히 오래 살 수 있더라도 오래 살면서 누려야 할 건강이라든가 돈이 없다면, 오래 사는 것이 오히려 불행이기 때문이다.

중국인들은 옛날부터 건강하게 오래 사는 「불노장수」의 방법을 찾는 데 열성을 보였다. 그들은 오랜 역사에서 여러 가지 시행착오를 되풀이하면서 오래 사는 장생술(長生術)을 연구해 왔다. 중국에서 전해져 오는 도술(道術)이라든가 방술(方術), 또는 선술(仙術) 등이 바로 그것이다. 그 중에는 비과학적이고 엉터리에 가까운 것도 많지만, 오늘날까지 계승되어 오는 것들도 없지 않다. 오늘날까지 전해져 내려오는 것으로는 복이(服餌)·조식(調息)·도인(導引)등이 있다.

「복이」란 약을 먹는 것이다. 약이란 지금까지 병을 고치기 위한 것이라고 생각되어 왔지만, 옛날의 중국에서는 이미 발병한 병을 고치기 위한 것은 약은 약이되 「하약(下藥)」이라고 생각했다. 그러면 어떤 것을 「상약(上藥)」이라고 했는가. 두말할 것도 없이 「불로장수」에 효험이 있는 약을 「상약」이라고 했다. 중국에서는 지금도 한방(漢方) 계통의 자양강장제(滋養强壯劑) 종류가 많이 나오고 있다. 그것은 불로장수 약에 대한 오랜 집념이 남긴 유산이라고 생각된다.

「약」뿐이 아니다. 「의식동원(醫食同源)」이라는 말이 있듯이 그들은 평소에 먹는 음식에도 세심한 주의를 해 왔다. 「의식동원」이란 병을 고치는 일과 먹는 것은 근원이 같다는 뜻으로, 먹는 것을 잘 조절해야 병도 나지 않고 발생한 병도 고칠 수 있다는 것이다. 일반적으로 중국인들은 찬 음식을 먹지 않으려고 하다.

다음으로 「조식」이란 일종의 호흡법이다. 그리고 「도인」이란 일종의 몸을 푸는 체조와 같은 부드러운 체조(柔軟體操)라고 생각하면 된다. 이 「도인」에 대해서 잘 알려져 있는 것이 삼국시대의 명의 화타(華佗)가 남긴 「오금의 희(五禽之戱)」이다. 그것에 대하여 화타는 다음과 같이 말하고 있다.

"사람의 몸은 언제나 움직이고 있어야 한다. 지나친 운동은 피해야 하지만, 적당한 운동은 소화력을 높이고 혈액의 유통을 잘 되게 하며 병을 예방할 수 있다. 문풍지가 계속해서 움직임으로서 벌레에게 긁혀먹히지 않는 원리와 같다. 그러므로 옛날 사람들도 도인술이나 부드러운 체조로 관절을 움직여서 언제까지나 젊은 육체를 보존하려고 했다. 나에게도 그와 같은 술(術)이 있어 「오금의 희」라고 이름을 붙였다. 그것은 호랑이(虎)·사슴(鹿)·곰(熊)·원숭이(猿)·새(鳥)의 다섯 가지 동물의 동작을 흉내낸 것이다. 이것을 실행하면 병을 예방하고 건강을 증진시킬 수 있다.

화타의 이 말은 지금으로부터 2천 년 전에 한 것이라고는 생각할 수 없을 정도로 합리적이다.

오늘날 중국 무술인 태극권(太極拳)이나 기공 요법(氣空療法) 등은 이 화타가 말하는 유연체조, 즉 도인(導引)과 조식(調息:호흡법)에서 그 근원을 찾을 수 있다.

「도인술」이라고 하면 제일 먼저 생각되는 것이 장량에 대한 고사이다.

주지하는 비와 같이 장량은 한(漢)나라 유방 밑에 있었던 군사(軍師)이다. 그는 원래 한(韓)나라의 명문 출신이었다. 한나라가 진시황에게 멸망하자 가까스로 난을 피했던 장량은 망국의 한을 씻기 위해 진시황 암살을 기도하다가 실패했다. 그는 쫓기는 몸이 되어 유협(遊俠)의 세계에 몸을 숨겼는데, 이 때 그는 이미 태공망(太公望)이 병법을 완전히 터득하고 있었다.

진(秦)나라 말기에 여기저기서 반란이 일어나자 장량은 소수의 병력을 이끌고 반기를 들었다. 그 후 유방의 반란군과 만난 그는 유방의 기량(器量)에 감화되어 그 밑에 들어가 군사(軍師)가 되었고, 타고난 지모를 발휘하여 유방의 천하 통일을 도왔다.

천하를 통일한 뒤에 유방이,

"나는 작전본부에 앉아서 천 리 밖의 싸움을 이기게 하는 장량의 지모에 결코 미치지 못한다."

라고 감탄한 것처럼 장량의 지모가 아니었다면 유방의 천하 통일은 불가능한 일이었을지도 모른다.

이처럼 큰 공을 세운 장량도 유방이 천하를 통일한 뒤에는 세속적인 일에 완전히 관심을 갖지 않게 되었다. 그는,

"우리 집안은 대대로 한(韓)나라의 재상을 지냈다. 한나라가 망했을 때 나는 만금(萬金)을 투입하여 한나라의 원수를 갚기 위해서 진나라 왕을 공격하여 천하를 떨게 하고 놀라게 했다. 그 후에 나의 세 치 혀로 제왕의 군사가 되었고, 지금은 일만 호의 봉지를 책봉받아 제후의 반열에 올라 있다. 일개 서민이었던 몸으로서 더 이상의 영달은 없다. 이제부터는 속세를 버리고 적송자(赤松子)처럼 선계(仙界)에서 놀고 싶다."

라고 말하고는 곡류를 먹는 것을 중지하고 도인술을 실행하여 몸을 가볍가 하는 데만 전념했다.

「적송자」란 전설적인 선인(仙人)이다. 그리고 「벽곡(辟穀)」, 즉 곡류를 입에 대지 않는 것은 몸을 가볍게 하기 위한 방법으로 선인이 되려면 반드시 실천해야 하는 수업의 하나였다.

그런데 장량은 왜 만년에 선인 수업(仙人修業)을 했을까?

한(漢)나라가 천하를 통일한 뒤에도 공신들의 반발이 속출하고 정권의 기반은 불안정했다. 장량이 선인이 되려고 한 것은 그 같은 태풍을 피하기 위한 도피술이었을 뿐 오래 살기 위해서가 아니었다고 한다. 그것이 사실이었다고 해도 지모의 군사가 하루 아침에 선인이 되겠다며 곡식을 먹지 않고 도인술에 열중했다는 것은 오늘날의 우리들 상식으로는 이해가 되지 않는다. 따라서, 장량이 선인 수업에 들어간 것은 정치적인 태풍의 눈도 피할 겸 그 동안 전쟁으로 인해 시달린 몸의 건강을 회복한다는 이중의 효과를 노린 행동일 수도 있었다.

요즘도 중국인들은 공원이나 광장에서 열심히 태극권(太極拳)을 연습하고 있다. 이 태극권이 도인술과 호흡법의 흐름을 받아들인 것이라면, 그것은 이미 장량이 살았던 2천 수백 년 전부터 장수의 건강 비법으로 중국인들의 사랑을 받았을 것임에 틀림이 없다.

불로장수하고 싶다는 소원을 추구하기 위해서는 옛날이나 지금이나 어느 정도 경제적인 여유가 있어야 한다. 일단 먹고 사는 걱정도 해결하지 못하는 입장이라면 불로장수까지 생각할 마음의 여유는 없다.

불로장수를 추구할 수 있는 조건을 완벽하게 갖춘 사람들은 역대의 황제들이었다. 그들은 하려고만 하면 무엇이든지 할 수 있는 위치에 있었다. 먹는 것, 입는 것, 여자, 술 무엇이든지 원하기만 하면 다 자기 손에 들어왔다. 사람을 죽이고 살리는 일도 마음대로 할 수 있었다. 그러나 단 한 가지 불로장수만은 자기 마음대로 할 수 없었다.

이 마음대로 할 수 없는 불로장수를 누리려고 중국의 역대 황제

들은 온갖 방법을 동원했다. 그것을 실현하기 위해 온갖 희비극을
연출했다.

역사에 기록된 최초의 예가 진시황제이다. 진시황제는 불로장수
에 대한 집념 때문에 수많은 방사(方士·道士)들에게 속았다.

천하를 통일하고 역사상 최초의 대제국을 건설하여 시황제(始皇
帝)가 된 그는 어떻게 해서든지 불로장수를 하고 싶었다. 이와 같
은 진시황제의 욕망을 이용한 것이 방사들, 즉 불로장수의 술(術)
을 안다는 사람들이었다. 그들은 계속해서 진시황을 찾아와 자기
말대로 하면 불로장수를 할 수 있다고 설득하여 큰 돈을 뜯어냈다.
그러나 그들이 말하는 방법으로 불로장수가 실현될 리는 없었다.
후환을 두려워한 방사들 중에는 효과가 없는 것은 시황제가 부덕
한 탓이라고 비방하며 자취를 감추어 버린 자들도 있었다.

진시황은 화가 났다.

"방사들은 불로장수의 약을 만들겠다고 큰소리를 쳤다. 그러나
한중(韓衆)은 도망쳐서 소식이 없고, 서시(徐市) 등은 억대의 비용
을 쓰면서도 약은 만들지 않고 사복을 채우고 있다는 소문이다. 노
생(盧生) 등은 내가 진심으로 경의를 표하고 후하게 대우를 했음에
도 불구하고 나를 비방하며 내가 부덕하다고 말하고 있다."
라고 말하고는 그는 주변에 모여 있는 방사들을 모두 잡아 산 채
로 묻어 버렸다. 이 때 진시황을 비방하는 학자들도 모두 잡아 심
문을 했다. 그러나 그들은 서로 죄를 전가하며 자기만 살려고 했다.
진시황은 그들도 모두 생매장했다. 그렇게 하여 죽은 방사와 학자
들의 수는 4백 60여 명이라고 한다. 이것이 후세의 역사가들이
「분서갱유(焚書坑儒)」라고 말하는 갱유(坑儒)사건이다.

그러나 방사들은 끈질겼다. 그 대표적인 방사가 서시였다. 그는

동해(東海) 밖으로 배를 타고 나가서 장수할 수 있는 선약(仙藥)을 찾았지만 수 년이 지나도 발견되지 않았다. 더구나 진시황으로부터 이미 막대한 비용을 받아서 쓰고 있었다. 그대로 돌아가면 죽음을 면하지 못할 것이었다. 그래서 한 가지 계교를 생각했다. 그는 진시황에게 돌아가서 이렇게 말했다.

"봉래(蓬萊)라는 섬에 가기만 하면 약속드린 약을 구할 수 있습니다. 그러나 그 곳에 가려고 할 때마다 큰 상어가 물길을 가로막아 가지 못했습니다. 다시 그 곳에 가서 선약을 구해 오겠으니 쇠뇌(弩)의 명수와 함께 가게 해 주시기 바랍니다. 그렇게 하면 큰 상어를 물리치고 소기의 목적을 달성하고 돌아오겠습니다."

진시황은 이 서시의 거짓말에 속아 넘어가고 말았다.

서시는 다시 막대한 자금을 얻어 봉래성을 향해 떠났다. 그러나 그 후 서시의 행방은 영원히 알 수가 없게 되었다. 진시황은 얼마 후 지방 순행 길에 급사하고 말았다. 그의 나이 50세 때였다.

그처럼 열심히 불로장수의 약을 구하려고 했지만 진시황은 겨우 50세에 죽고 만 것이다.

진시황제는 방사들에게 속아 막대한 금품만 낭비하고, 불로장수약을 구하지 못하고 일찍 죽었지만 약을 먹었기 때문에 수명이 단축되지는 않았다. 그러나 그 후의 황제들 주에는 불로장수 약이라는 것을 애용했기 때문에 그것이 원인이 되어 급사하는 경우가 많았다. 그 중에서도 특히 그 약의 피해를 많이 본 것이 당(唐)나라 때의 황제들이었다.

이 문제의 약은 금단(金丹), 또는 단약(丹藥)이라고 불리운 것들이다

이 불로장수의 약도 약초를 삶아 마시는 것이라면 실제로 큰 해독을 끼치지는 않았을 것이다. 그러나 불로장수약이라는 이 약 속에는 광물성(鑛物性)이 많이 포함되어 있었다. 특히 효과가 있다고 믿었던 것이 단사(丹砂)와 황금(黃金)이었다. 이 두 가지를 합친 것을 「금단(金丹)」이라고 했다.

단사는 중국에서 비교적 많이 나고, 특히 호남지방인 진주(辰州)에서 나는 것이 유명했기 때문에 「진사(辰砂)」라고도 불리웠다. 이것은 수은(水銀)과 유황(硫黃)의 천연화합물로서 가열하면 수은이 나온다. 이처럼 가열하는 조작 방법을 연단술(煉丹術)이라고 했고, 그렇게 해서 완성된 것이 「단약(丹藥)」이었다.

이와 같은 수은화합물이 불로장수의 묘약으로 소중하게 다루어졌으므로 그것을 먹었을 때 나타나는 해독은 설명할 필요도 없을 것이다.

그것을 처음으로 먹기 시작한 것은 당나라 제2대 황제 태종(太宗)이었다. 태종은 「정관(貞觀)의 치(治)」라고 부르는 훌륭한 정치를 하여 중국 역사에 굴지의 명군으로 꼽히는 황제였다. 그러나 태종은 50세 때 죽었다. 역사가인 조익(趙翼)도,

「태종이 붕어한 것은 단약을 복용했기 때문이다」

라고 단정하고 있듯이, 그의 죽음은 불로장수를 하겠다고 단약을 과잉 복용한 것이 원인이었다.

태종 뒤에도 제11대 헌종(憲宗), 12대 목종(穆宗), 13대 경종(敬宗), 15대 무종(武宗), 16대 선종(宣宗) 등이 단약을 먹었기 때문에 수명을 단축시켰다.

헌종은 일찍부터 단약에 관심을 나타내어 유필(柳泌)이라는 방사

(方土)가 만든 금단을 복용했다. 그 결과 「날이 갈수록 조갈(操渴)이 심해졌다」는 증상(症狀)을 나타냈다. 「조(操)」란 수족을 움직이면 난폭해진다는 뜻을 가진 글자이고 「갈(渴)」이란 목이 타는 것을 호소한다는 뜻을 가진 글자이다. 그런 증상은 분명히 수은 중독에서 오는 것이었다. 헌종은 그런 증상이 날이 갈수록 심해졌다. 결국 신하가 제지하려고 해도 점점 심한 난폭성을 나타내게 되었고, 그런 상태에서 급사하고 말았다.

무종(武宗)의 경우도 일찍부터 불로장수에 관심을 가지고 있었기에, 즉시 81명의 도사와 방사들을 궁중으로 불러 단약을 제조케 했다. 단약을 먹기 시작하자 차츰 피부색의 윤기가 없어지면서 「조」의 증상이 나타났다. 그리고 울었다, 웃었다, 화를 냈다 하면서 김정의 진폭이 격해지다가 마지막에는 말도 하지 못하고 죽었다.

선종(宣宗)도 「장수약」을 애용한 결과 역시 「조」와 「갈」의 증상이 나타나고 등에 악성 종기가 나서 죽었다.

조익은 이와 같은 예를 낱낱이 들면서 다음과 같이 개탄하고 있다.

「당대(唐代)에 단약을 복용한 황제들은 여섯 명이다. 목종과 경종은 어리석은 임금이어서 의심이 많았다. 태종, 헌종, 무종, 선종은 모두 영명한 군주였다. 그러나 천명을 거역하고 오래 살고 싶은 욕망을 불태웠기 때문에 오히려 수명을 단축시키고 말았다」

기록에 남아 있는, 불로장수를 탐내다가 목숨을 재촉한 황제들의 예가 이렇게 많으니 하물며 돈 있고 권세 있는 민간인들의 수는 얼마나 많았을 것인가.

불로장수에 대한 욕망은 현대인도 옛날 사람들과 별로 다름이 없다. 인간이라면 누구나 건강하게 오래 살고 싶을 것이다. 그러나 이 세상에는 불로장수를 완전히 가능케 하는 꿈 같은 약은 존재하지 않는다. 수천 년 동안 인간이 끊임없이 간절하게 원하던 불로장수의 약이나 방법이 찾아진다면 인간은 어떻게 될까.

그러나 그것은 한낱 꿈에 지나지 않는 일이다. 과학은 인간의 최고 수명을 1백 30세로 보고 있다. 이 생물학적인 수명만 다 살 수 있었도 인간은 진시황이나 당나라 황제들보다 80세나 더 사는 결과가 된다.

현대과학과 의학은 인간의 수명을 조금씩 연장시키고 있다. 머지 않은 장래에 인간은 누구나 90세, 또는 1백세 까지도 살 수 있는 시대가 올지도 모른다.

그렇게 된 뒤에도 인간은 과연 불로장수를 했다고 만족해할 수 있을까.

22. 내시

역사적으로 보면 동양에서 내시 제도가 있었던 나라는 중국과 우리나라뿐이었다. 우리나라에서는 환관을 내시(內侍)라고 했다.

내시란 생식 기능을 제거당한 남자들로서 황제(皇弟)의 후궁(後宮)들을 위해 궁중에서 일하는 사람들이다.

그러면 이 내시는 어떤 동기에서 생겨났는가? 그것이 발생된 이유는 두 가지가 있다.

첫째는 전쟁 포로들에 대한 거세에서 시작되었다. 주로 이민족(異民族)들과의 전쟁에서 잡은 포로들을 단종(斷種)시켜 노예로 만든 것이다.

두 번째는 형벌을 가하는 수단으로 내시를 만든 것이다. 이렇게 생식 기능을 박탈하는 형벌을 「궁형(宮刑)」 또는 「부형(腐刑)」이라고 했다. 이 형벌은 중국에서는 사형 다음으로 가는 무거운 형벌이었다. 그리고 이 궁형은 남자뿐만 아니라 여자에게도 적용시켰던 모양이다. 남자의 경우는 생식기가 밖으로 노출되어 있기 때문에 잘라 버리면 되는데, 여자의 경우는 어떤 특수한 방법을 이용해 음문(陰門)을 사용할 수 없도록 만들었던 모양이다.

그런데 후세에 들어서는 자진해서 내시가 되겠다는 사람들이 많았다. 자진해서 내시가 되는 것을 「자궁(自宮)」이라고 했다. 내시가 왕의 측근에 있으면서 출세하는 일이 빈번해지자 자진해서 내시가 되어 궁중에 들어가 기회를 포착하여 출세해 보겠다는 사람들이 많이 생겨났기 때문이다. 그리고 부모들의 강요에 의하여 내시가 되는 경우도 많았다.

내시들은 후궁(後宮)이나 하렘의 규모가 커지면서 많은 사람들이 필요해지게 되었다. 왕조의 전성기였던 중국의 후궁에는 몇천 명이나 되는 여자들이 있었다고 한다, 하렘의 경우도 마찬가지였다.

이처럼 많은 여자들의 시중을 들게 하는 데는 남성 기능을 상실한 내시들이 안성맞춤이었다. 그러나 그들 중에는 내시로서의 본래의 임무를 교묘하게 이용하여 권력의 중추에 진출한 사람들도 많다. 그렇게 되면 소위 내시정치가 시작되며 그 나라의 정치는 상궤(常軌)를 벗어나게 된다.

중국 역사에서는 수많은 내시들이 권력의 핵심에 등장하여 탐욕스러운 행동을 연출하고 있다.

내시들의 최대 강점은 최고 권력자인 황제의 측근에서 일하고 있다는 것이다. 그들은 후궁들에게 지성으로 봉사함으로써 그녀들의 환심을 사고, 권력자의 안방 깊숙이 들어갈 수 있는 기회를 이용하여 권력자들과 깊은 사적인 관계를 갖게 된다.

물론, 수많은 내시들 중에서도 그런 기회를 포착할 수 있는 것은 특출한 일부 사람들뿐이다. 그들은 권력자와 가까이 있을 수 있는 기회를 포착하여 비위를 잘 맞추고 가려운 곳을 미리 알고 긁어주는 등 대응하는 재능을 발휘하여 쉽사리 출세의 기회를 잡았다.

물론 상대방이 영명한 황제일 경우에는 아무리 좋은 기회가 주어졌다고 해도 출세할 수 있는 기회는 쉽사리 오지 않았다. 그러나 그런 황제는 극히 드물다. 창업 황제로부터 여러 대(代)가 지나면 어려운 상황을 경험하지 못한 순진한 황제들이 나타나게 마련이다. 이런 황제들의 시대가 되면 내시들은 제 세상을 만나게 되는 것이다.

한편, 황제들 중에 가끔 영명한 싹이 보이는 인물이 있으면 내시들은 지체하기 않고 미색(美色)과 유탕(遊蕩)의 맛을 보여 주여 줌으로써 정치에 관심을 잃도록 만든다. 그리고 서서히 정치에 간여할 수 있는 기회를 노린다.

그렇게 정치의 이면(裏面)에 있어야 할 그들이 표면(表面) 무대에 나타나 나라의 정치를 마음대로 움직이게 된다.

최초의 예로 진(秦)나라 2세황제 때의 조고(趙高)라는 내시를 들 수가 있다.

조고는 진시황 때부터 내시로서 두각을 나타낸 사람이었다. 시황제는 천하를 통일하고 법을 엄하게 시행하여 백성들의 원성이 높아지자 황제의 권위를 천하에 떨치기 위해 자주 지방 순행(巡幸)을 했다. 그리고 산동(山東)의 평원전(平原傳)에서 병을 얻어 죽게 된다. 시황제는 죽기 직전에 태자 부소(扶蘇)에게 다음과 같은 유서를 남겼다.

「함양에 돌아가 있다가 내 장례를 주관하라」

함양은 진나라의 도성이었다. 부소는 20명이 넘은 시황제의 아들들 중에서 가장 뛰어난 인물로 당시 군대를 이끌고 북방에 주둔하고 있었다.

이 때 시황제의 유서를 가지고 음모를 꾀한 것이 내시 조고였다. 그는 시황제가 죽자 그 유서를 찢어 버리고 새로운 유서를 조작하여 부소에게 보냈다. 조고와 이사(李斯)가 공모하여 조작한 이 유서에는 부소의 죄를 묻는 내용과 함께 자살하라는 명령이 적혀 있었다. 부소는 시황제의 명령이 조고에 의하여 조작된 것이라는 사실을 모른 채 자살하고 말았다.

부소를 죽인 조고는 자기가 마음대로 조종할 수 있는 호해(胡亥)를 2세황제로 옹립했다. 아직 나이가 어린 호해는 조고를 좋아했다.

조고의 뜻대로 2세황제가 된 호해는 그를 승상으로 임명하고 모든 실권을 맡겼다. 따라서 조고는 거대한 진제국(秦帝國)을 마음대로 주무르게 되었다.

조고가 2세황제를 어떻게 조종하고 모든 측근을 자기에게 복종케 했는지 말해 주는 일화가 〈사기〉의 「진시황본기」에 다음과 같이 기록되어 있다.

어느 날 조고는 자기 밑에 있는 신하들의 자신에 대한 충성도를 알아보기 위해 2세황제에게 사슴 한 마리를 헌상하면서 이렇게 말했다.

"이것은 말(馬)입니다."

그러자 2세황제 호해는 농담으로 웃으며 측근에 있는 신하들에게 물었다.

"승상은 사슴을 말이라고 하는데 그대들은 어떻게 생각하시오?"

그러자 측근에 있던 신하들의 반응은 세 갈래로 나뉘어졌다. 침묵을 지키고 말하지 않는 사람과 사실대로,

"말이 아니라 사슴입니다."

라고 대답하는 사람, 그리고 고조의 말대로,

"그것은 말입니다."

라고 대답하는 사람들이었다.

그러자 조고는 말이 아니라 사슴이라고 말한 사람들을 모두 죽였다. 그 뒤부터 모든 신하들은 조고를 두려워하며 그의 말을 거역하지 않았다.

이처럼 어리석은 2세황제와 간지(奸智)를 휘두르는 승상 조고가 이끄는 진제국이 제대로 되어 나갈 리가 없었다.

2세황제는 조고의 손에 의해 살해되고 3세황제 자영(子嬰)이 옹립되지만, 진나라는 패공(沛公) 유방(劉邦)의 손에 멸망하고 말았다.

중국 최초로 천하를 통일하여 대제국을 건국한 진나라도 이처럼 간교한 내시 조고의 발호로 인해 겨우 20년 만에 멸망하고 만 것이다.

어느 시대에 있어서나 권력자는 고독하다. 아랫사람이 아무리 충성스럽더라도 완전히 믿을 수가 없다.

'이 사람이 내 비위에 맞는 말을 해 주고는 있지만 진심으로 나를 생각해 주고 있는지 의심스럽다.'

라고 의심하기 시작하면 끝이 없다.

그것과는 반대로 언제나 당당하게 정론(正論)을 펴는 신하에게는 화가 난다. 그런 신하에 대해서는,

'정말로 귀찮게 만드는 녀석이다. 나를 괴롭히지 말아 주었으면 좋겠는데……'

라고 생각하는 것이 권력자의 일반적인 심리일 것이다.

그러나 내시는 편안한 존재이다. 처음부터 인간 이하의 존재로 생각하기 때문에 구워 먹든 삶이 먹든 마음대로 해도 되는 대상이

기 때문이다. 따라서 내시 자신들도 그 같은 권력자의 심리를 읽고 그 약점의 틈으로 기어들게 된다.

비위를 잘 맞추면서 기어드는 인간은 누구나 싫지 않은 법이다. 싫기는 고사하고 귀엽고 사랑스럽기까지 한 것이다. 그것은 현대의 권력자들에게서도 공통적으로 발견되는 심리이다. 아부하고, 꼬리를 잘 흔드는 사람이 권력의 시녀가 되어 돈을 벌고 출세하는 것을 우리는 가끔 볼 수가 있다.

한(漢)나라 고조 유방의 경우에도 다음과 같은 이야기가 전해져 오고 있다.

유방은 만년에 반란을 진압하기 위하여 직접 출전했다가. 유시(流矢)에 맞아 죽게 되는데 그 상처가 악화되어 죽기 1년 전부터 침상에 누워 있으면서 신하들을 만나려고 하지 않았다. 중신들이 면회를 청해도 만나 주지 않았다.

황제가 그런 태도를 취하면 정치는 모두 정지된다. 조의(朝議)도 없고 화급한 결재 서류도 제대로 재가를 받지 못한다. 때문에 참지 못하게 된 신하가 바로 거병(擧兵) 후부터 심복이었던 번쾌(樊噲)라는 인물이었다. 그는 유방의 부인 여후(呂后)의 동생을 아내로 맞이했기에 유방과는 동서 사이였다. 번쾌는 과감하게 유방의 침실 문을 열고 들어갔다.

그랬더니 이게 웬일인가. 천하의 영웅 유방이 혼자서 내시의 다리를 베고 누워 있었다. 그것을 본 번쾌는 불과 수십 년 전에 있었던 조고에 대한 일을 상기하며 다음과 같이 간했다.

"폐하께서는 저희들과 함께 패현에서 군사를 일으켜 천하를 얻었습니다. 더 이상 큰 일은 없습니다. 그러나 천하 평정을 끝낸 지금은 얼마나 피곤하시겠습니까. 폐하께서 병으로 누워 계시는 것을 저희들은 모두 가슴 아프게 생각하고 있습니다. 그런데 폐하께서는 그런 저희들을 멀리하며, 후사에 대해서 상의하시지도 않고 일개 내시를 상대로 최후를 맞이하려고 하십니다. 패하께서는 조고의 고사를 잊지 않으셨을 것이라고 믿습니다."

유방은 말없이 쓴웃음만 지을 뿐이었다.

이 이야기에서 흥미있는 점은 유방과 같은 영걸도 신경을 쓰지 않고 마음을 줄 수 있는 상대는 내시밖에 없었다는 것이다.

최고의 권력자란 이처럼 고독한 존재이다.

내시란 정상적인 인간의 입장에서 보면 경멸의 대상밖에 되지 않는다. 그런 대접을 받으면서 살기 때문에 그들의 성격은 비뚤어져 있다. 그러면서도 권력자의 환심을 사는 기술만은 완전한 상태에 가까웠다. 그것이 그들의 유일한 무기이기 때문에, 그들 역시 이 기술을 능숙하게 발휘하지 못하면 살아갈 수가 없었던 것이다.

따라서, 고독한 최고 권력자들 중에서도 영명하지 못하고 허약한 권력자들은 이와 같은 내시들의 능숙한 기술에 말려들기 쉬웠다.

내시들로 인한 폐해가 가장 두드러졌던 나라들은 한(漢)·당(唐)·명(明)의 왕조였다고 전해진다. 이 세 왕조에서는 한결같이 내시들이 표면 정치에 등장하여 멸망의 원인을 만들고 있다.

창업자들은 모두 전왕조(前王朝)가 멸망한 원인들 중의 하나가 내시들의 전횡이라는 사실을 알고 있었다. 그렇기 때문에 그들은 내시의 접근을 용인하지 않았으며 내시의 조종을 받을 정도로 어리서지도 않았다 앞에서 말한 유방도 만년의 한때를 내시의 무릎을 베개 삼아서 베고 편안하게 쉬었지만 정치의 실권을 맡길 정도로 어리석지는 않았다. 그러나 대(代)를 거듭할수록 내시의 전횡이 두드러지게 나타났으며 결국에는 나라를 망치게 되었다.

명왕조(明王朝)의 주원장(朱元璋)도 내시들로 인한 폐해를 잘 알고 있었기 때문에 여러 가지 제도적인 조치를 취해 그들의 발호를 억제하고자 했다. 그래서 주원장은 내시들이 근무하는 내정(內廷)의 궁문(宮門) 안에,

「내관(內官)은 정사(政事)에 간여해서는 안 된다. 간여하는 자가 있으면 참수(斬首)한다」

라고 새긴 철패(鐵牌)를 붙였다. 내시가 정치에 간여하면 목을 베겠다는 경고문을 철판에 새겨 궁문에 달아 놓았던 것이다.

그러나 초대의 이 기본 방침은 3대째인 영락제(永樂帝) 때 완전히 바뀌고 말았다.

어째서 이와 같은 태조(太祖)의 정치 이념이 3대에 와서 무산되었을까?

영락제는 조카인 2대황제 건문제(建文帝)를 활로 쏘아 죽이고 제위에 오른 사람이다. 이 영락제에게도 약간의 이유는 있었지만, 그와 같은 혁명은 당연히 세상의 비난을 받기 마련이었다.

세상의 비난이 자기에게 쏠리는 것을 안 영락제는 사람들을 믿지 못하게 되었다. 따라서 충성을 다하는 신하들까지도 마음속으로는 무슨 생각을 하고 무슨 음모를 꾸미고 있는지 알 수 없다고 생각했다.

때문에 영락제는 요즘 같이 비밀경찰을 조직하고 그들로 하여금

불순분자를 적발하도록 하는 대책을 세웠다. 이 비밀경찰의 책임자로 임명된 자들이 내시였다. 그리고 영락제는 한술 더 떠서 군대의 감독권까지 내시관에게 맡겼다.

영락제는 혁명을 일으켰다는 오명을 감수해야 했지만 바탕은 영명한 제왕이었다. 또 내시에게 그런 실권을 주기는 했지만, 그 내시들에게 이용을 당하지는 않았다.

그러나 영락제가 죽고 그 뒤를 이어 범상(凡常)한 제왕이 나오자 일은 복잡해지고 말았다. 따라서 명대의 정치는 내시들의 발호를 눈뜨고 볼 수 없는 참상을 노출시키게 되었다.

명대에 활개를 친 내시들 중에 위충현(魏忠賢)이라는 자가 있었다. 그의 권세는 황제를 젖히고 각지에서 그를 제사지내는 사당까지 짓게 했다. 오늘날의 독재자들은 아무리 자기를 우상화하더라고 동상을 세우도록 하되 사당까지 짓게 하지는 않는다. 그러나 위충현은 살아 있는 신(神)으로 사당을 짓고 자기를 제사지내게 했다. 그뿐만이 아니었다. 당시의 내시들은 모두 사당 앞에 가서 엎드려 절하고 일제히,

"구천세(九千歲)!"

라고 외쳤다. 「만세(萬歲)」란 천자를 축하하는 것이고 것으로 1만 세까지 살라는 축원이었다. 천자에게 축하하는 「만세」까지 그대로 쓰게 하는 것은 미안하다고 생각했던지 위충현은 자기에게는 1천 세를 뺀 「구천세」를 외치게 했던 것이다.

23. 문관이 우위인 나라

우리나라의 조선 5백 년 동안에는 문관에 의해서 다스려지는 문
관정치(文官政治)가 계속되었다. 중국도 역시 문관 우위(文官優位)
의 나라였다. 전쟁은 언제나 무관이 했지만 정치에서는 항상 문관
쪽이 윗자리에 있었다.

중국의 역사를 보면 전란(戰亂)의 시대에는 항상 무력이 뛰어난
사람이 등장하여 무력으로 시대를 이끌었다. 그러나 일단 전란이
평정되고 새로운 질서가 수립되면 정치의 주도권은 급속하게 「문
관」쪽으로 자리를 옮겼다. 한(漢)나라의 유방(劉邦)은 유협(遊俠)
출신으로 학문적인 교양은 제로에 가까웠다. 그는 원래 일개 서민
이었다. 그가 서민일 때는 학문적인 교양이 없어도 불편하지 않았
는데, 일단 황제(皇帝)가 되고 보니 불편하기 짝이 없었다. 그래서
그는 육고(陸賈)라는 학자로부터 학문에 관한 강의를 받게 되었다.

육고는 〈시경(詩經)〉과 〈서경(書經)〉을 교재로 하여 유방에
게 위정자로서의 마음가짐을 설명해 주었다. 말하자면 「제왕학(帝
王學)」을 가르친 것이다.

그러나 유방은 억지로 점잖을 빼라는 강의에 싫증이 났다. 때문
에 어느 날 책을 내던지면서 육고에게 호령했다.

"그만 두겠다. 나는 마상(馬上)에서 천하를 얻었다. 이제 와서 이

런 것을 배워 어떻게 하란말인가?"

그러자 육고는 이렇게 말하며 유방을 달랬다.

"폐하는 정말로 마상(馬上)에서 천하를 얻었습니다. 그러나 마상(馬上)에서 천하를 다스리시지는 못합니다. 옛날의 탕왕(湯王)과 무왕(武王)을 보십시오. 그들도 역시 걸(桀)·주(紂)를 무력으로 정벌하여 천하를 얻었지만 천하를 정벌한 뒤에는 문(文)의 힘으로 나라를 다스렸습니다. 문과 무를 겸비하는 것이 천하를 보장하고 지속시키는 비결입니다. 옛날에 오(吳)나라 왕 부차(夫差)나 진(晋)나라의 지백(智伯)은 강대한 무력을 자랑하면서도 결국에는 망했습니다. 또 진(秦)나라도 역시 그처럼 엄격하게 법(法)을 시행하면서도 결국 망하지 않았습니까? 진나라가 만일 천하를 통일한 뒤에 인의(仁義)의 도(道)를 답습하고 선성(先聖)의 정치학을 배웠다면 폐하께서 진나라를 멸망시키고 천하를 얻을 수 있는 기회는 없었을 것입니다."

그 말을 들은 유방은 순간적으로 기분이 나쁜 것처럼 보였지만 곧 부끄러워하는 표정을 지었다. 〈사기(史記)〉에 의하면 이 때의 유방의 반응을,

「고제(高帝:漢高祖), 기뻐하지 않고 부끄러워하는 표정을 지었다」

라고 기록하고 있다.

신하에게서 지적을 받으면 기분이 좋을 리가 없다. 그러나 상대방이 말하는 것은 옳은 말이다. 그것을 이해하지 못할 유방도 아니었다. 그래서 유방은 부끄러워하는 표정을 지었을 것이다.

그 후부터 유방은 귀찮아하면서도 육고의 강의를 계속해서 들었다.

넓은 중국 땅을 통일할 때는 무력만으로 그것을 성취했다. 그러나 통일한 후에 넓은 땅을 다스리는 것은 무력만으로는 불가능하다. 잘 다스리기 위해서는 반드시 정치력(政治力)이나 교섭력(交涉力)과 같은 「문(文)」의 요소를 중요시하지 않을 수 없다. 이와 같은 다스림(治)의 원리를 중국인들은 체질적으로 알고 있었던 것이다.

약간 그 의미가 달라지지만 유방에 관한 다음과 같은 이야기는 매우 흥미롭다.

유방은 항우를 멸망시키고 천하를 손아귀에 넣는 데 성공하자, 공신들에게 논공 행상(論功行賞)을 실시했다.

논공 행상이란 누가 하더라도 어려운 일이다. 누구나 자신이 세운 공이 가장 크다고 믿고 있기 때문에 그것을 공정하게 하지 않으면 적(敵)을 만들기 쉽다. 유방이 논공 행상을 할 때도 마찬가지였다. 유방 휘하에서 공을 세운 장군들이 제각기 자기의 공적을 내세우며 서로 싸웠기 때문에 1년이 지나도록 결말이 나지 않았다.

유방은 드디어 최고의 공을 세운 사람은 승상(丞相)인 소하(蕭何)라고 결론을 내리고 그에게 가장 큰 봉지(封地)를 하사했다. 소하는 처음부터 끝까지 후방(後方)에서 일을 하며 전선에서 싸우고 있는 유방에게 신병(新兵)과 물자를 공급해 주는 일을 했다. 이 소하의 공으로 유방은 열세를 만회하여 전세를 역전시켜 승리를 거둘 수 있었다. 그 같은 공적이 높이 평가되었던 것이다.

그러나 그러한 결정에 대해 휘하의 모든 장군들이 일제히 불만스러워하는 뜻을 제기했다.

"우리는 직접 최전선에 나가서 싸웠습니다. 우리들 중에는 1백

수십 회나 전투에 참가한 사람도 있고 적은 사람일지라도 수십 회는 전투에 참가했습니다. 그 성과에 있어서 크고 작은 차이는 있지만, 우리는 모두 목숨을 걸고 직접 성을 공격하여 영토를 늘려 갔습니다. 그러나 소하는 단 한 번도 전투에 참가한 적이 없으며 처음부터 끝까지 책상 앞에 앉아서 계획만 세우고 있었던 사람입니다. 그런 사람에게 우리보다 높은 공로를 세웠다면서 상을 주는 것은 무슨 이유에서입니까?"

그러자 유방이 이렇게 반문했다.

"그대들은 사냥이라는 것을 아는가?"

"알고 있습니다."

"그럼 사냥에서 쓰는 사냥개도 알고 있겠지?"

"물론 알고 있습니다."

그러자 유방은 다음과 같이 말하며 소하의 공을 확인해 주었다.

"그렇다면 내가 설명하겠다. 사냥을 할 때에 짐승을 좇아가서 잡는 것은 사냥개이지만 그 개의 고리를 풀어 짐승을 쫓도록 지시하는 것은 사람이다. 말하자면 그대들은 도망가는 짐승을 잡았다. 그것은 결국 그대들이 그렇게 할 수 있게 해 준 사람의 공로 때문이다. 그뿐만이 아니다. 대부분의 여러 장수들은 자기 한 몸만 나를 따라왔고 많은 사람이라고 할지라도 가족 중에서 겨우 3명 정도를 데리고 왔을 뿐이다. 그러나 소하는 자기 집안 사람들을 모두 동원하여 수십 명이나 전장에 보내왔다. 그 공적도 역시 무시할 수 없다.

〈사기〉에 의하면 유방이 그렇게 말하자

「군신(群臣), 감히 말하는 자가 없었다」

라고 한다. 유방의 결론에 이의를 제기한 사람이 단 한 사람도 없었다는 것이다.

그렇게 하여 논공 행상이 끝나자 이번에는 궁중(宮中)에서의 지위를 결정하게 되었다. 이때도 장군들의 의견은 한결같았다. 조참을 제1위로 해야 한다는 것이었다.

"평양후(平陽侯) 조참(曹參)은 몸에 70번이나 부상을 입을 정도로 열심히 싸웠고 공성 약지(攻城略地:성을 공격하고 땅을 빼앗는 것)에 서도 가장 공을 많이 세웠습니다. 그러므로 마땅히 그가 제1위에 올라야 한다고 생각합니다."

조참은 거병(擧兵) 초부터 유방과 뜻을 같이 했고, 총대장(總大將)으로 언제나 제일선에 서서 유방을 도와 온 사람이었다.

이 때에도 유방은 장군들의 의견을 물리치고 문관(文官)인 소하를 특별히 대우했다고 한다.

성을 공격하는 야전 전투(野戰戰鬪)의 활약상은 언제나 두드러져 보이기 쉽지만 후방에서 하는 보급의 일은 아무리 잘 해도 빛을 내지 못하는 것은 예나 지금이나 같다. 이처럼 그늘에 묻힌 일에 종사한 소하를 유방은 과감하게 공적 제1위의 인물로 인정한 것이다. 여기서 우두머리로서의 유방의 기량(器量)을 발견할 수 있다.

그리고 '그대들의 일은 사냥개의 공로에 지나지 않는다'는 말을 듣고도 침묵한 장군들 역시 유방의 박력에 압도되었기 때문에 침묵할 수밖에 없었던 것은 아닐 것이다. 그들도 「무관(武官)」의 한계를 자각하고 「문관(文官)」의 능력을 인정했기 때문에 솔직하게 유방의 결정을 받아들였을 것이다.

중국 역사에서 문관 우위(文官優位)가 제도로서 정착된 것은

「과거(科擧)」가 보급된 송대(宋代) 이후의 일이다.

「과거」에 의해서 고급관리들이 선발되자 순수한 무관이 나라의 정책 결정에 참여할 기회는 거의 완전히 봉쇄되었다.

이 과거 제도가 시행되기 이전에는 문관과 무관의 대립이 많았다. 특히, 무관의 활약이 눈부셨던 전란(戰亂)의 시대에는 그런 현상이 두드러지게 나타나기도 했다. 그러나 무관 쪽이 언제나 약세였다.

「문경(刎頸)의 사귐」의 고사도 역시 그런 이야기이다.

전국시대의 일이었다. 조(趙)나라의 혜문왕(惠文王)이 「화씨(和氏)의 구슬」이라고 부르는 유명한 보석을 손에 넣었다. 그것을 안 진(秦)나라 왕이 도읍 15개와 바꾸자고 제안해 왔다.

당시 진나라는 강대국이었다. 서투르게 처리하면 구슬만 빼앗기고 말 위험성이 있었다. 그렇다고 그 제안을 거절하면 그들에게 공격의 구실을 주는 결과가 되었다.

이 때 추천을 받고 진나라와의 교섭을 맡게 된 조나라 사람이 인상여(藺相如)라는 무명인사였다. 그는 진나라에 가서 진나라 왕을 설득하여 구슬을 지키는 데 성공했다. 인상여의 설득과 담판으로 구슬(璧)이 완전히 지켜졌기 때문에, 이 고사로 인하여 「완벽(完璧)」이라는 말이 생겨났다.

이 「완벽」이라는 말은 현재는 「완전 무결하다」는 뜻으로 사용되지만, 옛날에는 「구슬(璧)을 완전히 지킨다(完璧)」는 뜻을 가지고 있었다. 이 말의 한자 벽(璧:둥근 옥벽)이 지금은 벽(壁:흙벽)으로 변형된 것이다.

인상여는 그 공로로 일약 대신으로 발탁되었다.

그 후 조나라는 진나라 군대의 공격을 받아 큰 손해를 입었고, 진나라의 제의로 평화회담을 하게 되었다. 이 때에 조나라왕과 함께 인상여도 평화회담에 참석했다. 당연히 전쟁에서 진 조나라의 입장은 불리했다. 그러나 인상여는 처음부터 대등한 입장을 견지하며 교섭을 진행시켜 당당하게 진나라의 불리한 요구를 모면했다.

그 공로로 인상여는 대신 중에서도 가장 높은 수석대신이 되었다.

그렇게 되자 노골적으로 불만을 나타낸 사람이 총사령관인 염파(廉頗)였다.

"나는 조나라의 총사령관으로 공성 야전(攻城野戰)에서 큰 공을 세웠다. 인상여는 겨우 입으로만 담판을 했는데도 나보다 지위가 높다. 그리고 인상여는 비천한 출신이다. 그런 사람보다 나의 지위가 낮다는 것은 참을 수가 없는 일이다."

라고 말하면서 만나는 사람에게 마다,

"그놈을 만나면 그냥 두지 않겠다."

라며 큰소리를 쳤다.

그런 사실을 알게 된 인상여는 여러 가지 구실을 내세워 염파와 자리를 같이 하는 기회를 피했다. 길에서 마주쳐도 사잇길로 피해 얼굴을 맞대지 않도록 했다.

인상여의 측근들은 그런 태도가 못마땅하게 생각되었다.

"무엇 때문에 염파 장군을 그렇게 두려워하십니까?"

측근들이 묻자 인상여는 이렇게 반문했다.

"그대들은 염파 장군과 진나라 왕 중에서 어느 쪽이 더 무섭다고 생각하는가?"

"물론 진왕입니다."

"그렇게 무서운 진나라 왕도 나는 궁전에서 당당하게 맞섰다. 뿐만 아니라 진나라 신하들을 마치 어린애 다루듯이 해 주었다. 그런 내가 진심으로 염파 장군을 두려워한다고 생각하는가? 내가 염파 장군을 피하는 것은 그가 무서워서 피하는 것이 아니다. 지금 강대한 진나라가 감히 우리나라를 공격하지 못하는 것은 염파 장군과 내가 버티고 있기 때문이다. 지금 우리 두 사람이 싸움을 한다면 둘 중의 하나가 희생된다. 내가 그와 정면으로 충돌하는 것을 피하는 이유는 나 개인의 명예보다는 나라의 보전과 안녕이 더 중요하기 때문이다."

인상여의 그 말은 염파 장군의 귀에도 들어갔다.

염파 장군은 인상여의 깊은 뜻에 감동하여 그를 찾아가서 정중하게 사죄했다.

"정말로 저의 행동은 어리석은 짓이었습니다. 재상의 넓은 마음을 헤아리지 못하고 제가 경솔하게 행동한 것을 크게 뉘우치고 있습니다."

두 사람은 그 일을 계기로 화해했으며 그 뒤부터는 「문경지교(刎頸之交:함께 목이 잘려도 후회하지 않을 만큼 생사를 함께 하는 사귐)」를 맺었다고 한다.

인상여와 염파의 이야기에서도 알 수 있는 것처럼 무장(武將)들은 일반적으로 단순하고, 어떤 일을 해결할 때에도 힘으로 상대방을 누르려고 한다. 그들과는 반대로 문관(文官)들은 교섭과 설득에 의해서 문제를 해결하려고 한다. 그것은 다소의 예외는 있지만 어떤 시대에나 공통적으로 나타나는 경향이다.

문관 정치가 자리를 잡고 문관들의 활약이 두드러졌던 중국에는 이런 점에서 교섭과 설득이 자연히 중요하게 여겨져 왔다.

역시 같은 조(趙)나라에서 있었던 일이다. 무령왕(武靈王) 시대의 「호복기사(胡服騎射:오랑캐 옷을 입고 말을 타고 싸움)」라는 유명한 이야기가 있다.

무령왕은 조나라가 살아남기 위해서는 군사력을 증강하고 수비를 단단히 해야 한다고 생각했다. 그러기 위해서는 북방민족이 주로 이용하는 기마제(騎馬制)를 도입하여 이용해야 한다고 믿었다. 기마병을 양성한다면 보병(步兵)보다 훨씬 뛰어난 기동성을 발휘할 수 있게 되고, 따라서 군사력이 비약적으로 강화될 것이라고 생각했기 때문이었다.

그러나 그것을 실현하기 위해서 뛰어넘어야 하는 하나의 커다란 장애 요인이 있었다.

기마병 제도를 도입하려면 종래의 중국 옷을 버리고 「호복(胡服:오랑캐 옷」을 입어야 했다. 「호복」이란 승마복과 같은 것으로써 그것은 북방 기마민족의 복장이었다.

그것을 입기 위해서는 중신회의에서 동의를 얻어야 했다. 그런데 전통적인 인습을 존중하는 중신들이 동의할 것 같지 않았다. 그러나 나라가 망하지 않고 살아남기 위해서는 어떤 일이 있어도 그 제도를 채용하지 않으면 안 된다고 무령왕은 생각했다.

그래서 무령왕은 은밀하게 2, 3명의 중신들을 설득하여 찬동을 얻어 놓고 조의(朝議) 석상에서 기마병 제도를 채택하고자 한다는 뜻을 발표했다. 과연 반대 의견들이 거세게 나왔다.

이 때 무령왕의 대응 방법은 신중했다.

옛날 군주(君主)의 권력은 강대한 것이었다. 군신들의 반대에 부

딪쳤을 때,

"무조건 시행할 것이니 이의없이 따라오시오."

하고 강력하게 결론을 내리면 그만이었다. 그러나 무령왕은 그렇게 하지 않았다.

무령왕은 반대하는 신하들에게 「호복」을 입어야 하는 기마병 제도를 어째서 채택하지 않으면 안 되는가를 열심히 설명하고 설득했던 것이다. 그리고 「호복」을 입는 것을 반대하여 병을 구실로 조의에 참석하지 않는 자기 숙부(叔父)를 문병한다는 구실로 직접 집에까지 찾아가서 설득을 했다.

결과적으로 무령왕의 설득은 받아들여져 「호복」을 입는 「기마병 제도(騎馬兵制度)」가 채택되었다. 그리고 조나라가 이 제도를 채용하자 그것을 계기로 중국의 전투 방식에 혁명적인 변화가 일어나게 되었다.

동기와 결과가 어떻든 이와 같은 중대한 정책을 결정하는 데 있어서 강압적인 방법이 아닌 설득이라는 절차를 철저하게 밟았다는 점에서 조나라의 「문치(文治)」의 장점은 높이 평가되는 것이다.

중국 제일의 역사가 사마천도 <사기(史記)>에서 무령왕의 설득 내용을 자세히 기록할 정도로 그의 정책 시행 방법을 높이 평가하고 있다.

이와 같은 중국의 「문관」 우위의 사상은 역사의 기록에서도 역력히 나타나고 있다. <사기> 뿐만 아니라 대부분의 중국 역사서들은 일반적으로 전쟁의 진행 상황을 기록하는 데 있어서는 인색하다. 예를 들면 유명한 「적벽(赤壁)의 싸움」이나 「비수(肥水)의 싸움」과 같은 중요한 전쟁도 정사(正史)에는 아주 간단하게 기록되어 있다.

　그러면 역사가들의 관심은 어디에 있었을까? 그들의 관심은 실제 전쟁의 양상보다도 그 전쟁이 왜 일어났는가 하는 점에 있었다. 왜 전쟁이 일어났으며, 그 전쟁이 일어나기 전에 어떤 교섭과 설득과 흥정이 오고갔는가? 그리고 전쟁을 해야겠다는 뜻을 결정한 막후는 어떠했는가 하는 사전 상황(事前狀況)의 기록에 보다 큰 정열을 쏟았다.

　이와 같은 역사 기록의 방법은 「문관 우위」의 나라만이 갖는 특징이라고 말할 수 있을 것이다.

24. 우공, 산을 옮기다

중국인과 우리 한국인은 공통되는 점이 많다.

중국인들이 유교 사상(儒敎思想)을 정치의 이념으로 삼고 사회 규범으로 정착시켜 오랜 역사를 살아온 것처럼, 우리나라도 조선(朝鮮)시대 5백 년 동안 유교 사상을 치국(治國)의 이념으로 삼았다. 더 나아가 윤리적 측면에서는 절대적인 가치 기준으로 인정해 왔다.

물론 완벽하게 중국의 것을 그대로 수용했던 것은 아니었다. 유교 사상을 도입하여 정치와 사회 규범의 바탕으로 삼아 오기는 했지만 어디까지나 우리 풍토, 우리 기질에 맞게 변형시켜 정착시켰다고 보아야 할 것이다.

따라서 우리는 그들과 공통되는 점을 많이 가지고 있다. 우선 충효 사상(忠孝思想)이 그렇고 예의 범절의 기본 바탕이 닮았다. 그리고 중국처럼 문관 우위(文官優位)의 선비 사상이 근세까지의 역사를 주도해 왔다는 것은 정치적인 면에서 중요한 의미를 갖는다.

이와 같이 정치와 기본 윤리면에서 공통점이 많을 뿐만 아니라 풍속적인 면에서도 역시 공통적인 것이 많다. 한식(寒食)·단오(端午)·동지(冬至)·칠석(七夕) 등 명절과 세시 풍속도 모두 그들에게서 온 것이다. 그 밖에 음양 사상(陰陽思想)·십이 간지(十二干

支)·태음력(太陰曆)·한방 의술(漢方醫術)……, 열거하자면 한이 없다. 그런 것들은 오랜 세월이 흐르는 동안 우리 고유의 것으로 정착되었다.

논란거리가 되고는 하는 한자도 역시 오랜 옛날, 삼국시대(三國時代) 이전부터 우리에게 전해져 문자가 없던 시대에 우리 문자로 사용해 왔었다. 세종대왕이 한글을 만든 뒤에도 이 한문은 최근까지 우리의 문자로 사용되었다.

이처럼 우리나라가 중국과 같은 면이 많은 이유는 지리적인 여건에 의한 것으로 오래 전부터 문화나 정치적으로 깊은 관계를 유지해 왔기 때문이다. 그리고 조선시대에 들어오면서 불교를 배척하고 유교 사상을 통치 이념으로 삼으면서 중국을 대국(大國)으로 섬기는 모화사상(慕華思想)에 젖었기 때문일 것이다.

이와 같은 의식 구조는 해방 후까지도 크게 달라지지 않고 남아 있었다. 6·25전쟁 때 중공군이 개입하기 전까지 이들 중국인에 대한 우리의 감정은 호의적인 것이었다. 또 그들의 문화 유산에 많이 동화되어 있다는 사실에 커다란 거부감을 느끼지 않았다.

그러나 우리는 근본적으로 중국인들과는 완전히 다른 기질을 가지고 있으며, 어떤 경우에도 결코 같아질 수 없는 민족이라는 사실을 알아야 할 것이다.

우리가 그들과 같지 않은 점들은 무수히 많다.

우선 사물을 보는 방법, 생각하는 방법, 행동 양식 등 모든 면에서 크게 다르다. 같은 면보다는 근본적으로 다른 면이 많다는 것을 우리는 알아야 할 것이다.

비근한 예로, 생활 문화 중에서 가장 핵심이 되는 먹는 문화부터

가 다르다. 그들은 밀가루를 가장 많이 먹고 있지만 우리는 쌀을 주식으로 한다. 우리는 리어카나 짐수레를 반드시 앞에서 끌지만 그들은 뒤에서 미는 것을 위주로 한다. 톱질을 할 때도 우리는 앞으로 당길 때 힘을 주어서 나무를 자르지만 그들은 밀 때에 힘을 주어서 자른다. 이처럼 우리는 앞으로 당기는 문화인 데 비하여 그들은 미는 문화이다.

우리는 비장하고 단호한 결의를 할 때 이를 악물며 턱을 안으로 당기지만 그들은 앞으로 내민다.

중국인들이 우리와 근본적으로 다르다는 것을 가장 잘 증명하는 것으로 다음과 같은 재미있는 이야기가 있다.

근래 들어 우리나라 사람들이 상당히 성급해졌다고 반성하는 소리가 여기저기서 들리고 있다. 확실히 우리는 성급해졌다. 단기간에 돈을 벌고, 단기간에 출세를 하고 싶은 성급한 사람에게는 이 말이 매력적일지는 모른다. 그러나 긴 안목으로 볼 때는 결코 바람직한 것은 못 된다고 생각한다.

중국인들은 그렇지 않다. 언제나 여유만만하고 서두르지 않으며 길게 생각한다.

<열자(列子)>에 「우공(愚公), 산을 옮기다」라는 고사가 있다 서두르지 않고 꾸준히 노력하면 아무리 어려운 일이라도 성취할 수 있다는 교훈적인 우화(愚話)이다

옛날 중국의 기주(冀州) 남쪽 땅에 큰 산 두 개가 있었다. 그 산의 이름은 태행산(太行山)과 왕옥산(王屋山)이었는데 주위가 모두 사방 7백 리이고 높이는 수만 장(丈)이나 되었다.

이 산 북쪽에 우공(愚公)이라는 90세 가까운 노인이 살고 있었다.

노인은 먼 곳을 출입할 때마다 이 두 산이 가로막혀 있어서 길을 돌아가야 했기 때문에 무척이나 불편을 느끼고 있었다.

그는 생각하던 끝에 어느 날 가족을 모아 놓고 상의했다. 자신의 생각을 가족들에게 이야기한 뒤에 그 커다란 두 개의 산을 다른 곳으로 옮기겠다고 말했다. 노인의 말에 가족들은 모두 찬성했다.

그 때 그의 아내가 물었다.

"두 산이 저렇게 큰데 많은 흙과 돌을 어디로 운반한다는 거지요?"

그러자 우공이 미처 대답하기 전에 아들과 손자들이 말했다.

"그런 걱정은 하지 마세요. 발해까지 운반해다 버리면 되니까요."

다음 날 아침부터 우공은 아들과 손자들을 데리고 산으로 가서 흙을 파기 시작했다. 산에서 파낸 흙과 돌을 부대에 담아 짊어지고 먼 발해를 향해 출발했다.

그것을 보고 감동한 우공의 부인도 일손을 도왔다. 아들과 손자들은 열심히 흙과 돌을 파서 먼 발해까지 등에 지고 가서 버렸다. 그들은 계절이 바뀔 때마다 한 번씩 옷을 갈아입기 위해 집에 들를 정도로 열심히 일을 했다.

어느 날 지수(智叟:현명한 노인)라는 사람이 찾아와서 말했다.

"당신 가족이 평생 동안 노력해도 이 큰 산은 없어지지 않습니다. 쓸데없는 고생은 그만하시오."

그러자 우공은 이렇게 대답했다.

"내가 죽으면 내 아들과 손자가 계속하고, 아들과 손자가 죽으면 또 그들의 아들과 손자가 계속할 것입니다. 따라서 이 일은 산이 없어질 때까지 언제까지나 계속됩니다. 반면에 산이란 더 커지지 않는 것입니다. 결국 이 산은 없어지고 맙니다."

우공의 말에 지수 노인은 아무런 대꾸도 못하고 돌아갔다.

이 「우공, 산을 옮기다」 라는 이야기는 중국인들의 끈기와 의욕의 대단함을 말해주는 좋은 비유이다.

과거에 중국에서도 이 우공의 사상을 강조하여 크게 유행시킨 것이 모택동(毛澤東)이다. 그는 이 우공의 정신으로 곤란을 극복하고 꾸준히 건설을 해 나가라고 국민들을 설득했던 것이다.

우리나라에는 「시작이 반이다」 라는 속담이 있다. 무슨 일이든지 일단 착수만 하면 반은 완성한 것이나 다름없다는 것이다. 그러니까 무조건 시작해 놓고 보라는 뜻이다.

여기서도 우리는 무계획성과 요행성과 그리고 조급성을 발견하게 된다.

면밀한 계획을 세운 뒤에 착수했어도 그 일이 계획대로 될지 의문인 것이 세상 일인 것이다. 계획성 없이 무조건 착수부터 한다는 것은 그만큼 요행을 바라는 심리가 깔려 있다고 보아야 하며, 일의 결과만 빨리 보려는 조급성을 나타낸 행동이기 때문이다.

이 「시작이 반이다」 라는 사상 때문에 우리는 근대화 과정에서 너무나 많은 손해를 보고 시행 착오를 일으켰다. 성수대교와 삼풍 백화점 붕괴 사고를 비롯한 크고 작은 많은 일에서 이 「시작이 반이다」 라는 사상 때문에 많은 손해를 보았고, 앞으로도 그런 현상은 쉽사리 없어지지 않을 전망이다.

그러나 중국인들에게는 「시작이 반」 이 나리라 「백 리 중에 구십 리가 반」 이라는 사상이 옛날부터 있었다. 그만큼 신중하고 완벽하다 용두사미(龍頭蛇尾)가 되지 않기 위해서이다.

〈전국책(戰國策)〉에 다음과 같은 이야기가 있다.

진(秦)나라가 천하를 통일하기 전, 전국시대에 있었던 일이다.

당시 진나라의 무왕(武王)은 위(魏)와 조(趙) 두 나라를 굴복시키고 있었는데 어떤 세객(說客)이 무왕에게 이렇게 말했다.

"지금 대왕께서는 위와 조, 두 나라를 얻은 것에 만족하여 제(齊)나라가 남아 있는 것을 대수롭지 않게 생각하고 계십니다. 그것은 마음의 교만입니다. 〈시경(詩經)〉에도 「처음에는 모두 잘 되어 간다. 그러나 끝마무리가 잘 되는 일은 드물다」라는 말이 있습니다. 선왕(先王)께서는 언제나 처음과 끝을 함께 소중히 하여 크게 성공하셨습니다. 세상에는 처음에는 잘하더라도 끝마무리를 잘못한 예가 많습니다. 대왕께서 천하 통일의 대업을 착실하게 추진하여 유종의 미를 거두신다면 천하의 왕자(王者)로서 삼왕(三王:은나라의 탕왕, 주나라의 문왕과 무왕)에 대왕을 추가하여 사왕(四王)이라는 칭송을 받을 수도 있고, 춘추오패(春秋五覇)에 대왕을 추가하여 육패(六覇)가 될 수도 있습니다. 하지만 만일 대왕께서 끝을 완벽하게 마무리짓지 못한다면 사람들은 대왕을 오(吳)나라 왕 부차(夫差)나 진(晉)나라의 지백(知伯)처럼 비참한 말로를 걸어간 사람과 같다고 말할 것입니다.

〈시경〉에 「백 리(白里)를 가는 자는 구십 리(九十里)를 반으로 생각한다」는 말이 있습니다. 이 말은 유종의 미를 장식하는 것이 얼마나 중요하고 어려운 일인가를 나타내 주고 있습니다. 말씀드린 것처럼 지금의 대왕에게서는 교만한 빛을 읽을 수 있습니다. 따라서 오늘의 동맹국이 내일의 적이 될 수도 있습니다. 이와 같은 때에 위와 조, 두 나라를 굴복시켰다고 하여 마음속으로 이제 다 된 것이나 다름없다고 교만해하시면 안 됩니다. 그러시면 지금까지 쌓아온 결과가 모두 수포로 돌아가기 쉽습니다."

그것은 진나라 무왕의 교만을 경계한 말이었다. 진이 천하 통일을 앞두고 강대국 위와 조 두 나라를 굴복시켰으므로 이제 천하통일은 기정사실인 것처럼 착각하고 방심해서는 안 되며, 마지막 남은 나라까지 완전히 굴복시키도록 최선을 다해야 한다는 충고였다.

모든 일은 시작은 쉽지만 끝맺음까지 차분하고 겸손하게 완결하기는 어렵다. 인간은 자기도 모르게 중도에서 탈락해 버리기 쉽다. 그러므로 백 리를 가려고 생각한 사람은 구십 리까지 갔을 때 겨우 반을 왔다고 생각해야 한다. 다시 말하자면 모든 일을 90%까지 진척시킨 뒤 그 상태를 반이라고 생각해야 한다는 것이다. 그리고 나머지 10리, 즉 10%는 90%와 맞먹을 정도로 어려운 것이므로 절대로 거의 다 되었다고 방심해서는 안 된다는 것이다.

「시작이 반이다」와 「백 리를 갈 때 구십 리를 반으로 생각한다」라는 사상 중에서 일에 임하는 진실성과 완벽성을 생각할 때 어느 쪽이 바람직한가는 삼척동자도 판단할 수 있다. 그리고 이것은 어린이가 하는 일과 어른이 하는 일처럼 성취도와 완벽성에 있어서 큰 차를 가져다 줄 것임에 틀림없다.

중국인의 거대함을 가장 잘 나타내 주는 말로 「백발 삼천장(白髮三千丈)」이라는 유명한 말이 있다. 우리는 흔히 「백발삼천척」이라고 알고 있지만 정확한 것은 「백발삼천장」이다.

이 말은 누구나 알고 있으면서도 그 출전(出典)은 잘 모르고 있다. 「백발삼천장」은 이백(李白)의 시(詩) 「추포가(秋浦歌:가을 물가에서 부른 노래)」에 나오는 말로 근심 걱정 때문에 백발이 3천 장이나 길어졌다는 어처구니없이 과장된 표현이다. 아무리 인생이 허무하고 삶이 덧없고 근심이 많았다 하더라도, 흰 머리가 3천 장이나 자랄 수 있을까.

백발삼천장에 비하면 비교적 현실감이 나는 표현으로 〈시경〉에 「채갈(采葛)」이라는 시가 있다. 이 시는 사랑하는 사람을 기다리는 간절한 심경을 노래한 것이며, 이 시에 「일일여삼추(一日如三秋)」라는 말이 나온다.

그이는 칡을 캐러 갔네
하루를 보지 못하면
석 달이나 못 본 듯하네
彼採葛兮
一日不見
如三月兮

그이는 쑥을 캐러 갔네
하루를 보지 못하면
가을이 세 번 가도록 못 본 듯하네
彼採蕭兮
一日不見
如三秋兮

그이는 약쑥을 캐러 갔네
하루를 보지 못하면

삼 년이나 못 본 듯하네
彼採艾兮
一日不見
如三歲兮

　사랑하는 사람을 만나지 못하여 안타까워하면서 만나지 못하는 그 시간을 그들은 이렇게 과장해서 표현했다. 만나지 못하는 기간은 하루뿐인데 그것을 3년이란 긴 시간과 동일시하고 있다.
　이처럼 중국인들의 시간 개념은 유장(悠長)하다.

　「우공」의 사상과 「90%를 반으로 생각하라」는 말은 중국인들이 지닌 철학이며 행동 양식이다. 비근한 예로, 대만은 우리나라보다 면적이 훨씬 좁고 여러 가지 여건이 좋지 못한 데도 불구하고 오래 전부터 세계 수출 시장에서 많은 흑자를 낸 적이 있었다. 그렇다면 그들은 어떻게 해서 그처럼 막대한 무역 수지 흑자를 낼 수 있었던 것일까?
　그들은 우리처럼 서두르지 않는다. 하나하나 차분히 먼 앞날을 보고 천천히 해 나간다. 우리 수출의 대부분은 종합무역상사 및 대기업의 손에 의하여 소나기식 수출이나 덤핑 수출도 불사하는 성급함을 보이고 있는 반면, 그들은 중소기업을 비롯하여 소상인들까지 정성들여 물건을 만들어 차분하게 수출을 하고 있다.
　한편, 중국은 공산주의 국가이다. 세계의 모든 공산주의 국가가 폐쇄적이며, 그들의 종주국인 소련까지도 공산주의의 독단에서 탈피하지 못하고 있을 때, 그들은 대담하고 여유만만하게 문호를 개방하고 자유 진영과 장사를 시작했다. 그것은 얼마 전까지만 해도 상상할 수도 없었던 이변이다.

　이와 같이 중국인들은 필요할 때에는 먼 미래를 바라보고 어떤 변신이라도 서슴지 않는다. 그러면서도 결코 서두르지는 않는다.

　세계의 경제 상황이 중국의 향방에 따라 달라지는 시대가 불원간에 닥칠 것으로 예측된다고 많은 전문가들은 예고하고 있다. 따라서 우리는 이제부터라도 중국인들의 역사적인 바탕과 기질을 보다 많이 연구하여 그들과 경쟁할 태세를 갖추어야 할 것이다.

25. 역사 속의 재상들

이임보(?~752년)는 당(唐)나라 제6대 황제 현종(玄宗:재위 712~756년) 때의 재상으로 19년 동안이나 재상 자리에 있었다. 그는 현종 시대에 재상으로 등용되었던 34명에서 가장 장수한 재상이다.

현종은 44년 동안의 치세에서 전반은 제대로 국정을 보살펴서 「개원(開元)의 치(治)」라고 불리는 성세를 이루었지만, 후반에는 정치에 대한 흥미를 잃고 양귀비(楊貴妃)와의 애욕 생활에 빠졌다. 그 동안 재상으로서 국정을 담당한 것이 이임보였다.

이임보의 행적은 이 시대의 정사(正史)인 〈신당서(新唐書)〉의 「간신열전(奸臣列傳)」 속에 기록되고 있고, 이탁오(李卓吾)의 간적(奸賊) 항목에도 기록되어 있다. 그 정도라면 그는 악명 높은 재상이었음에 틀림없다.

그렇다면 이임보의 악명은 무엇이 원인이 되어 생겼을까? 그가 저지를 일들을 보면 다음과 같은 것이 있다.

1. 악랄한 음모와 계교로 정적을 몰아내고 권력의 자리를 굳혔다.
2. 교묘하게 현종을 감싸고 간언을 봉쇄하여 국정의 손실을 조장했다.
3. 안록산(安祿山)에게 세력 증대의 단서를 주고 나라를 멸망의

위기로 몰아넣었다.

정적을 모함하는 방법은, 「입으로는 달콤한 말을 하면서 가슴에는 칼을 품었다 〈자치통감〉」

라고 기록된 것처럼 표면적으로는 부드럽게 대응하면서 뒤로 돌아서서는 음모를 꾸미는 데 능했다. 이런 방법으로 계속해서 유력한 정적을 제거하고 그 자리에 자기 마음에 드는 사람을 등용케 했다. 그렇게 하기 위해서는 황제인 현종에게 잘 보여 신뢰를 얻어야 했다. 그런 점에서도 이임보는 빈틈이 없었다.

그는 미리 현종의 측근 내시나 총의에게 뇌물을 주고 현종의 의향과 기분을 알아내어 현종의 마음에 들 수 있는 일만을 주상했다. 그렇게 함으로써 이임보는 정치에 진력이 난 현종의 신뢰감을 잃지 않았으며 그 신뢰감을 바탕으로 정적들을 제거할 수 있었다.

〈한비자(韓非子)〉에 다음과 같은 말이 있다.

「진언(進言)을 한다는 것은 어려운 일이다. 어떤 점이 어려운가? 진언하는 사람이 충분한 지식을 갖출 것, 말을 조리있게 할 것, 주저하지 말고 의견을 모두 이야기할 것 등은 어렵지 않다. 진언할 때 정말로 어려운 것은 상대방의 마음을 읽고 난 뒤에 이쪽의 의견을 거기에 맞추는 것, 이 한 가지이다」

이임보는 〈한비자〉의 이 명언을 충실히 실행했으며, 그 교묘함은 오히려 칭찬받을 만하다. 그런데 이런 그의 방법이 왜 비난을 받아야 하는가? 그것은 이임보의 목적이 모든 사람을 위한 것이 아니라 자기 자신만의 영달과 권력의 유지를 위한 것이었기 때문이다.

어느 날 현종은 천하에 공고하여, 한 가지 뛰어난 재주가 있는 자들을 궁중으로 불러 이야기를 듣고 우수한 자가 있으면 관리로 등용하겠다고 했다. 그 말을 듣고 겁이 난 것은 이임보였다. 만일 그들 중에 자신을 비난하는 사람이 있으면 어떻게 될까 하고 생각하니 잠시도 가만히 있을 수 없었다. 그는 즉시 입궐하여 현종에게 말했다.

"그들은 모두 시골 사람이기 때문에 천자 앞에 나와서도 두려워하지 않고 쓸모없는 만담 같은 것을 늘어놓을 것입니다. 그러므로 우선 상서성(尙書省)에서 선발 시험을 행한 뒤에 인견하시는 것이 좋을 것입니다."

그런 수법이 이임보의 교묘함이었다. 그는 결코 현종의 뜻에 이의를 제기하지 않았다. 그러나 상서성을 거치게 한다면 그 곳에는 자기 심복을 심어 놓았기 때문에 얼마든지 사고를 예방할 수가 있었다. 상서성에서 시험을 본 결과 합격자는 과연 한 사람도 없었다.

이임보는 시치미를 떼고 입궐하여 현종에게,

"야(野)에 묻힌 현인은 한 사람도 없었습니다."

라고 주상했다는 것이다.

이임보는 만년에 호화로운 저택을 마련하고 많은 성기「聲妓:노래하는 기녀」들을 옆에 두고 쾌락에 빠진 생활을 했다. 그러나 자객이 두려워 하룻밤에도 두세 번씩이나 잠자리를 옮겨다니는 등 무척이나 신경을 곤두세우며 살았다. 권력자의 내면을 들여다보면 의외로 이처럼 삭막한 면도 있다.

남송(南宋)의 재상 진회(1090~1155년)도 〈송사(宋史)〉에는

「간신열전」에 수록되고, 또한 이탁오의 〈장서〉에는 「적신전」에 이름이 오르는 등 후세에 악명을 남긴 사람이다. 재상직에 있던 기간도 이임보와 꼭같이 19년이었다.

　그러나 진회의 악명이 높았던 이유는 반은 이임보와 같지만 반은 다르다. 같은 면은 반대파를 탄압하여 국정을 전담했다는 점이고, 다른 면은 북방의 이민족 국가인 금국(金國)과 굴욕적인 강화를 맺고 매국노라는 오명을 쓴 일이다. 특히 진회의 악명을 결정적으로 굳힌 것은 후자인 매국노라는 점이었다.

　항주(抗州)의 명승지 서호(西湖) 근처에 「구국의 영웅」으로 불리우는 악비(岳飛)를 제사지내는 사당이 있다. 그 사당 앞에 쇠사슬에 묶인 추악한 남녀의 동상이 끌려가는 모습으로 누워 있다. 그것이 바로 매국노라는 오명을 쓴 진회 부부의 모습이다. 지금은 금지되었다고 하지만 옛날에는 악비 사당에 참배한 사람들이 이 남녀상에 침을 뱉은 뒤에 소변을 보고 갔다고 한다. 그 지경이 되도록 악명을 떨치기도 쉽지 않은 일이다.

　그렇다면 진회는 정말로 매국노였을까? 그 점에 대해서는 진회에게도 최소한의 이유가 있을 것이다. 진회는 과연 악비를 모살하여 주전파(主戰派)를 탄압하고, 금나라와 굴욕적인 강화를 맺은 장본인가? 당시 금나라와 남송의 국력 관계를 생각하면 대결보다는 강화를 선택한 진회의 판단이 반드시 잘못이라고 말할 수만은 없기 때문이다.

　진회가 북송(北宋) 왕조에서 일할 때는 유능한 관료로서 어사중승(御史中丞)이라는 고관까지 승진하고 있다. 대(對) 금나라 정책에는 강경파였던 모양이다. 1126년 북송이 금나라에게 멸망당하고 휘종과 흠종이 북쪽으로 끌려갔을 때 진회도 함께 끌려가서 억류되었다가 3년 후에 진회 부부만 돌아왔다.

그 동안 중국에서는 흠종의 동생 고종(高宗)이 제위를 계승하여 임안(臨安:지금의 송주)에서 남송 왕조를 일으켰다. 그러나 건국한 지 얼마 되지 않아 남송 왕조는 내부의 정리가 안 된 상태에서 금나라의 맹렬한 공격을 받아 불안정한 상태가 되었다. 그래서 고종은 금나라와의 강화를 생각하고 있었다. 그런 때에 진회가 평화론을 들고 석방되어 돌아온 것이었다.

진회는 금나라에 억류되어 있을 때 왕의 동생 달뢰(撻賴)를 모시고 있었다. 달뢰는 금나라와 화평을 주장하는 사람들의 중심 인물이었다. 진회의 귀국은 이 달뢰의 뜻을 받아 화평을 실현시키는 데 그 목적이 있었다. 따라서 그는 큰 오해를 짊어지고 있었다. 그것은 적의 요구를 받아들였으며 적에게 내통하고 있었다는 비난이었다.

진회는 고종 앞에 나아가 다음과 같이 말하면서 달뢰에게 서한을 보내 우호 관계를 확립하라고 진언했다.

"천하의 평화를 원하신다면 남쪽은 남쪽대로, 북쪽은 북쪽대로 각각 자립하여 남쪽은 우리 송나라가, 북쪽은 금나라가 다스리면 좋지 않겠습니까?"

마음속으로 이미 화평을 원하고 있던 고종은 곧 진회를 재상으로 등용했다. 그러나 당시에는 아직 주전파의 세력이 강했기에 진회는 1년도 못 가서 사표를 내지 않을 수 없었다.

그러니 6년 후에 진회는 다시 재상이 되어 고종의 뜻을 받들어 화평을 맺는 데 성공했다. 그러나 이 첫번째 화평 조약은 금나라측의 파기로 깨어졌다. 화평파인 달뢰가 주살되고 주전파가 실권을 장악하자 금나라는 다시금 대군을 이끌고 남송의 영토 안으로 침입해 왔다.

그들을 맞아 싸운 남송은 한세충, 장준, 악비 등 장군들의 분투로 각지에서 전술적인 승리를 거두었다. 그러나 화평 조약의 체결을 원하는 진회는 각 군대에게 철수를 명하고 장군들의 지휘권을 박탈했다.

그 때 장군들 중에서 계속하여 싸우기를 가장 강경하게 주장한 것이 악비였다. 남송의 뜻밖의 강한 저항에 놀라 화평 쪽으로 생각이 바뀐 금나라는, 진회에게 다음과 같은 조건을 붙여 화평을 하자고 했다.

"그대들은 화평을 하자고 하면서 악비로 하여금 하북을 탈환하려하고 있다. 악비를 주살하지 않는 한 화평을 받아들일 수 없다."

진회는 악비에게 모반의 죄를 씌워 그를 주살했다. 그것이 진회의 악명을 결정적인 것으로 만든 첫번째 원인이 되었다. 악비가「구국의 영웅」으로 칭송을 받으면 받을수록 반대로 악비를 죽인진회는 간신, 또는 매국노로서 증오받게 된 것이다.

그리하여 두 번째 평화 조약이 체결되었다. 그 조건은 이런 것이었다.

1. 회수(淮水) 중류를 경계로 한다.
2. 앞으로 남송은 금나라에 대해서 신하의 예를 다한다.
3. 남송은 세공으로 매년 봄에 은 25만 량, 비단 25만 필을 바친다.

굴욕적인 화평이었다. 그러나 두 나라의 국력 관계를 생각하면 이 같은 어쩔 수 없는 선택을 했어야 할 것이라고 볼 수가 있다. 화평에 관한 한 진회의 정치적인 판단을 책할 수도 없었다.

진회의 잘못은 오히려 그 후에 고종을 젖히고 권력을 전단하여 반대파를 가차없이 탄압했다는 점이다. 자신을 비난하는 자들은 모조리 잡아서 옥에 가두고 죄없는 사람에게까지 형벌을 가했던 것이다.

<송사(宋史)>에 의하면 진회는 충신 양장(良將)들을 모두 죽여 없애고, 착한 사람을 모함하는 자에게까지 상을 주었는데, 만년에는 그 같은 잔인성이 더욱 심해져서, 자주 큰 옥사를 일으켰다는 것이다.

이와 같은 가혹한 탄압이 사람들의 불평을 사게 되었으며 그의 악명을 결정적인 것으로 만들었다. 그러므로 금나라와의 화평은 이런 진회의 가혹한 탄압 때문에 그를 비난하는 또하나의 구실로 덧붙여진 것이 아닌가 생각되기도 한다.

무위재상

<노자(老子)>에,
「무위(無爲)를 이루면 나라가 잘 다스려진다」
라는 말이 있다 「무위」는 통치자의 이상적인 모습을 설명한 말이다.

그리고,

「큰 나라를 다스리는 것은 작은 생선을 굽듯이 조심스러워야 한다」
라고도 말했다. 「작은 생선(小魚)」을 구울 때는 조심스럽게 뒤집지 않으면 얇은 살이 석쇠에 달라붙어 버리기 마련이다. 나라를 다스릴 때도 그처럼 조심스럽게 매사를 다루어 나가야 한다는 의미일 것이다.

중국에는 예로부터 노자의 이런 사상을 실천한 명재상들이 적지 않았다. 그들은 일을 적극적으로 하여 눈에 띄게 공적을 남긴 것이 아니라 재상 자리에 그냥 앉아 있음으로 해서 일정한 역할을 다했으며 평가를 얻었다.

이 항에서는 이런 재상들 중에서 대표적인 인물 몇 사람을 들어 무위정치(無爲政治)의 이상과 현실에 대해서 생각해 보기로 한다.

조참(기원전?~190년)은 원래 패현(沛縣)의 옥리였다. 한(漢)나라의 고조 유방이 반진(反秦)의 군대를 일으켰을 때 그의 휘하에 참가했다. 그 때 함께 참가한 소하가 문치 면(文治面)에서 유방을 보좌한 반면, 조참은 공성 야전(攻城野戰)에서 크게 활약하여 유방의 위업 달성을 도왔고 무공 면에서 제일가는 장수로 평가되었다.

천하가 한나라로 통일된 뒤 조참은 제나라 제후왕(諸侯王) 유비(劉肥:유방의 장남)의 재상이 되어 지방으로 전출을 갔다. 전시에는 천군만마를 거느린 맹장이었지만 평화시의 정치에는 전혀 자신이 서지 않았다. 그래서 조참은 그 지방의 장로나 학자들을 초빙하여 정치의 요령에 대해 물어 보았다. 그러나 사람마다 대답이 달라서 누구의 말을 채택해야 좋을지 알 수가 없었다. 그러는 동안 요서라는 곳에 「황노(黃老)의 술(術)」을 익힌 개공(蓋公)이라는 인물이

있다는 말을 들었다. 조참은 즉시 정중하게 그를 불러 가르침을 청했다. 그러자 개공은,

"백성을 다스리는 길은 청정(淸淨)을 높이 사야 한다. 이것을 실천하면 저절로 다스려진다."

라고 말하며 「황노의 술」에 대한 것을 자세히 가르쳐 주었다. 조참이 그대로 실천해 보았더니 나라 안이 잘 다스려졌고 제나라의 백성들로부터 현명한 재상이라는 칭찬도 받았다.

그렇다면 조참이 제나라에서 실천한 「황노의 술」이란 어떤 것이었을까? 다음의 일화에서 일단을 추측할 수 있다.

조참은 소하가 죽자 중앙정부의 재상으로 발탁되어 임지인 제나라로 떠나게 되었다. 떠나면서 그의 후임 재상에게 이렇게 말했다.

"옥사(소송)와 시장의 일(상업)에 대해서는 특별히 부탁하는데, 신중히 대처하도록 하시오. 지나치게 엄격한 태도를 취하지 않도록 해야 합니다."

후임자는 초참의 그 말을 이해하지 못했다.

그래서 그는,

"정치에는 그런 것보다 중요한 일들이 많다고 생각됩니다만……."

하고 반문했다. 그러자 조참은 다음과 같이 말했다.

"정확히 말해서 옥사나 시장의 일에는 선과 악, 두 가지밖에 존재하지 않습니다. 그것을 지나치게 엄하게 단속하면 악인들이 몸둘 곳이 없어집니다. 그러면 그들은 될 대로 되라는 생각으로 난을 일으킬는지도 모릅니다. 그래서 나는 이 두 가지 일을 가장 중요한 것이라고 생각하고 있습니다."

가장 중요한 핵심만 감시하고 있으면 그것으로 정치는 저절로 된다는 사고방식인 것이다. 서투르게 주무르지 말고 악(惡)까지도 어느 정도 허용하면서 온화하게 감싸려는 것이 특색인 것이다.

중앙정부의 재상이 된 뒤에도 조참의 「무위(無爲)」의 통치는 계속되었고 점점 세련되어 갔던 모양이다.

그는 과묵하고 중후한 인물들을 선택하여 재상부의 사무관에 등용하고, 명성을 떨치기 위해서 엄격하게 법령을 집행하는 인물은 용서없이 내쫓았다. 그리고 사무관에게 과실이 있어도 일일이 잔소리를 하지 않았다. 그랬기 때문에 정청 안에서는 어떠한 문제도 전혀 일어나지 않았다고 한다.

그리고 그의 집무 방법은 밤이나 낮이나 술만 마시고 정무는 전혀 간섭하려 하지 않는 것이었다. 중신이나 하급관리들 중에는 조참의 그런 태도를 그냥 보고만 있을 수 없어 의견을 개진하려고 찾아오는 사람이 있었다. 그러면 조참은 그들에게 술을 권하여 취하게 했다. 그러면 그들도 말하려고 했던 것을 잊고 술이 잔뜩 취하여 기분좋게 돌아가는 것이 보통이었다.

이 때 고조는 이미 죽고 2대 황제인 혜제(惠帝)가 그 뒤를 잇고 있었다. 젊은 황제는 조참이 자신을 시험하고 있는 것이 아닌가 생각하고 어느 날 조참을 불러 호되게 꾸짖었다. 조참은 관을 벗고 사죄하면서 이렇게 물었다.

"폐하께서는 돌아가신 선대 황제 폐하와 비교하여 어느 쪽이 영매하시다고 생각하십니까?"

"선대 황제와 내가 어떻게 비교될 수 있겠는가. 나는 발 밑에도 따라가지 못한다."

"그러면 저와 소하와는 어느 쪽이 현명하다고 생각하십니까?"

"그것 역시 그대가 소하를 따르지 못한다고 생각한다."

그러자 조참은 다시 이렇게 말했다.

"폐하, 선대 황제와 소하가 천하를 안정시켰고 그 때 정한 법령이 밝게 시행되고 있습니다. 이 두 분이 정한 법도를 잘 지키고 잘못을 저지르지만 않는다면 그것으로 훌륭합니다."

그 말을 들은 젊은 혜제는 비로소 조참을 말뜻을 이해하고

"알았소, 물러가도 좋소."

라고 말했으며 그 이상 추궁하지 않았다.

조참은 그로부터 3년 후에 죽었지만 당시 사람들은 그를 명재상이라고 칭송했다.

조참이 재상으로 있던 한나라 초기는 진(秦)나라의 수탈과, 그 뒤에 계속된 「초한전(楚漢戰)」으로 인해 백성들의 생활은 극도로 피폐해져 있었다. 국가의 간섭을 배제하고 민간의 회복력에 기대하는 무위의 정치는 바로 이런 시대 상황에 가장 적합했는지도 모른다.

"재상의 직책이란 무엇인가?"라고 물었을 때 앞에서 소개한 조참의 일화와 함께 반드시 이야기 되는 것이 역시 한나라 때의 재상 병길(기원전?~55년)에 대한 일화이다.

어느 봄날, 재상 병길이 탄 수레가 거리를 달리고 있었다. 어느 모퉁이를 마악 돌아섰더니 길에서 싸움이 벌어지고 있었다. 그 싸움은 대규모의 편싸움이어서 많은 사상자까지 내고 있었다. 그러나 병길은 아무것도 보지 못한 사람처럼 그냥 지나쳤다. 따르던 관리는 그렇게 큰 싸움을 보고도 수레를 멈추게 하지 않는 것이 이상

했다. 그 곳에서 다시 얼마를 갔을 때 이번에는 맞은편에서 오는 우차(牛車)와 마주쳤다. 수레를 끄는 소는 혀를 길게 내물고 쉴새 없이 숨을 헐떡이고 있었다. 병길은 즉시 수레를 멈추게 하고 물었다.

"그대의 수레는 어느 정도의 거리를 왔는가?"

병길의 그런 태도를 관리는 전혀 이해할 수 없었다. 그렇게 큰 난투극을 보고도 그냥 지나쳐 온 재상이 이번에는 헐떡이는 소를 보고 수레를 멈추게 했기 때문이다. 재상이 왜 그런 태도를 취하는지 궁금해서 견딜 수 없었다. 그래서 용기를 내서 그 이유를 물어 보았다. 그러자 병길은 이렇게 대답했다는 것이다.

"난투극에 관여하는 것은 내가 아니라 치안을 담당한 장관이 할 일이다. 재상은 1년에 한 번 장관들의 근무 평가를 하여 그 상벌을 상주하면 된다. 작은 일에는 직접 손을 쓰지 않아야 하며, 길가에 싸움을 하는 것을 다스리는 일은 더구나 내가 할 일이 아니다. 우차를 보고 수레를 멈추게 한 것은 다름이 아니라, 아직 봄의 문턱인데 소가 헐떡거리는 것은 양기(陽氣)가 잘못 통하고 있기 때문에 그런 것이 아닌가 하고 걱정되어서이다. 재상의 직책은 음양의 조화를 알도록 노력하는데 있다. 그래서 일부러 수레를 세워 우차의 주인에게 얼마나 왔기에 소가 그토록 지쳐 있는가 물어 본 것이다."

관리는 그 말을 듣고서야 비로소 큰 테두리를 아는 재상의 기량에 탄복하고 병길의 행동을 납득했다고 한다.

한 번은 재상부의 관리가 수뢰 사건을 일으켰다. 그러나 병길은 본인을 해직 처분했을 뿐, 그 이상 사건을 규명하지도 않았고 문책

하지도 않았다. 그 이야기를 듣고 어떤 사람이,

"부하가 나쁜 짓을 해도 처음부터 잘못을 규명하려고 하지 않고서 어떻게 재상의 직책을 다할 수 있습니까?"

하고 추궁했다. 그러자 병길은 이렇게 대답했다.

"내가 있는 재상부에서 죄인이 나왔다면 얼마나 보기 흉한가?"

이런 병길의 태도는 조참이 부하 관리의 과실을 문책하지 않은 태도와 궤를 같이 하고 있다고 할 수 있다. 참고로 이야기해 두지만 사서(史書)에서는 이 일화들을 미담으로 전하고 있다. 중국인은 이런 재상들의 태도를 이상적인 지도자이기 때문이라고 생각하고 싶은 모양이다.

재상으로서의 병길에게는 또 하나의 일화가 전해 오고 있다.

그가 병으로 누워 중태라는 것이 알려졌을 때, 당시 황제인 선제(宣帝)는 친히 병상까지 찾아가 후임 인사에 대한 의견을 물었다. 처음에는 의견을 사양했지만 선제가 간곡히 부탁하자 3명의 부하 관리들의 이름을 대며 그들은 모두 자기보다 훌륭한 능력을 갖고 있다고 말했다.

병길이 죽은 뒤 그들을 등용하자 3명 모두 훌륭하게 직책을 완수하여 황제의 기대에 보답했다. 선제는 새삼스레 병길의 사람을 볼 줄 아는 명석함에 감탄했다.

「사람을 볼 줄 안다」는 것은 상대방 인물의 됨됨이와 능력, 재능 등을 충분히 파악하고 있다는 뜻이다.

병길이 재상으로서 어떤 업적을 남겼는가는 잘 알려져 있지 않다. 오직 위의 일화에서 나타난,

1. 큰 테두리를 안다.

2. 관용하다.

3. 사람 볼 줄 안다.

라는 이 세 가지 조건을 갖추고 있었기 때문에 명재상이라는 칭호를 받았던 것이다. 그의 경우는 업적은 거의 문제시되지 않고 그 같은 존재 양식에 의해서 평가되었다고 볼 수 있다.

왕도(267~339)와 사안(322~385)은 동진(東晉) 왕조의 재상으로 그들도 역시 명재상으로 알려져 왔다. 그들도 예외 없이 적극적인 경륜을 남긴 것은 아니며, 그 자리에 앉아 있었던 방법 때문에 높은 평가를 얻었다.

두 사람이 재상으로 일했던 동진 왕조는 낙양(洛陽)에 도읍한 진(晉)나라 왕조가 붕괴된 뒤 왕족 한 사람이 남쪽으로 도망가서 세운 나라이다. 그리고 창립 당초부터 지방 호족과의 대립, 왕조 내부의 권력 투쟁, 군벌 세력의 대두 등 여러 가지 불리한 요인을 안고 있었으며, 정치 기반이 약하고 권력 구조도 불안정했다. 그런 정권이었는데도 어쨌든 백 년 이상 명맥을 유지하고 중국 문화의 전통을 유지하면서 북방의 이민족과 대항할 수 있었던 것은 왕도와 사안이 존재했기 때문이다.

왕도는 동진 왕조의 창업에 참가하여 정권 내부에 침투한 여러 가지 세력의 대립 관계를 조종하면서 정권의 안정화를 이룩했다. 그리고 그로부터 약 40년 뒤에 재상이 된 사안은 미증유의 국난을 극복하고 왕조(王朝)의 수명을 연장시키는 데 성공했다. 왕도가 존재하지 않았다면 동진 왕조는 존재하지 못했고, 사안이 존재하지 않았다면 동진 왕조의 수명은 보다 짧았을 것이다.

그들의 존재가 이처럼 큰 의미를 갖는 것은 그들이 발휘한 절묘한 조정 능력(調整能力) 때문이었다. 그들은 정권을 구성하고 있는 여러 세력들의 균형에 신경을 쓰고, 되도록 그들의 이해 관계를 조정하면서 하나로 만들고, 그렇게 함으로써 정권의 존립 기반을 안정시키려고 노력했다. 그것이 당시의 진 왕조에 있어서는 가장 시의적절한 방법이었다.

이탁오(李卓吾)는 진 왕조를 허약 체질의 인간의 비유하며 그것에 대처한 왕도와 사안의 방법을 칭찬하고 있다. '빨리 약을 먹어야 한다. 빨리 주사를 맞아야 한다'면서 당황하지 않고 자연 치유력(自然治癒力)에 기대를 걸고 차분하게 대처했다는 것이다.

그들이 성공을 거둔 것은 절묘한 조정 능력 때문이지만, 그것을 가능하게 한 것은 그들이 얻고 있었던 뛰어난 성망(聲望) 덕분이었다.

왕도의 경우 이런 이야기도 전해지고 있다.

동진 왕조가 창시된 직후 북방으로부터 도망쳐 온 환이(桓彝)라는 관리가 동진 왕조에서 일하게 되었다. 그러나 그는 조정의 삭막한 분위기를 보고 놀라 앞으로 어떻게 될 것인가 하고 생각하며 우울한 표정을 지었다. 그러나 어느 날 재상인 왕도를 만나 보고 완전히 기분전환이 되어,

"마치 관중을 만난 것 같다. 걱정이 없어졌다 〈진서(晉書)〉"
라고 말했다고 한다. 왕도를 제나라의 관중(管仲)과 비교하면서 그 사람이 있는 한 안심해도 좋다고 말한 것이다.

그리고 어느 날 북방에서 망명해 온 고관들이 도성인 건강(建康) 교외에서 술을 마시고 있었다. 그 때 한 사람이,

"여기서 보이는 경치는 옛날에 낙양 도유에서 바라보던 경치와

는 완전히 다르게 보이는군요."
라고 말하며 망향의 정에 사로잡혀 탄식했다. 그러자 같이 있던 모든 사람들의 눈에서 눈물이 흐르고 숙연한 분위기가 되었다. 그러나 왕도가,
"그렇게 마음이 약하면 어찌합니까? 힘을 합치면 중국을 탈환할 수 있습니다."
하고 용기를 주자, 모두들 그래야 한다고 말했고 분위기는 다시 활기를 띠었다는 것이다.

이처럼 왕도는 동진 왕조의 고관들에게 있어서 희망의 별이였으며 정신 안정제의 역할을 하는 데 충분한 존재였다.
사안에게는 왕도와 같은 창업의 고통은 없었다. 그러나 그도 역시 일찍부터 나라를 짊어지고 나가는 우수한 재목으로 주위의 기대를 모으고 있었다.
왕도나 사안이 충분한 조정 능력을 발휘할 수 있었던 것은 이와 같은 조성과 백성의 성망이 뒷받침되어 있었기 때문이다. 그리고 두 사람 모두 격심한 정쟁(政爭)에 휘말려 위험한 순간까지 간 적이 한 번쯤은 있었다. 그러나 그 때마다 위험에서 벗어나 정치 생명을 유지할 수 있었던 것도 역시 조정 대신과 백성들의 성망을 받는 몸이었기 때문이다.
그 무렵 귀족사회에서는 노장사상(老莊思想)이 유행하고 있어서 희노애락을 표정에 나타내지 않는 것이 선비의 특징이었다. 왕도나 사안도 이와 같은 교양이 완전히 몸에 배어 있었던 모양이다.
예를 들면, 왕도는 동진의 창립을 보좌한 초대왕 완제(完帝)의 미움을 사서 한 차례 좌천된 적이 있었다. 그러나 그 때도 왕도는

표정 하나 변하지 않은 채 담담했다. 그는 이처럼 일이 잘 될 때나 뜻을 이루지 못할 때에도 표정 없이 잘 대처하는 사람이었다.

「황노의 술(老想思想)」을 근원으로 하는 무위의 통치술은 확실히 훌륭한 정치철학이지만 가끔 무책(無策)으로 전락한다는 결점을 피할 수 없다. 그 전형을 송대(宋代)의 재상 사마광에게서 찾아볼 수 있다.

사마광(1019~1086년)의 이름은 두 가지 일로 잘 알려져 있다. 하나는 어릴 때의 일로, 커다란 솥에 빠져서 죽게 된 아이를 순간적인 기지를 살려 솥을 도끼로 깨서 물을 흘러내리게 하여 아이를 무사히 구했다는 일화이다. 이 이야기는 당시로부터 큰 평판의 대상이 되어 그림을 곁들인 이야기책으로 만들어 팔았다고 한다.

또 하나 유명한 일은 명저 〈자치통감(資治通鑑)〉을 저작했다는 사실이다. 「편년체통사(編年體通史)」의 백미로 알려진 이 역사서는 오늘날까지도 학자들의 필독서이며, 앞으로도 중국 문화의 전통이 계속되는 한 필독문서들 중의 하나로 읽힐 것이다.

이처럼 사마광은 소년시대부터 영리하고 발랄한 아이였으며, 상인이 된 뒤에도 대학자로서 훌륭한 업적을 남기고 있다. 그러나 학자라고 해서 누구나 반드시 우수한 정치가가 되지 못한다는 것은 역사가 증명하는 사실로써 사마광의 경우도 예외는 아니었다.

우수한 성적으로 과거에 합격한 사마광은 주위의 기대를 한 몸에 받으며 순조롭게 출세하여 재상의 지위를 약속받았다. 그러나 이런 그의 정치 인생을 크게 바꾼 것이 왕안석(王安石)에 의한 「새 법령(정치 개혁)」의 등장이었다. 사마광은 왕안석의 「새 법령」에 크게 반대했다. 왜 반대했는가? 물론 당리당략을 위해서는 아니었다. 오직 이 새 법령이 그의 정치 신념과 맞지 않았기 때문이다.

사마광의 정치철학은, 무너지면 다시 지으면 될 뿐 수리 같은 것을 해서는 안 된다는 생각이었다. 새 법령과 같은 대개혁은 무위(無爲)를 기조로 하는 그의 이런 신조에 맞지 않았던 것이다. 사마광과 왕안석의 논쟁 내용을 알기 위해서 <송사(宋史)>에서 두 사람의 논전의 일단을 인용해 보겠다.

"국가가 재정 위기에 떨어진 것은 재화의 유통 관리가 제대로 되어 있지 않기 때문입니다."

왕안석의 말에 사마광이 대답했다.

"재화의 유통을 잘 관리한다는 것은 결국 백성들로부터 세금을 잘 거두는 일로 가능합니다."

그러자 왕안석이 고개를 내저으며,

"그런 것이 아닙니다. 새 법령을 실시하면 세금을 부과하지 않고서도 재정 재건을 할 수 있습니다."

라고 말하자 사마광이 대답했다.

"어떻게 그것이 가능합니까? 천지에서 생겨나는 재화는 백성들의 손에 있든가 정부의 손에 있습니다. 법을 만들어 백성들로부터 강탈하는 것 같은 일을 한다면 그 폐해가 세금을 거두는 것보다 큽니다."

두 사람의 의견은 정면으로 대립되어 쉽사리 접근되지 않았다.

결국 새 법령을 실시한다는 단안은 당의 황제 신종이 내렸다. 즉위한 직후인 신종은 의욕이 대단했고, 재정 재건 문제는 무엇보다 우선해야 하고 일각의 유예도 둘 수 없는 상태였다. 그 때 신종은 반대파인 사마광을 중앙의 요직에 그냥 두려고 했다. 정치 신조는 다르지만 그의 인물됨을 높이 평가했기 때문이다. 그러나 사마광은 그것을 기회로 정계에서 은퇴하여 낙양에 은거, 「자치통감」의 완성에 몰두했다. 그는 15년 동안 「입을 다물고 어떤 일에도 의견을 말하려 하지 않았다」는 것이다. 그의 저술에 대한 집념과 철저한 은퇴의 정신은 모두 훌륭했다고 평가되었다.

사마광이 낙양에 은거하고 있는 동안에 세상은 크게 변했다. 새 법령은 왕안석에 의해서 차례로 실행에 옮겨지고, 재정 재건의 열매는 맺었지만 반대파로부터 심한 비판을 받고 있었다. 왕안석은 결국 재상직을 사임하고 새 법령의 집행은 후계자의 손에 넘겨졌다. 그러나 새 법령의 지지자인 신종이 죽고 그 아들 철종(哲宗)이 즉위했지만 국정의 실권은 보수파인 태황태후(太皇太后)가 쥐게 되었다. 그녀는 새 법령을 폐지하고 법령의 반대파들을 차례로 등용했다.

이 변혁기에 사마광의 인기는 갑자기 올랐다. 새 법령에 대한 비판이 높아지고, 그 법을 폐지해야 한다는 기운이 강해질수록 전에 이 법령을 반대하기 위해 왕안석과 격론을 벌이고 관직에서 물러난 사마광에게 기대가 집중되는 것이었다.

드디어 사마광이 모든 사람들의 소망에 따라 재상에 취임했다. 그러나 곧 병을 얻어 죽었기 때문에 재임 기간은 겨우 7개월에 불과했다. 이 7개월 동안에 그가 손을 댄 것은 새 법령을 남김없이 폐지한 일이었다.

만일 그가 더 오래 살았다 하더라도 이 법령에 반대만 했을 뿐 대안(代案)이 없었기 때문에 그 이상의 일은 하지 못했을 것이다.

사마광은 한 인간으로서는 훌륭한 인물이었다. 그 자신도,
"나는 평소에 사람에게 부끄러운 일은 한 가지도 하지 않는다."
라고 말하고 있다. 정치가로서의 출처진퇴(出處進退)도 빈틈없었다.
파란이 없는 평화시대였다면, 명재상으로서 오랫동안 재상직에 있
었을 것이다. 그러나 격동의 시대를 살아가기 위해서는 그의 이 무
위 정치사상은 너무나 책략이 없는 것이었다.

26. 왕맹 이야기

　전진은 후조를 섬겼던 저족의 추장 부홍(苻洪)의 아들 부건(苻建)이 352년에 자립해서 세운 왕조이다.

　부건은 후조가 갈족과 민족적 대립에서 생긴 내분으로 스스로 망한 예를 타산지석(他山之石)으로 삼아 관대를 첫째로 꼽고 유학자를 존중하는 등 유화정책에 힘썼다. 그래도 유목민의 거친 성미가 모두 없어지지 않았는지 죽을 때 태자인 부생(苻生)에게,

　"만일 각 부족의 추장이나 대신들이 명령에 따르지 않거든 죽여 버려라."

라는 유훈을 남겼다.

　태자 부생은 아버지의 거치른 면을, 그것도 극단적인 형태로 이어받은 사나이였다. 어릴 적부터 그의 흉악함은 보통이 아니었다.

　부생은 나면서부터 한쪽 눈이 멀었다. 7세 때 조부인 부홍이 농담삼아 양육을 맡아 보고 있는 자에게 물었다.

　"애꾸눈인 아이는 눈물도 한쪽에서만 나온다는데 그게 정말인가?"

　양육계가,

　"그렇습니다."

하고 대답하는 것을 듣자 화가 치민 부생은 다짜고짜 단도를 뽑아

들고 눈이 먼 쪽의 눈꺼풀을 힘껏 찔렀다. 피가 줄줄 흐르는 것을 닦으려고도 하지 않으며 그가 물었다.

"이쪽에서도 눈물이 나오지 않는가?"

놀란 조부가 버릇을 가르치려고 회초리를 들자,

"치려면 칼로 치십시오. 회초리로 맞기는 싫습니다."

하고 말했다.

부생은 까딱하면 죽음을 당할 뻔 했으나 주위에서 만류하여 목숨을 부지하게 되었다고 한다.

이처럼 두려움을 모르는 흉포함이 즉위하자마자 드러났다.

마침 하늘에 이변이 생겨 중신들이 함께 상주하고 있었다.

"이 이변은 3년 이내에 대상(大喪: 황제·황후·세자의 상)이 있고, 대신이 형사할 전조입니다. 폐하께서도 아무쪼록 근신하시어 흉사를 미연에 피하기시 바랍니다."

그것은 어쩌면 신하들이 부생의 폭주에 미리 제동을 걸려고 짠 연극이었는지도 모른다. 그러나 그것은 역효과를 가져왔다.

"그래? 대상이라고 하면 황후도 거기에 해당되는구나. 대신이란 아버님으로부터 나를 보좌하도록 명령을 받은 작자들이고."

부생은 그 자리에서 황후와 태부(太傅)인 모귀(毛貴)를 비롯한 3명의 중신들을 죽여 버렸다.

그처럼 간하는 자는 죽인다, 주연을 베풀어 취하지 않는 자는 죽인다는 식이어서 즉위한 지 얼마 안 가서 5백 명이 넘는 신하들이 목숨을 잃었다.

밤낮을 가리지 않고 주연을 벌이면서 궁중의 노비들을 발가벗겨 마당에서 교접을 시키는가 하면, 산 채로 가죽을 벗긴 소나 양 떼를 궁중에 풀어 놓거나, 심지어는 사람의 얼굴 가죽을 벗겨 비명을 지르며 고통에 몸을 비틀며 괴로워하는 것을 가무라고 칭하여 군신들에게 구경을 시키며 즐거워하거나 했다. 유목민으로서는 짐승을 다루듯이 인간을 다룬 데 지나지 않을지는 모르겠으나 한인의 눈에는 부생이야말로 짐승, 바로 그것으로 보였을 것임에 틀림없다.

참다 못해 사촌동생인 부견(苻堅)이 혁명을 일으켜 부생을 죽이고 제위에 앉았다. 357년의 일이다.

부견은 부생과는 대조적으로 부씨 일족의 개명적인 특질을 짙게 이어받은 인물이었다.

8세 때 자진해서 학문을 배우고 싶다는 말을 하여 조부인 부홍을 기쁘게 만들었다.

"허, 술밖에 먹을 줄 모르는 우리 일족에게도 너 같은 애가 있었느냐!"

부생의 포악이 심해질수록 신하들의 인심은 부견에게로 기울어져 갔다. 그런 신하들 가운데 한 사람이 왕맹을 부견에게 소개했다. 두 사람은 얼굴을 대하자마자 서로 흉금을 털어 놓는 사이가 되었다. 부견은 입버릇처럼 이렇게 말했다.

"나와 왕맹과의 사이는, 말하자면 유비(劉備)와 제갈공명(諸葛孔明)과 같은 사이다."

부견은 제위에 오르자 곧 왕맹을 중서시랑(中書侍郎:황제의 비서)으로 발탁했다.

그런데 일찍이 왕맹의 재간을 인정한 것은 부견 한 사람만이 아니었다. 생모 구(苟)태후의 사촌동생이며 좌복사(左僕射:행정부 장관)로서 조정에서 중요한 자리를 차지하고 있는 이위(李威)가 왕맹의 식견을 평가하여 좀더 대담하게 국정을 맡기도록 진언했던 것이다.

"이공이 그대를 생각하는 것은 관중(管仲)에 대한 포숙(鮑叔)의 그것과 꼭 같구만."

부견으로부터 그런 말을 듣자 왕맹은 지체없이 이위를 찾아가 의동생으로서의 예를 차렸다. 타관 사람이 큰 일을 꾀하려면 당연히 유력한 후원자를 필요로 한다. 군주의 뒷받침만으로는 동료들의 적의를 딛고 넘어서는 데 충분하다고 말할 수 없다. 이위라는 후원자를 얻음으로써 왕맹의 입장이 얼마나 편해졌는지는 두말 할 것도 없다.

이윽고, 상서좌승(尙書左丞:행정장관 보좌관)으로 임명된 왕맹은 잇달아 개혁에 손을 대기 시작했다. 우선 널리 인재를 등용해서 적소에 배치하여 행정 기구를 정비했다. 또 조세에 공정을 기하여 가난한 자의 부담을 가볍게 하고, 학교를 세워 교육의 보급에 힘썼으며, 한대(漢代)로부터의 제사를 부활시켜 한족을 중심으로 한 일반의 민심을 안정시켰다. 관중(關中)의 땅이 가뭄에 휩쓸렸을 때는 부견에게 진언하여 황제 스스로 절약의 본을 보이고 미개지의 개간을 장려하여 재해를 무사히 극복했다.

왕맹에 대한 신임이 두터워짐에 따라 저족의 보수파를 중심으로 불온한 공기가 조성되었다. 그것에 앞장선 것이 저족 추장의 한 사람인 고장후(故藏侯) 번세(樊世)였다. 그는 부견 때부터의 전공을 믿고 왕맹을 위협하려고 했다.

"우리가 갈고 키워 온 것을 자네가 가로채려는 것인가?"

"아니오. 갈고 키운 것만으로는 아직 성에 차지 않습니다. 내친 김에 요리를 해 주시면 그것도 먹겠습니다."

이 같은 대답에 번세는 화가 치밀어 길길이 뛰었다.

"너 이놈! 목숨을 걸고서라도 네놈의 목을 장안 성문에 매달고 말겠다!"

왕맹의 보고를 듣고 부견은 고개를 끄덕였다.

"저 늙은이를 처치하지 않으면 조종의 권위를 유지할 수 없겠군."

후일, 번세가 입궐한 기회를 엿보아 부견이 슬며시 왕맹에게 물었다.

"내 딸을 양벽(楊壁)에게 시집보내려 하는데 그대의 생각은 어떤가?"

그 말을 들은 번세는 울컥 화를 내며 노기를 들어냈다.

"양벽은 나의 사위로 이미 정해진 자입니다. 폐하라 할지라도 마음대로 할 수는 없는 일입니다."

그러자 곁에 있던 왕맹이 말했다.

"번세공, 말씀을 삼가시오. 폐하를 상대로 사윗감을 가지고 다투다니 신하인 주제에 상을 가볍게 여겨도 유분수가 아니오?"

화가 뻗친 번세는 이성을 잃고 부견의 면전인 것도 아랑곳없이 왕맹을 향해 입에 담을 수 없는 악담을 퍼부었다. 때문에 번세는 즉시 참형을 당했다. 이 사건으로 황제 부견의 위엄은 물론 왕맹의 권세도 더욱더 높아졌다.

저족의 유력자들 중에서 가장 처치 곤란했던 사람이 부견의 비였던 강태후(强太后)의 동생인 광록대부(光祿大夫:황제의 고문) 강덕(强德)이다. 외척이라는 특권을 믿고 술에 취해서 망나니 노릇을 하고, 한족을 비롯한 입장이 약한 사람들의 자녀나 재산을 약탈했다. 하지만 황제마저 태후의 눈치를 보느라고 손을 쓰지 못하고 있었다.

왕맹은 시중·중서령(中書令)을 겸하여 경조윤(京兆尹:수도장관)
이 되자 어사중승(御使中承:검찰부장관)이었던 용맹하고 강직하기
로 유명한 장군 등강(鄧姜)을 동지로 끌어들여, 부임하자마자 즉시
강덕을 체포하여, 그 자리에서 기시(棄市:공개로 참형에 처하여 시
체를 거리에 내버리는 것)의 극형에 처했다.

최상의 상주문을 본 부견이 당황하며 사면 사자를 보냈을 때에
는 이미 처형이 끝난 뒤였다고 하는데, 그것도 미리 의논이 다 되
어 있었던 연출이었다. 왕맹은 기세를 몰아 잇달아 유력자들의 죄
상을 적발하여 한 달 남짓한 사이에 호족 20여 명을 처형했다. 때
문에 조양의 기강은 일신되어 좀도둑과 같은 행위조차 근절되었다.
부견은 그 같은 결과를 보고 새삼스럽게 감탄했다.

"나는 비로소 법이란 무엇이며, 천자의 존엄이란 무엇인가를 알
게 되었다."

그 때까지 보아 온 것으로 알 수 있듯이 왕맹의 개혁은 항상 황
제 부견의 권위를 강화하는 방향으로 추진되었다. 웬만한 수단을
가지고는 다루기 어려운 이민족 집단을 상대로 왕맹이 시종 주도
권을 잃는 일이 없이 자기의 뜻을 펼 수 있었던 것은 오로지 그
일선을 넘어서지 않았기 때문이다.

후에 북위왕조(北魏王朝)에서 벼슬을 하며, 근대화를 추진한 최
호(崔浩)가 그 같은 공적에도 불구하고 일족이 모두 멸망하는 꼴을
당하지 않으면 안 되었던 것은, 그런 점에 있어서 왕맹과 달랐기
때문이다.

강화된 황제의 권력을 배경으로 국내의 근대화는 착착 진행되었

다. 그 주안점의 하나는 유목사회의 풍습을 바꾸어 한족에게 동화시키는 일이었다.

흉노의 좌현왕(左賢王) 유위진(劉衛辰)이 부족을 이끌고 복속하기를 자청해 왔다. 봄부터 가을까지는 전진의 영내에서 농경생활을 하고, 겨울에는 북방의 땅에서 지내고 싶다는 것이었다. 그들의 희망을 들어 주자마자 그 부족을 덮쳐 사람과 가축을 약탈하는 무리가 생겼다.

부견은 책임자인 운중호군(雲中護軍) 가옹(賈雍)의 관위를 박탈하고 약탈한 것을 모두 돌려주어 유위진을 달랬다. 그러자 이듬해에는 위진이 변경의 주민 50여 명을 붙잡아 노예로 조정에 헌납했다. 부견은 그 잘못을 엄히 타이르고 포로가 된 사람들을 원래의 거주지로 돌려보냈다. 그러자 그런 딱딱한 방식은 딱 질색이라고 생각했던지 위진은 얼마 지나지 않아 선비 척발씨가 지배하는 북방의 미개국 대(代)로 달아났다. 오랜 세월에 걸쳐 길들여진 풍습이었던 만큼 그것을 고치기가 무척 어려운 것 같았다.

그것에 비하면 행정 조직의 근대화는 훨씬 수월했다.

이미 공포하여 실행되고 있던 인재 등용의 방침을 효과적으로 만들기 위해 추천자인 군현(郡縣) 정관의 책임을 명확히 하여 추천한 인재가 정말로 유능하면 상을 주고 무능한 경우에는 벌을 주기로 했다. 그로 인해 추천을 둘러싼 정실이나 뒷거래는 근절되었다. 제실이나 외척이라도 무능한 자는 관직에서 물러나게 함으로써 내외의 관료들은 모두 직무에 전념하는 태도로 바뀌어졌다.

부견은 제실인 부씨 일족을 분가시켜서 세운 여러 공국(公國)에 진(晉)의 제도를 따라 경비를 담당하는 낭중령(郎中令), 경찰장에 해당하는 중위(中尉), 재무를 관리하는 대농(大農)의 3경(卿)을 두었는데, 낭중령 이외의 임용은 제공(諸公)의 재량에 맡겼다.

당시 귀족들과 함께 가장 세도를 부리고 있었던 것은 조철(趙撤)·추분(鄒分) 등 장안의 거상이었다. 그들은 모두 거만의 부를 가지고 있었으며 가마나 의복도 마치 황후처럼 호사스러웠다. 제공은 앞을 다투어 그들과 교제를 하고 경의 관직을 제공했다.

그 폐해가 누구의 눈에도 분명하게 비칠 때를 엿보다가 부견은 칙령을 내렸다.

"원래, 임용의 권한을 제공에게 맡긴 것은 그로 하여금 더욱 널리 천하의 영재를 얻기 위함이었다. 그러나 지금의 난맥상은 실로 보기에 민망할 정도이다. 이제 실태를 감사하여 임용에 부정이 있으면 작위를 후(候)로 낮추고, 임명권을 박탈하겠다. 또한 관작(官爵)을 갖는 자 이외는 국도로부터 백 리 이내의 땅에서 가마의 사용을 금하며, 공상서민이 금은금수(金銀錦繡)를 몸에 걸치는 것을 금한다. 위반하는 자는 기시(棄市)에 처하리라."

감사 결과 강등 처분을 받은 제공들은 5명이나 되었다. 그렇게 해서 부견은 단숨에 종실 세력을 꺾는 한편, 거상들을 통제하는 데에도 성공했던 것이다.

364년, 여남공(汝南公) 부등(苻騰)이 반란을 꾀하다가 주살되었다. 등은 부생의 아우이다. 이 때 형제로는 진공(晉公) 부류(苻柳)를 비롯한 5명이 아직 남아 있었다. 왕맹이,

"이 기회에 나머지 5명도 제거하지 않으면 끝내 화근을 남길 것이 틀림없습니다."

라고 남몰래 상주했으나, 부견은 그 말만은 받아들이려고 하지 않았다.

왕맹이 염려하던 일은 얼마 지나지 않아 적중했다. 형제들 중의 한 사람인 회남공(淮南公) 부유(苻幼)가 황제의 지방 순행을 틈타 장안으로 쳐들어왔다. 황제 부재중에 도읍을 지키고 있던 이위와 왕맹의 군대가 그들을 공격하여 부유를 참살했다.

그리고 그 이듬해 위공(魏公) 부유(苻庾)이하 3명의 형제가 부견의 친동생인 부쌍(苻雙)을 끌어들여 다시 반란을 일으켰다. 부견은 사자를 파견하여 설득하려고 애쓰면서,

"군대를 거두어 영지로 들어가기만 하면 일체 책임을 묻지 않고 모든 것을 그대로 두겠다."

라고 약속했으나 응하려고 하지 않았다.

때문에 부득이 왕맹과 등강으로 하여금 그들을 치게 했다. 등강은 이미 왕맹의 맹우로 부견의 군사면에 있어서의 중요한 존재가되어 있었다. 여기서도 왕맹의 비범한 조직 능력을 엿볼 수 있다. 부쌍 등 3명은 참살당하고, 부유는 포로가 되어 장안으로 이송되었다.

부견 앞에 끌려나온 부유는 반란의 동기를 묻자 이렇게 대답했다.

"저는 원래 그런 엉뚱한 생각을 갖고 있지 않았습니다. 그러나 형제가 잇달아 반란을 일으키는 통에 연좌되어 살해당하지 않을까 겁이 나서 이번 일을 저질렀습니다."

"그대와 같이 사리에 밝은 사람도 그렇게까지 몰리고 마는가? 그러나 어쩌겠는가? 하다 못해 고조(高祖:부생 형제는 그 직계)의 혈통만은 끊어지지 않도록 하겠다.

부견은 눈물을 흘리며 유에게 자결을 명하고 7명의 자식들은 모두 용서했다. 장남 위공을 상속케 하고 나머지 아들들도 모두 현공

(縣公)으로 봉하여 부생을 비롯한 형제들의 제사를 이어나가도록
했다.

　　이 처사에 불만을 나타낸 생모인 구태후가,

　　"유는 너의 동생 쌍과 함께 반란을 일으켰는데 유에게만 뒤를
잇게 하는 것은 불공평한 처사가 아니냐?"
라고 말하자 부견이 대답했다.

　　"어머님, 지금 제가 다스리고 있는 천하는 원래 고조께서 이룩하
신 것입니다. 창업자의 혈통이 끊어지게 만들 수는 없습니다. 쌍은
아우이기는 합니다만 종묘를 위태롭게 했습니다. 천하의 대법을 사
사로운 정 때문에 굽힐 수는 없습니다."

　　부견은 이미 그 정도로까지 깊숙히 한족의 윤리에 동화되고 있
었던 것이다.

　　369년, 동진의 환온은 또다시 대군을 이끌고 북벌에 나섰다. 이번
북벌의 적은 전연(前燕), 목표는 낙양(洛陽) 수복이었다. 전연은 성
고(成皐:낙양과 정주의 중간) 이서의 땅을 할양한다는 조건으로 전
진에게 원조를 요청해 왔다. 회의 석상에서 군신들은 모두 반대의
뜻을 표명했다.

　　"환온이 지난날 우리나라로 침입하여 장안이 위기에 빠졌을 때
연나라는 모른 척하고 지내지 않았습니까? 이번에 자기가 당할 차
례가 됐다고 해서 도와 달라는 것은 참으로 염치를 모르는 짓입니
다. 그뿐이 아닙니다. 연은 이제까지 우리에게 적대적 태도로 일관
해 왔습니다. 그런 연을 도울 필요가 어디에 있습니까?"

　　왕맹은 생각이 달랐으나 의견을 말하기를 삼갔다. 구신들의 연에
대한 원망이 큰 것을 생각했기 때문이었을 것이다. 그는 남몰래 부

견에게 진언했다.

"연은 강국이오나 환온의 적수는 못 됩니다. 만일 환온이 연의 중심부를 장악하고, 그 세력을 합쳐 우리나라로 덤벼오면 폐하의 대망도 물거품이 되고 맙니다. 우선은 연과 협력하여 환온을 격퇴해야 합니다. 환온이 물러서도 연의 손해는 이만저만한 게 아닐 것입니다. 그 틈을 타서 치면 쉽게 연의 항복을 받을 수 있습니다."

전연은 부견의 원조로 위기를 극복할 수 있었다. 그렇게 해서 양국은 일시적인 우호 관계로 들어갔다.

전연으로부터 파견된 사자들 중에 한족 출신인 양침(梁琛)이라는 사람이 있었다. 마침 부견이 도읍을 떠나 사냥을 하고 있는 시기와 겹쳤기 때문에, 부견이 사냥터에서 접견하려 하자, 그것은 예의에 벗어난다고 따지며 공식적으로 조정에서 만나기를 주장하여 조금도 물러서지 않았던 강직한 인물이다.

이 양침의 사촌형 양혁(梁奕)은 전진에서 상서랑(尙書郎)의 벼슬을 하고 있었다. 그래서 양혁의 저택을 숙소로 정하려 했으나 침은 단호하게 거절했다.

"그 옛날 제갈근(諸葛瑾)이 오(吳)나라의 사자로 촉(蜀)나라에 갔을때, 동생인 제갈양(諸葛亮)과는 공식적인 석상에서만 만났으며 사적으로는 일체 만나지 않았습니다. 나는 그것이야말로 선비된 사람의 본보기하고 생각하고 있습니다."

양혁은 자주 숙소를 찾아 양침과 기거를 같이 하면서 잡담을 빙자하여 전연의 내정을 알아 보려고 했다. 양침은 그것도 역시 딱 잘라서 거절했다.

"지금 우리는 양국으로 갈라져 각각 중요한 자리에 앉아 입장을 달리하고 있습니다. 제가 전연의 장점을 말하는 것을 형님은 듣고 싶지 않을 것이고, 약점을 말하는 것은 저로서는 도저히 할 수 없는 노릇입니다. 그러니 서로 이야기를 나누어 봤자 무슨 소용이 있겠습니까?"

왕맹은 이 인물에 홀딱 반해 그를 요직에 임용하도록 상주했다. 만사에 조심스러운 그로서는 누가 봐도 제1급의 인물이었기에 한족인 그를 감히 추천한 것이지만 부견은 승낙하지 않았다. 연나라와의 관계를 고려했기 때문이었던 것으로 생각된다.

당시 전연의 황제 모용위(慕容暐)는 아직 나이가 어려 일족인 모용평(慕容評)이 태부(太傅)로서 국정을 좌우하고 있었다. 황제의 숙부 모용수(慕容垂)는 용맹스러운 명장으로서 환온의 군대를 격파하는 데 크게 공을 세워 성망이 높아만 갔다, 때문에 모용평의 미움을 사 모살(謀殺)당할 뻔했기 때문에 가족과 함께 전진으로 망명해왔다.

부견은 오래 전부터 전연을 병합하려는 야심을 품고 있었으나 모용수의 용맹이 두려워 행동을 취하지 못하고 있었다. 그러니 이게 웬 덕이냐면서 기뻐한 것은 너무나 당연한 일이었다.

"귀하와 같은 영걸을 얻었으니 이제 함께 힘을 합쳐 천하를 평정하십시다. 그런 다음에 고향으로 돌아가 유쮸(幽州: 하북·요녕 일대의 땅)의 왕이 되시는 게 어떻소? 그렇게 되면 충효의 길을 함께 다 하시는 셈이오."

조야가 온통 모용수를 환영하는 분위기 속에서 왕맹 혼자만이 의구심을 깊이 품고 기회를 엿보다가 부견에게 권고했다.

"모용수 부자는 말하자면 용이나 범과 같습니다. 도저히 길들일 수 있는 상대가 아닙니다. 그들이 반심(叛心)을 품은 다음에는 이미 때가 늦습니다. 아무쪼록 늦기 전에 제거하도록 하십시오."

똑같이 적국인 연나라의 사람인데도 한족인 양침에 대해서는 깊이 신뢰하여 임용하도록 권하고, 이민족의 선비(鮮卑)인 모용수에 대해서는 경계심을 풀려고 하지 않았다. 하지만 부견은 왕맹의 의견을 그의 한족으로서의 한계를 나타내는 것으로 봤는지 아무렇지도 않다는 듯이 대답했다.

"천하를 평정하기 위해 영걸을 한 사람이라도 더 모아야 할 시기가 아닌가. 게다가 나는 이미 충심으로 환영한다고 말한 바 있다. 필부라 할지라도 약속을 중히 여기는 법인데, 하물며 천자인 이 몸이 어찌 앞서 한 말을 번복할 수 있겠는가?"

어떻든 간에 모용수에 대한 왕맹의 경계심은 정상적인 상태에서 벗어났다고 할 수 있을 정도였다.

이윽고 전연이 영토 할양의 약속을 취소하자 전진은 그것을 구실삼아 왕맹을 총사령관으로 하여 싸움을 시작했다.

왕맹은 출정에 앞서 모용수의 장자 모용평을 초대하여 참모로서 선도 역할을 해 주도록 요청했다. 그리고 모용수를 찾아가서 작별의 주연을 열고 화기애애하게 이야기를 나누었다.

"이제 당분간 뵙기 어렵게 되었습니다. 무엇이든 기념이 될 만한 물건을 주신다면 섭섭한 마음이 덜해지겠습니다."

왕맹의 말에 모용수는 허리에 찼던 장검을 풀어 선물로 주었다.

그런데, 낙양을 공략한 왕맹은 진작부터 모용수와 가까이 지내던 사나이를 납득시켜 모용수의 사자라고 속여 모용평에게 거짓 진언을 하게 했다.

"우리가 진에 몸을 의탁한 것은 죽음을 면하기 위해서였다. 그런데 왕맹은 우리를 원수같이 보고 언제나 헐뜯고 있다고 한다. 진왕도 겉으로는 온정을 베푸는 것처럼 보이지만 속셈은 알 수가 없다. 사나이 된 자가 죽음을 모면하려다 목숨을 잃는다면 세상의 웃음거리가 될 뿐이다. 듣자니 연조(燕朝)에서는 우리를 추방한 것을 깊이 뉘우치고 있다고 한다. 나는 이제부터 연으로 돌아갈 것이니 너도 즉시 진군에서 탈출하라."

모용평은 어딘지 이상하다고 생각했지만 확인할 방법도 없고 해서 사냥하러 나가는 척하다가 그대로 전연의 진지로 도망쳤다.

왕맹은 즉시 모용평이 배신했다고 서울에 보고했다. 다급해진 모용수는 도망치려다가 붙잡혀 부견 앞에 끌려나왔다.

그러나 부견은 그를 책망하려고 하지 않았다.

"자제가 고국을 그리워하는 것은 인정으로서는 자연스러운 일이오. 그러나 연이 망하려고 할 때 뻔히 알면서도 목숨을 버리려고 돌아가다니 참 유감스럽소. 나는 자식의 죄를 그 아비에게 덮어씌우려는 생각은 없으니 걱정 말고 종전대로 나를 돕도록 하시오."

왕맹의 공작은 실패로 돌아갔으나, 모용평은 연나라에서 이중간첩이라는 의심을 받고 끝내는 목숨을 잃고 말았다.

이 사건은 왕맹의 평생 동안의 오점으로써 후세의 사가들로부터 비판을 받았다.

왕맹이 죽은 후 부견이 동진 원정을 기도했다가 실패하자 모용수는 반란을 일으켜 자립, 후연(後燕) 왕조를 세웠다. 왕맹의 염려가 옳았던 것인지, 아니면 그것이 오히려 모용수의 반심을 조장했는지에 대해서는 분명하게 말할 수 없다.

왕 맹은 일단 서울로 개선했다가 병력을 6만 명으로 증강시키고, 등강 등 10명의 장군을 지휘하여 다시 전연으로 쳐들어갔다. 목표는 국도인 업(鄴)이었다.

도중에 장군 서성(徐成)의 군율 위반이 문제가 되었다. 적정을 정찰하러 나갔다가 정해진 귀영 시간보다 훨씬 늦게 돌아온 것이다. 왕맹이 참형에 처하기로 결정하자 등강이 달려와 목숨만은 살려 달라고 애걸했다.

"적의 병력은 우리보다 훨씬 많소. 결전을 앞두고 일군의 장을 베어서는 안 되오."

"그래 가지고 어떻게 군기를 유지하겠는가?"

"서성은 나의 부하요. 이번에 지은 죄는 반드시 전상에서 씻도록 하겠소. 부탁이오. 제발 목숨만은 살려 주오."

그래도 왕맹이 듣지 않자 등강은 진영으로 돌아와 전투 태세를 갖추어 당장이라도 왕맹의 진지를 덮칠 기세를 보였다.

"적을 목전에 두고 유능한 부하를 죽이려는 너 같은 녀석은 살려 둘 수 없다."

등강과는 오랜 친구 사이였기에 일단 마음을 작정하면 결코 물러서지 않는 그의 성미를 잘 알고 있던 왕맹은 태도를 싹 바꾸었다.

"조금 전에 한 말은 농담일세, 농담! 잠깐 귀공의 마음을 떠본 것뿐이야. 귀공이 그렇게까지 부하를 사랑하니 국가에 대한 충성심이야 오죽하겠는가. 마음이 든든하네."

전진군은 파죽지세로 업을 향해 육박했다. 전연은 40만 명의 대군을 동원하여 방비 태세를 굳혔다. 양군은 노천(潞川:山西省)에서 대치했으며 결전의 시기는 다가왔다.

왕맹은 연의 대군을 눈 앞에 두고 등강의 분기를 재촉했다.

"이 대군을 무찌를 수 있는 사람은 귀공밖에 없다. 나라의 흥망은 오직 귀공에게 달려 있어. 부탁하네."

"나에게 사예(司隸:경찰 장관)의 자리를 준다면 한 번 멋지게 이겨 보겠소."

"그건 너에게 벅차! 안정(安定:전진에서 가장 중요한 군의 하나)의 태수(太守)나 만호후(萬戶侯)라면 약속할 수 있지만."

등강은 불만스러워하는 빛을 여실히 나타내면서 진영으로 돌아갔다.

그 날 밤 양국의 군대는 갑작스럽게 교전 상태로 들었다. 그러나 아무리 독촉해도 등강은 움직이려고 하지 않았다. 왕맹이 달려와 사예의 자리를 약속하자 비로소 출격을 준비하기 시작한 등강이었으나, 일단 싸움터에 나서자 탁월한 전투 지휘로 하루 사이에 적의 대군을 무찔러 결정적인 타격을 안겼다.

왕쟁이 타협하는 모양을 보면 실로 무원칙적이고 칠칠치 못하게 보인다. 그러나 이 단순하고도 용맹스러운 사나이의 협력이 얼마나 소중했던가는 이제까지의 경과를 보아 분명한 일이다. 타협을 무조건 배척하는 것은 큰 일과 작은 일을 구별할 줄 모르는 자의 탁상공론에 지나지 않는다.

전진군은 여세를 몰아 업을 점령하고 황제 모용위를 포로로 사로잡았다. 그렇게 되어 전연은 멸망하고 화북의 땅은 모두 전진의 영토가 되었다. 370년에 있었던 일이다.

왕맹은 개부의동삼사(開府儀同三司:3공 대우)의 자리에 오르고 관동육주도독(關東六州都督)으로 그 때까지 연나라에 속해 있던 땅 대부분의 행정을 맡게 되었다. 등강은 안전 태수가 되고 진정군후(眞定郡侯)로 봉해졌는데, 왕맹은 약속에 따라 등강에게 사예의 지위를 내리도록 간청했다. 부견은 조칙(詔勅)을 내려 다음과 같이

답했다.

"원래 사예교위는 기내(畿內)의 치안 및 감찰을 맡는 자리이며, 그 직책은 중대하여 명장을 예우하는 데 합당한 것이 못 된다고 생각한다. 후한(後漢)의 광무제(光武帝)가 공신을 행상함에 있어 관직으로서 하지 않는 것도 그 공을 해치지 않을까 하는 염려에서였다. 등강은 저 염파(廉頗)·이목(李牧: 모두 전국시대의 조의 명장)과 견줄 용장이므로 남북의 귀순하지 않은 자를 정벌하는 대임을 맡기고자 한다. 이에 진군장군(鎭軍將軍)의 칭호를 내리고, 특진(特進: 3공에 버금가는 위계)의 자리에 앉히게 하노라."

내로라 하는 등강도 기꺼이 받아들일 수밖에 없었다. 물론 거기에는 왕맹의 획책이 있었다고 보아야 하겠지만 왕맹은 등강과의 맹우 관계를 해치는 일 없이 도리를 다했다고 할 수 있다.

왕맹은 관동 육주도독으로서 업에 부임했다. 연나라에서 갓 빼앗은 영토라는 것을 고려하여 6주 내 군현의 태수·현령(縣令)에은 모두 영내의 인재들을 등용하여 민심을 안정시키는 데 성공했다.

1년 후 부견은 왕맹을 승상으로 임명하고 중서감(中書監)·상서령(尙書令)·태자태부·사예의 요직을 겸하도록 했다. 다시 도독중외제군사(都督中外諸軍事: 국군 최고사령관)까지 겸하여, 그 위령이 국내의 구석구석까지 미치게 됨으로써 부국강병의 실적이 크게 올랐다.

부견은 태자를 비롯한 황자들에게 입버릇처럼 타일렀다.

"너희들은 아비인 이 나에게 대하는 것과 꼭같이 왕 승상을 존경하고 소중하게 받들어야 하느니라."

왕맹은 승상이 된 지 3년 만에 병상에 눕게 되었다. 부견이 친히 남교(南郊)·북교(北郊)로 나가 천지의 신을 모시고 종묘에 머물며 그의 회복을 기원했으나 병세는 악화될 따름이었다. 부견은 마음속 깊이 슬퍼하고 말았다.

"하늘은 우리가 천하를 통일하려는 대망을 받아들이지 않으시려는가? 어찌 이리도 무정하게 왕맹을 빼앗아 가려고 하시는가?"

375년 가을인 7월, 왕맹은 문병을 온 부견에게 다음과 같은 말을 남기고 숨을 거두었다.

"진 왕실(晉王室)은 비록 강남의 지방 정권에 지나지 않는다 하지만 여전히 정통이라는 명예를 유지하고 있으며, 군신의 사이도 단단합니다. 제가 죽은 후에도 진을 합병하려는 생각을 가지시면 절대로 안 됩니다. 그러나 선비와 강은 우리의 오랜 원수이며 배은 망덕한 무리라 할 수 있습니다. 그들을 서서히 파멸로 몰아넣고 황실의 안태를 꾀하셔야 됩니다."

「선비와 강」이란 부견에게 전후해서 항복한 모용수와 요장(姚萇)의 일족을 가리킨다. 왕맹은 이민족의 장래에 기대를 걸면서도 그 현실을 직시하여 경계심을 풀려고 하지 않았다. 또 이미 체념해 버렸을 터인 한족 왕조에 대해서도 되도록 이민족이 손을 대지 않도록 애를 쓴 것이다. 민족의 틈바구니에 선 지식인의 복잡한 심리와 강인한 자세를 여기서 볼 수 있다.

8년 후, 부견은 모용수·요장의 권고에 따라 동진 정벌에 나섰다. 아우인 부융(苻融)들이 왕맹의 유언을 들어 설득했으나 막무가내였다. 결국 비수(淝水)의 싸움에서 대패하여 거국적으로 동원한 백만 대군의 태반을 잃는 결정적인 타격을 입었다. 모용수와 요장은 그 틈을 타서 자립하여 각각 후연·후진(後秦) 왕조를 세웠다. 부견은 요장의 손에 사살되었다(385). 이렇게 해서 조직의 명수 왕맹을 잃은 전진은 사실상 그 명맥이 끊겼다.

전진은, 왕조로서의 존속 기간은 비록 짧았지만 전성기에는 중국의 3분의 2에 이르는 지역을 지배하면서 민생·치안·문명의 각 방면에 걸쳐 모범적인 정치 상황을 조성하여, 뒤를 이은 북조(北朝)의 근대화에 유력한 지표를 주었던 것이다.

처세술
십팔사략

초판 1쇄 인쇄 2020년 6월 5일
초판 1쇄 발행 2020년 6월 10일

원 저 증선지
엮 음 김영진
발행인 김현호
발행처 법문북스(일문판)
공급처 법률미디어

주소 서울 구로구 경인로 54길4(구로동 636-62)
전화 02)2636-2911~2, **팩스** 02)2636-3012
홈페이지 www.lawb.co.kr

등록일자 1979년 8월 27일
등록번호 제5-22호

ISBN 978-89-7535-842-5 (03910)

정가 18,000원